THE MECHANISM
DESIGN RESEARCH
OF VENTURE CAPITAL
INDUSTRY
GOVERNANCE

创业投资治理的机制研究

李建军 / 著

上海社会科学院出版社
SHANGHAI ACADEMY OF SOCIAL SCIENCES PRESS

前　言

创业投资承担着孵化以技术创新、盈利模式创新为特征的创业企业的历史使命。同时，中国经济改革要深化，政府就必须通过资本市场的深化改革，来解决中小创业企业的融资以及治理结构方面存在的根本性问题。这就要求我国必须尽快建立一个全方位、多层次的融资体系。而创业投资正是这个多层次资本市场体系的最前端，其效率决定着我国中小企业的发展规模与创新能力。由于国内政策法规的限制以及我国创业投资机构对创业资本运作机制的不熟悉，我国的民间创业资本管理机构无论是发展规模还是投资运作的效率方面都与外资创业资本运作机构存在很大的差距。要使我国本土的创业资本有效发挥早期创业型企业孵化器的功能，并让我国的民间资本充分分享我国经济改革的成功果实，就需要对创业资本运作过程中的关键机制以及相关的配套制度进行深入的总结和研究。正是在这样的背景下，我们对创业资本募集、创业资本投资以及创业资本退出过程中关键机制进行深入分析。通过定性分析和规范的合同经济学分析，我们得到如下主要结论：

一、关于创业资本募集研究

(一) 关于创业投资基金的激励薪酬研究结论

在总结美国、欧洲等发达国家创业投资基金薪酬合同的基础上将薪酬合同结构化为包含看涨期权的线性薪酬合同。经过规范的合同经济学分析，我们发现：只要在事前设计适当的期权执行价格，包含看涨期权的线性薪酬合同相对纯粹的线性薪酬合同，能更好地激励创业投资家努力管理基金，并让风险厌恶的创业投资家将基金组合的风险控制在事前设定的最佳水平。这表明创业投资家达到了事前设定的业绩基准才参与利润分配的薪酬模式，是一种有效的激励和风险控制机制。

通过引入创业投资家早期建立声誉的动机，并将投资双方谈判力一般化，我们建立了一个更一般化的两期动态激励薪酬模型，并发现：创业投资家早期建立声誉的激励，确实可以作为显性薪酬的替代；但随着创业投资家声誉的建立，声誉激励效应降低。

同时，在考虑创业投资家与前期的投资者签订的薪酬合同具有市场不可观察，但在后期投资者能观察到创业投资家收入的情况下，声誉仍然能作为显性薪酬的替代，并且创业投资家与新投资者合作的概率与早期声誉机制对创业投资家的激励效应成正比。

(二) 关于创业投资基金治理研究结论

从创业投资管理激励需求与企业制度治理结构相匹配的角度，本书发现：有限合伙制创业投资基金能突破公司制基金完全按资金投入比例夹分配基金利润的激励模式；通过事前灵活的有限合伙协议向创业投资家分配超过其投资比例的利润分配，来强有力地激励创业投资家；并通过规定投资少量资金的创业投资家承担无限债务责任，来控制创业投资基金的运作风险。

本书构建了一个内部治理机制与外部支持环境相结合的有限合伙制创业投资基金系统治理框架。我们认为通过一个包含创业投资基金激励机制、监督机制、约束机制以及风险控制机制相结合的内部治理结构，创业投资家可以在一个激励与约束并存的内部治理环境中努力管理创业投资基金，并有效地控制创业投资基金的风险。同时，政府应该放松进入创业行业资金的资本管制，建立一个集技术预测以及资金引导为主的国家创业投资引导体系，有效地引导更多的民间资本进入创业投资领域，打通创业投资资金的进入通道。同时，政府应该加强有限合伙制创业投资基金税收方面的优惠政策，引导更多的创业投资基金以有限合伙制的形式进行运作；并且尽快建立个人破产程序，使得有限合伙制创业投资基金的无限责任制真正得到落实。最后，政府应该尽快启动我国的创业板市场并建立高效的地区性股权交易市场，使得创业投资基金有一个通畅的退出渠道。

二、创业资本投资治理研究

（一）创业管理团队替换控制权与融资工具匹配研究结论

由于创业企业家在控制项目中攫取降低项目现金收益的控制权收益，所以在创业项目的后期是否用职业经理人替换创业管理团队（企业家）的问题上，创业投资家和创业企业家存在利益冲突。并且创业投资高度的不确定性，使得在融资合同不完全的情况下，管理层替换控制权的分配尤为重要。我们利用一个现金索取权和替换控制权的二维产权治理模型，发现：无论是债权融资还是股权融资，单边控制和共同控制下都不能在所有状态下实现事前创业企业家选择有效的控制权收益和事后创业企业家的有效替换。但条件式的现金索取权和条件替换控制权的二维产权治理结构却能在所有状态下实现事前创业企业家选择合理的控制权收益，并保证在事后能有效地替换创业企业家。二维产权治理框架表明：只有可转换优先股和条件控制合理搭配的柔性治理结构，才能实现融资合同不完全下的创业投资有效治理。

（二）创业投资家经营控制权与融资工具选择研究结论

为了保证创业投资家利益，更好地满足创业投资家投资参与约束，在创业投资合同中会事先分配创业投资家部分事后干预项目经营的控制权。但创业投资家只重视项目的现金收益而忽视创业企业家控制权收益。在创业投资项目状态不可证实的情况下，事前签订的创业投资家干预项目的合同是不完全的，所以创业投资家对项目的经营干预存在道德风险。通过一个不完全合同的框架，我们发现：债权融资下，创业投资家事后会过度干预项目经营；股权融资下，创业投资家对项目的干预不足；而可转换优先股则可通过事前设计适当的转换比率使得创业投资家事后对项目进行有效程度的干预。这表明可转换优先股是创业投资家项目经营干预控制权的有效实施机制。

三、创业资本退出研究

在不完全合同的框架下分析了创业资本退出创业企业时，创业投资家控制、创业企业家控制和两方共同控制3种退出控制机制的效率。通过模型分析我们发现，3种控制都是可行的。但共同控制比单边控制更有效；尤其在存在以下情况中的一种时：在IPO相对股份转让现金流增量不大；或者创业投资家监管企业成本和资金流动性成本大；或者企业具有相当的抵押价值的情况下；让双方共同控制创业资本退出方式将比让其中一方单独控制更有效。

本书关于创业投资治理机制的研究主要有如下创新点：

(一) 关于创业投资基金薪酬机制研究结论的创新

早期的研究将创业投资基金的薪酬简单归结为固定管理费加利润提成的纯粹线性薪酬。而本书的研究则强调创业投资基金薪酬中的第三个关键元素——利润分配的方式，将创业投资基金的薪酬归纳为包含看涨期权的线性薪酬。并通过规范的合同经济学方法分析发现：相对纯粹的线性薪酬，包含看涨期权的线性薪酬机制，在创业投资家激励和风险控制上更有效。同时，在薪酬合同可观察以及不可观察的背景下，利用一个一般化谈判力的动态薪酬模型，论证了早期创业投资家建立声誉的动机将是显性激励薪酬的有效替代；并且在薪酬合同市场不可观察的情况下，创业投资家后期替换投资者的概率与声誉机制的激励效应呈正相关。

(二) 关于创业投资治理模式研究的创新

本书从企业组织模式的激励特征、创业资本管理中关键人力资本与金融资本相分离的角度阐明,只有有限合伙制超越现金投入比例的利润分配模式,才能有效地激励具有少量金融资本的创业投资家。同时,有限合伙制中投资少量资金的创业投资家承担无限债务责任,投资大部分资金的投资者承担有限责任,能有效地降低创业投资基金组合的运作风险。我们的分析表明:创业投资的高度专业性和高风险性需求有限合伙制提供的灵活金融创新治理框架。

同时,本书首次从创业投资基金的进入通道、创业投资基金运作治理、创业投资基金的退出通道等3个方面系统地分析了创业投资基金的治理构架。笔者认为要使创业资本顺利进入创业投资行业,政府应该放松对机构投资者的管制,建立优惠的有限合伙制企业税收方案并加强个人破产的立法;同时本书强调创业投资基金运作治理的微观机制中,应着重建立对创业投资家的激励和风险控制机制;在创业资本的退出中,则强调以创业板作为创业企业治理的标杆,而股权转让市场则作为主要的退出通道。

(三) 基于不完全合同的创业企业治理框架的创新

本书的研究是以往关于创业投资企业单一机制效率研究的拓展,因为本书关于创业投资企业治理的研究是在合同不完全的基本框架下,充分运用控制权理论深入研究创业投资企业治理中不同的控制权与现金索取权搭配下的效率。在创业投资合同不完全的合理假设下,本书研究了创业投资中现金索取权与管理层替换控制权,创业投资家经营干预权以及创业资本退出方式控制权对创业投资企业治理效率的影响。研究发现不同的重大决策控制权应该采取不同的控制权分配模式,并匹配恰当的现金索取权(融资工具)。可转换优先股与条件控制的恰当匹配结构,能实现事后有效的替换企业管理层的决策。而在创业投资家事前就具有部分干预企业经营的控制权背景下,相对债权和股权,可转换优先股则是创业投资家事后实施有效干预(控制)的最佳保证。相对创业投资家与创业企业家单边控制,共同控制能在更多的情况下,保证创业资本有效退出。我们的研究表明,创业投资高度的不确定导致融资合同的不完全,对创业投资各种重要的决策权(控制权)应该分别进行规定和分配;并结合可转换优先股的现金流分配方式,构建一种根据事后状态进行灵活调整的治理机制。只有将关键决策的控制权与现金索取权合理匹配的二维产权治理结构,才能解决投资过程中创业投资家和创业企业家出现的双边道德风险问题。

目　录

第一章
绪　论

第一节　研究背景和意义

一、研究背景

我国自1978年以来的改革开放是以污染环境、耗费大量能源以及与低廉的劳动力相结合的经济发展模式。这种经济模式的增长是高度成本依赖而且不可持续的。我们必须尽快向创新型,以自主知识产权和高附加值的经济模式转型。政府必须站在国家战略的层面真正建立起向创新型经济转型的经济战略。

在美国、欧洲等西方经济发达国家,真正促进创新并将创新的技术成果市场化的是创业投资体制。可以说,美国正是在50多年的风险创新体系的支持下,建立了一批像IBM、Intel、苹果、斯科以及数以万计以不断创新为企业灵魂,并有自主知识产权的中小企业,并从工业社会向以自主知识创新为特征的知识经济时代过渡。正如中国证券监督委员会研究总监祁斌的观点——经济的发展与一个国家金融体制的发达程度呈高度正相关。而创业投资体制的健全正是美国创新经济效率超过欧洲、日本等经济强国的主要原因。所以,中华民族要成功地从高消耗的制造业大国向真正的创新型大国转变就必须建立并加强我国创业投资融资、投资体系。其中,建立高效的创业资本融资、投资以及通畅而有效的创业资本退出机制，就成为建立创新体系非常重要的制度环节。

从宏观经济层面看，我国经济要持续发展，就意味着我国必须向创新型的经济转型，必须尽快建立高效的创业投资体系。

从我国经济发展的微观层面看，我们也必须尽快建立高效的创业投资体系。首先，我国从计划经济体制转向市场经济体制的渐进式改革，决定着我国早期的资本市场是一个单一层面的融资市场。由于，中国早期的经济改革是将国有企业通过改制上市以实现股东控制结构的多元化，所以在主板市场上市的1 500多家企业大多具有国有企业的背景。这意味着绝大多数中小规模的企业尤其是民营企业被无情地排除在资本市场之外。况且，我国通过银行融资的资金规模占整个经济融资量的80%，而通过资本市场直接融资的资金连20%都不到。所以，中小企业，尤其是创业型企业基本很难在目前的资本市场上进行关键性的融资。同时，由于中小创业型企业规模不大，缺少可抵押的资产，加上信息的不对称和高度不确定性，创新性的创业型企业很难从银行获得资金。所以，从资金需要的层面来看，我国的创业型企业很难获得发展前期的资金来支持其创新技术和模式的研究和市场化。事实上，创业企业在发展过程中最核心的不是资金，而是对企业发展战略的清晰思路、可贵的市场资源，以及在企业中后期的资本运作等管理增值性服务。而这些正是专业的创业资本管理者——创业投资家所提供的服务——资金和企业管理增值性服务。所以，处于孵化和发育初期并且融资困难的中小创新型企业呼唤高效的创业资本。

在20世纪90年代以来，在政府创业资本的引导以及引进外资的政策支持下，我国的创业投资规模迅速发展，并成为创业资本投资的乐土——金砖四国(巴西、印度、俄罗斯、中国)之一。但我国的创业资本主要以国外的创业资本、国有的创业资本为主，中国本土的民营创业资本却很薄弱。这表明我国本土市场化的创业投资体系还没有真正建立发展起来。不断升高的人工成本，以及人民币升值等不利因素导致诸多的制造型企业将大量闲余资金投向房地产市场、股票市场，形成房市和股市泡沫。如果能将这些资金通过有效的创业投资体系引向创业型企业，不但可以使我国的经济更健康，同时还能促进我国创新经济的发展。据此，我国亟需建立有效的创业投资体系。

正是在上述背景下，我们研究创业资本整个运作过程中的关键机制，将研究重心主要集中在创业投资基金募集运作的组织模式、创业投资基金投资的治理机制、创业投资基金退出的控制机制上，以激励相容的合同经济学分析方法，研究在创业资本进入—投资—退出通道上关键性的机制设计问题，其内容主要包含：创业投资基金薪酬机制、创业投资基金治理机制；创业投资企业治理机制——创业企业家替换的控制机制，创业投资家干预与融资工具选择；创业资本退出的控制机制；等等。

二、研究意义

中国建立高效创业投资体系的紧迫性和中国创业投资机制理论研究的滞后性，使得本书利用机制设计等理论进行的创业投资机制研究具有理论和实践双层意义。从理论上看，关于创业投资基金薪酬机制的研究以及创业投资基金运作模式、创业投资基金治理结构的研究弥补了国内外研究的理论空白，而在创业投资治理机制部分将控制权和现金索取权相结合的二维产权治理研究，则是对以往创业投资企业机制研究只重视控制权或现金索取权的一维产权治理模式的有效拓展和补充。同时，本书的研究对我国创业投资基金募集运作形式——公司制还是有限合伙制，以及如何治理创业投资基金，是比较具有现实指导意义的；从控制权和现金索取权角度来对创业投资企业治理以及创业资本退出的研究，是创业投资家和创业投资企业在投资前就必须解决的关键性问题，也是投资合同的重要内容。所以，本书的研究能为创业资本的投资者、创业资本的管理者——创业投资家、创业资本的接受者——创业企业家乃至创新体系的设计者——政府，在创业资本的运用和管理中提供有效的理论指导。

第二节　研究文献综述

为了清晰地了解本书的研究内容与前期的创业投资研究的区别，下面将以创业投资领域的委托—代理关系为主要线索，对创业投资机制研究的主要内容进行简要梳理。具体分为四部分：(1) 创业投资治理机制研究的主要框架；(2) 创业投资基金投资者与创业投资家关系研究综述；(3) 创业投资家与创业投资家关系（联合投资）研究总结；(4) 创业投资家与创业企业家关系研究综述。通过对创业投资治理中主要文献的综述，我们可以发现创业投资治理中存在的研究空白，并归结出我们研究的主要问题和进行研究的主要角度。

一、创业投资机制研究中的三对主要关系：一个综述指南

由于创业投资中的利益主体主要包括创业投资基金投资者、创业投资家、创业企业家，所以创业投资行业包含两个阶段三个层面的关系。从创业投资关系治理的角度，目前国内外关于创业投资治理机制的研究主要集中在如下 3 个方面：

(一) 创业投资基金股东（投资者）——创业投资家之间关系的研究

这方面的研究只要集中在创业投资基金投资者与负责基金管理的创业投资公司之间的关系治理。我们为了简化将前者称为投资者，后者称为创业投资家。这个层面的关系决定着创业投资行业资金进入通道是否顺畅，以及资金是否能高效的运作。所以，这个层面的关系是创业投资体系的第一关键环节。

(二) 创业投资家——创业投资家关系(联合投资)研究

由于在美国、欧洲以及中国的创业投资案例中创业投资家会在创业企业各轮次的融资中进行联合投资,所以近年来理论界开始了对联合投资动机,联合投资的效率、联合投资伙伴的选择以及联合投资对投资网络形成的影响等的研究。

(三) 创业投资家——创业企业家关系研究

创业资本募集后通过专业的创业投资家精心挑选投资项目后,最终投向有增值潜力的创业企业。而创业投资企业最终是否成功,取决于创业投资家和创业企业家的共同努力和投入。一方面,创业企业家是创业企业创新性盈利模式的研究者,其研发努力和对企业的日常管理是创业企业成功的灵魂;另一方面,创业企业往往在发展早期缺乏必需的资金,同时通过银行,公开上市都不具备条件,所以创业投资家提供的风险资本可以说是雪中送炭。但创业投资家对创业企业更重要的支持,是利用其丰富的资源为创业企业提供的管理增值服务——帮助企业建立清晰可行的企业战略,获取关键的供应商和顾客合同,寻找关键的企业管理人员,并在企业最终的出售和上市过程中提供关键的资本运作。但创业投资家和创业企业家之间代表的利益不同,再加上信息的不对称和创业项目高度的不确定性,可能导致投资双方投入的不足和关键决策选择的冲突。所以创业投资企业治理机制的研究,注重通过机制的设计来解决信息不对称,在创业投资环境高度不确定情况下,由于投资双方利益冲突导致的双方投入不足以及重大决策的无效选择等问题。

在这三对关系中包含两层纵向的关系与一层横向关系,如图 1－1:

在迄今为止的研究中,国内外学者们将研究主要放在关系(3)上,研究如何运用分阶段投资、可转化证券以及控制权分配,来弱化创业投资中投资双方的道德风险问题,并且早期的研究主要是如何防止创业企业家的道德风险问题。但近年来,一些文献也提到创业投资家是不同于一般的非专业

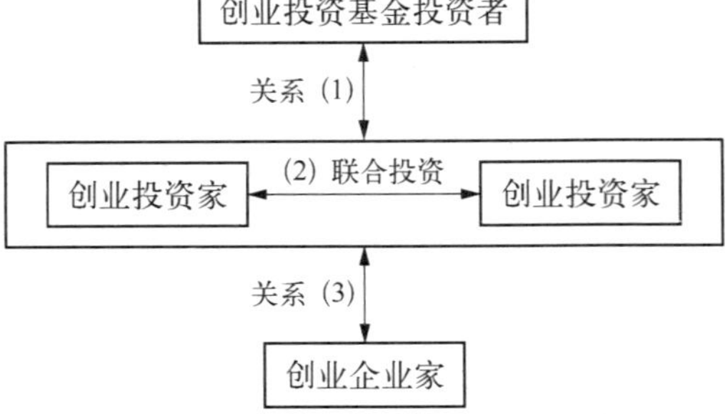

图 1-1　创业投资治理框架结构

的外部投资者，他们除了对创业投资项目提供所需要的创业资本外，创业投资家往往会积极参与其主要投资的项目中，提供管理咨询以及相应的资源，为项目提供增值服务。所以，在近期的创业投资的研究中，往往会考虑投资双方的道德风险问题。关系（1）的研究是创业投资中的一个比较苍白的领域，目前相关研究还比较少。而关系（2）的研究则主要是通过实证分析研究联合投资的创业企业家之间是出于什么原因进行联合投资，哪些因素会影响创业投资家进行联合，以及联合投资与创业投资业绩之间的关系。由上可以看出，目前对创业投资的研究还是将完整的创业投资体系中的三对关系分离地进行研究，但实际上关系（1）对关系（2）的影响，以及关系（3）对关系（2）的影响的研究目前还处于空白，并且在关系（3）的研究还集中在单一机制对创业投资效率影响的分析思路上；但创业投资中若干机制的同时出现则表明不同机制（现金索取权、控制权）是互补的，所以在创业投资后期的研究中应该加强不同机制对创业投资效率共同作用的研究。

二、创业投资基金投资者——创业投资家关系研究

对创业投资基金投资者和创业投资家关系的早期理论研究主要集中在两个方面：（1）投资者如何通过契约的设计减少由于事前对创业投资家能

力不了解的不对称信息导致的逆向选择问题(Gibbon, 1992; Heinkel, 1994; Gompers & Lerner, 1997);(2) 以及利用以利润为基础的薪酬激励合约降低在投资人与创业投资家组建合伙企业后,由于原始投资人对创业投资家的投资行为无法完全监督所形成的风险投资家的道德风险(Sahlman, 1990; Zider, 1998)。Sahlman(1990)指出,由于创业投资家和投资者之间的相关信息不对称,投资者只能通过创业投资的产出来推断创业投资家的努力水平和外生因素的影响,通过观察创业投资家上一期或上几期的产出水平,来预期下一期的创业投资产出,并以此来制定激励机制,以使创业投资家的行为符合投资者的期望。在创业投资家进行投资的实际操作中,投资者对创业投资家激励机制的设计主要是对创业投资家的报酬支付设计。Zider(1998)指出投资者可以对创业投资家的投资行为进行监督,但是不能介入创业投资基金的日常管理工作。

关于创业投资基金投资者和创业投资家关系的实证研究则主要以创业投资基金的薪酬合同的实证研究为主。Gompers 和 Lerner(1999)较早利用有限合伙协议来研究创业投资基金薪酬合约,发现创业投资家管理费用占承诺资本的比例主要集中在 2%的水平,而利润提成比例则主要以 20%为主。从动态角度来看,他们发现成立时间更久,规模更大的创业投资基金一般会要求更低的管理费和更高的利润提成比例。这个实证的结果与学习模型更一致。Litvak(2004)对美国的 17 个创业投资公司设立的 35 支创业投资基金的有限合伙协议的实证研究表明:创业投资家管理费用占承诺资本的比例从 7.12%~17.68%;不同的创业投资家的利润提成比例上表现出更大的差异,从 12.5%变化至 30%,平均水平为 24.3%。并且管理费,利润提成比例与创业投资公司的成立时间以及募集的基金规模成正比。这表明即便在创业投资基金的管理费,利润提成比例上还存在很大的争议;并且从创业投资基金薪酬的动态变化角度来看,创业投资家的声誉与其管理费以及利润提成比例的关系上也还没有形成一致的结论和解释。Axelrad &

Wright(1997)则强调了创业投资基金利润分配形式的多样性和重要性，并认为信用风险和创业投资家道德风险导致了利润分配形式的多样性。

三、创业投资家——创业投资家关系(联合投资)研究

(一) 联合投资的实证研究

在美国、加拿大以及欧洲国家都发现创业资本家会与别的创业资本家联合投资同一个项目，而且联合投资现象在创业投资的初期、中期以及后期都是比较普遍的现象(Lerner，1994；Wrignt & Lochett，2003)。创业投资中联合投资的实证研究主要集中在下面的 4 个方面：

1. 联合投资的动机

关于联合投资的动机学者们主要分为 3 种观点：(1) 财务的观点(Smith & Kiholm Smith，2000)。联合投资能让创业投资公司(创业投资家)投资更多的创业项目，增加其投资组合的分散性，降低其投资组合的非系统风险。(2) 获取资源的观点/价值增加的观点(Bygrave，1987，1988；Lochett & Wrignt，2001；Manigart，2002)。创业投资公司投资的是新建立的非公开未上市公司，所以在投资前，不对称信息的程度很高。通过联合有经验的创业投资公司，可以降低在项目筛选时的逆向选择的风险。并且在投资后，通过联合可以获取到与管理项目相关的经验。所以资源基础的联合投资观点把联合投资作为投资前获取选择项目的信息和投资后获得企业管理资源的重要机制。(3) 增加交易机会的观点(Wright & Lochett，2003)。由于创业投资公司必须保持一定数量的投资才能确保有好的投资项目，在行业中称为孵出金蛋，所以交易流是一种重要的资源，尤其在创业投资行业竞争激烈的时候。通过互惠的联合投资，可以增加投资项目的数量，并且可以在相互认识彼此选择项目和管理项目的能力的基础上建立信任，在以后的创业投资交易中继续进行联合投资合作。所以，通过联合投资可以使创业投资公司保持一定数量的投资项目，使其保持稳定的交易流。

在创业投资实践中,创业投资家倾向于和以往联合投资的创业公司在以后的投资轮次或以后新的交易中进行再次联合。

关于联合投资的动机,北美和欧洲的学者进行了不少的实证研究。Christian Hopp & Finn Rieder(2005)首次从实物期权的角度研究解释为什么创业投资家要进行联合投资,并利用德国的创业投资数据证实:不确定性并不是创业投资家进行联合投资的主要推动力,协调成本也是进行联合投资的一个主要考虑因素。并且,缺乏经验和专业知识的创业投资家更倾向于进行联合投资,这在一定程度上证实了联合投资是为了获取互补资源的观点。Cumming & Walz(2004)利用加拿大的 4 114 个第一轮投资,讨论了联合风险投资与甄别之间的关系。他认为联合投资促进了甄别并降低了与创业资本相关的逆向选择风险。所以联合投资机制在甄别潜在的投资项目中扮演着重要的作用。Clerq & Dimov(2004)首次利用美国 200 家创业投资公司 12 年的面板数据对创业投资公司联合投资与公司的投资风格,以及被融资的阶段特征等投资策略进行实证分析。结果表明:美国的创业投资数据支持资源互补的观点和财务观点。Manigart,Lockett 等(2003)通过对欧洲 5 国的创业投资公司的高级管理人员的主管问卷调查,对 Belgium、France、The Netherlands、Sweden 以及 UK 的创业投资公司联合投资的动机进行了实证检验。结果表明:在这五个欧洲国家,减少投资风险和增加投资组合的多样性是比增加更多的无形资源以及增加将来的交易机会更重要的联合投资动机。当获取资源更重要时,联合投资的倾向增加。联合投资对新的创业投资公司以及具有很多投资项目的创业投资公司来说是更重要的。N. Bent, K. Williams & Gilbert(2004)通过实证分析检验了南非的创业投资公司和私募股权投资公司进行联合投资的动机。检验结果表明:在联合投资中,风险分担和增加将来的交易机会的动机比获取其他公司的技术的动机更重要。小公司和大公司进行联合投资的动机没有区别。投资初期项目的公司更倾向于联合投资,但联合投资的动机与投资项目后期的公司联合投资的动机没有区别。南非的创业投资公司的联合投资水平要比美国和欧洲低，但大部分的公司都认为联合投资是有利可图的，都倾向于在将来进行联合投资。Manigart，Lockett(2006)利用欧洲创业投资数据比较了联合投资中4种主要动机(分散风险的财务动机，增加交易流，改善项目选择，增加风险项目价值)在不同特征(投资阶段，规模，行业属性，是否作为主导性风险投资家)的创业投资家中的相对重要性。实证结果发现：在欧洲，改善投资组合管理是创业投资家进行联合投资的主要动机。这与以往关于美国联合创业投资主要是为了改善项目选择和增加项目价值的结果具有很大的不同。对项目早期和晚期的投资者，风险分担，组合分散，接近更大的交易是比项目选择和交易监管更重要。早期的联合投资与后期的联合投资相比而言，价值增加是更强的动机。非主要型投资者联合投资主要是为了项目选择，以及合作伙伴的价值增加技术。

2. 联合投资与业绩的关系

Brander & Amit(2002)对联合投资的选择假设和价值增加假设进行了检验。实证结果表明联合投资能显著增加创业项目的价值，价值增加是比选择动机更强的联合投资目的。Berggren & Olofsson(2002)则利用瑞典的154个创业投资项目调查联合投资是否比非联合投资公司的业绩更好。实证分析后发现：联合投资主要集中在初期的高风险的企业如生物技术和IT行业，而非联合投资主要集中在比较成熟的传统行业如制造、零售行业。并且联合投资的存活率要低于非联合投资。Tuukka J. Seppä(2003)利用美国1986—2000年的创业投资的交易数据，证实了联合投资能有效地完成投资并更好的帮助创业企业进行IPO。Lehmann(2004)用德国创业投资的数据实证分析表明：联合投资以及创业资家的数量并不能由创业企业的规模、年龄、行业属性等企业特征来解释。联合投资的企业虽然增长速度高于单独创业资本投资的企业，但股票市场的业绩，两者并无显著的差别。Douglas Cumming(2006)利用加拿大的创业投资实证数据，研究逆向选择与融资方式之间的关系。研究表明，逆向选择问题是否出现依赖于公司的特征，以及是否联合投资，并且联合投资能降低逆向选择风险。

3. 联合投资的管理

Mike Wright & Andy Lochett(2003)利用两个关于创业投资的调查和创业投资的文件，从管理和联合创业投资组织结构的角度对联合投资进行了分析。结果发现：主导型投资者一般有更多比例的股权，并且主导型投资者比非主导型投资者联系创业企业家的频率要明显的高。联合投资协议是确定参与者权利而不是行为的文件。非正式的关系尤其信誉机制在降低主导型投资者的机会主义行为时起着重要的作用。决策一般在集体讨论并通过后制定，但主导型投资者的专有性权力在确保及时的决策制定中也是很重要的。

4. 联合投资网络

Ozdemir(2006)将联合创业投资网络作为一个社会交换网络。并认为创业投资公司以往的联合投资记录会影响创业投资公司发起联合的倾向。Ozdemir 利用美国 1970—2004 年的创业投资交易数据证实：以往接受联合投资项目比发起联合投资项目数量多的公司更倾向于发起联合投资。Ozdemir 认为风险投资公司的这种倾向并不是出于财务动机，可能是创业投资公司要清除在联合投资网络中的债务(接收到的联合邀请)，以便在将来能更多地参与到联合投资网络中。

Zheng(2006)则认为联合投资有助于形成一个创造社会资本的网络，并且认为高度发展的社会网络能弥补创业投资中的人力资不足。通过联合投资网络，创业投资公司能彼此从寻找有利可图的项目中分享彼此的经验、专业知识，以及信息。Zheng 还认为联合投资网络是以信任为基础的，邀请别的创业投资公司进行联合投资，是为了能被别的公司邀请参与有利可图的项目。本质上，联合投资网络是一个以互利为目标的社会网络。

Hochberg，Ljungqvist，Yang(2005)认为创业投资公司通过联合投资形成很强的投资网络关系。Hochberg，Ljungqvist，Yang 利用美国 1980—2003 年的创业投资交易数据，证实了在投资网络中处于有影响地位的创业投资公司通过 IPO 或者资产出让成功退出风险项目的比例明显增加。并且在投资网络中处于有利地位的风险投资公司投资的创新企业，更可能存活到新一轮的融资中。并且 Hochberg，Ljungqvist，Yang 利用具体的行业数据证实了这种网络效应的稳健性。在控制了网络效应对创业公司业绩的影响后，发现创业投资公司的经验对其业绩的影响明显减弱。

(二) 联合投资的理论研究

目前关于联合投资的理论研究还比较少，并且主要集中在创业投资家如何选择联合对象，以及以联合投资作为向原始投资人传递创业投资家能力信号等方面。

1. 联合投资伙伴选择

Casamatta & Haritchabalet(2007)从创业投资家甄别项目时获取信息的角度去解释为什么要进行联合投资，以及进行创业投资家甄别项目的能力对投资后创业投资家努力的影响。文章认为创业投资家甄别项目的能力除了与自己的专业能力有关，还依赖于另一个创业投资家对项目的甄别能力，将项目透露给另一个创业投资家会引起投资竞争。但这可以通过创业投资家的联合投资进行协调。文章进一步解释了创业投资家的能力与联合投资倾向以及联合投资之后对项目的努力付出之间的关系。该文首次从创业企业家信息收集的角度内生地解释了联合投资存在的理由。

上述研究主要是在静态的情况下，讨论联合体投资伙伴的选择，并且均认为有经验的主导型投资者一般都选择有经验的创业投资家联合甄别项目。这很难解释在新兴的创业资本市场，如欧洲出现的有经验的外国创业投资公司与本土的没有经验的创业投资公司的联合。Tereza Tykvova (2005)从动态的角度来讨论联合投资发生的可能性。在动态的背景下，通过联合投资，知识和技术可以从有经验的投资者向无经验的投资者进行转移的情况下，投资者之间是否进行联合投资以及会选择什么样的投资者进行联合投资。通过考虑声誉以及知识转移，无经验的投资者也可能通过在前期以不利的交易条件与有经验的投资者进行联合投资，并获取经验和声誉，从而在新的一期的投资中获得好的投资机会。Tykvova 给出了有经验的创业投资家选择没有经验的创业投资家的动态解释。这进一步说明，在动态的投资网络中的创业投资家行为特征与静态下存在着本质的区别。

创业投资是个典型的投资循环的过程。在循环投资的背景下对创业投资家的联合投资行为进行深入研究是个很有意义的课题。尤其是深入分析在创业投资家重复联合的动态背景下，主导型投资者选择合作伙伴的方式，以及动态的联合投资对双方合作中道德风险的影响等重要问题。

2. 联合投资——一种信号机制

Dorobantu(2006)首次将后期阶段的联合投资作为创业投资家向创业基金投资者传递其项目选择能力的信号机制。由于创业投资家前期对风险项目的参与和介入，通过对项目质量的观察，创业投资家对自己选择项目的能力有一定的了解，通过在项目的后期向一个新的创业投资家以低于预期价值的价格转让一部分股份，并通过足够高的折价，高能力的创业投资家能使自己同低能力的创业投资家区分出来，并在随后的基金管理中获得更高的回报。在这里联合投资成为一个有成本的能向基金投资者传递创业投资家挑选项目能力的信号。

3. 联合投资——联合声誉机制

在创业投资行业，创业投资家为了控制创业企业家的道德风险，往往通过合约条款获取相当的控制权，并且在事后会经常性地参与到项目中去，这使得创业投资家对创业团队的项目十分了解。在研发的新技术未形成专利或者在知识产权保护不是很好的情况下，会出现创业投资家窃取创业团队的技术并投资到自己占更多股份的项目中的可能。这会降低创业团队研发产品的价值。事前,创业企业家如果预期到创业投资家技术窃取可能性的存在,将极大地降低其研发的激励。Bachmann & Schindele(2005)考虑在知识产权保护不是很完善的情况下,创业投资家可以通过联合投资增加投资团队在创新项目中的声誉资本。如果联合形成的声誉资本足够高,则会使得理性的创业企业家预期到风险投资家不会进行技术窃取。因为在存在一定的知识产权保护的情况下,技术窃取将可能导致过高的声誉损失。在这里联合成为一种创业投资家改变创业企业家预期的声誉抵押机制。从这个角度,Bachmann & Schindele 将联合投资作为一种改善创业投资家与创业企业家之间道德风险的机制。但这里联合投资解决的是投资方的道德风险,并相应地提高创业企业家的研发激励。但与 Tereza Tykvova(2005)不同,Bachmann & Schindele 认为仅仅有经验的创业投资家会进行联合投资。

四、创业投资家——创业企业家关系研究

关于创业投资家与创业企业家关系的研究是创业投资研究中的比较集中、成果比较丰富的领域。这方面的研究主要考虑在创业投资家对创业企业家的能力、对项目的质量不了解的情况下,如何设计甄别机制降低创业投资家的逆向选择风险;以及在创业投资家投资项目以后,由于无法完全监督创业企业家的行为,所以需要相应的机制设计来弱化创业企业家的道德风险行为。所以,这部分的研究主要集中在如何通过机制的设计来解决处于信息优势的创业企业家事前的道德风险(逆向选择)和事后的道德风险问题。但最近的研究,也考虑到了创业投资家对风险项目的价值增加作用,在激励不足的情况下,创业投资家也存在投入不足的道德风险问题。创业投资的研究从创业企业家道德风险的研究,拓展到同时考虑创业投资家也存在道德风险的双边道德风险的研究。

(一) 事前的逆向选择问题研究

Amit,Glosten,Muller(1990)认为在创业企业家的能力只有自身知道

的不对称信息条件下，只有能力较差的创业企业家才会向风险中性的创业企业家融集资金，并与其分担风险。这在一定程度上解释了 Bygrave(1988) 报告的风险投资糟糕业绩的现象。所以，创业企业家与创业投资家之间不对称信息导致的逆向选择问题严重地妨碍了创业投资产业的发展。所以通过机制设计来解决投资双方的信息不对称问题，使创业投资家能寻找到前景更好的项目就成为创业投资有效的发展必须解决的第一个难题。对于逆向选择问题，一般有两种解决思路：(1) 甄别机制。通过机制的设计，使得具有信息优势的一方能在激励相容的条件下自愿地披露真实的信息。(2) 信号机制。能力更强的创业企业家利用自身发送信号的成本优势通过将发送信号的成本增加到低能力的创业企业家没有激励发送信号的程度，从而将自己与低能力的创业企业家分离出来。

Houben(2002)考虑在创业企业家拥有关于项目技术可行性，而创业投资家则拥有关于项目市场可行性的私有信息，并且双方投入对项目成功概率都有影响的双边逆向选择和双边道德风险情景。利用可赎回可转换优先股可根据市场状况、双方对自身拥有的投资项目质量信息的披露以及投资双方的努力程度来分配现金流。研究发现，这样的现金分配方式不但能让双方付出有效的努力，同时能真实地披露各自拥有的关于项目的私有信息。并且，这个结果与市场状况的分布函数无关。Houben 考虑双边的逆向选择与双边的道德风险问题，并通过可转换证券的设计，同时解决这两个由于双边的信息不对称而导致的效率问题。这里的可转换优先股机制就属于上面提到的甄别机制。

Dessein(2005)则发展了一个通过控制权模型解决创业投资家在对创业企业家的能力以及项目质量的信息处于逆势的情况下的甄别问题。本书认为，创业企业家可以在与创业投资家建立的初始合同中通过出让足够多的名义控制权给创业投资家来传递自己拥有好项目的信号。Dessein 将项目的控制权连续化并且区分了名义的控制权和实际控制权。Dessein 通过模型研究发现：作为项目质量的信号传递方式，名义控制权随着事前的不对称信息以及事后项目的不确定性的增加而增加。但创业投资家对项目的实际控制却随着双方信息的不对称程度的增加而减少。所以，拥有好项目的创业企业家愿意通过出让足够多的名义控制权来显示自己项目的高质量，并且在项目的进行中并不会影响其对项目的实际控制。本书的研究结果是与 Lerner and Merges(1998)，Kaplan and Stromberg(2003，2004)关于创业投资与技术联盟中控制权分配与不对称信息、不确定性关系的实证研究结果是一致的。相应地，这里的名义控制权则属于解决风险投资中逆向选择的信号机制。同时，Cumming, D. J and Walz(2004)，Douglas Cumming (2006)都认为联合投资可以显著的降低创业投资家的逆向选择风险。

实际上创业资本投资的大都是一些高风险行业，且不少向创业投资家提出申请的创业企业家大多属于第一次创业的技术专家，他们关于技术研发，企业管理的能力是很难了解到的。正是基于这样的原因，往往上千份申请中经过创业投资家详细的尽职调查以及与创业企业家的面谈，最后仅有少数几份申请能获得创业资本的投资。所以，设计有效的机制弱化创业投资中由于事前的创业投资市场天生的不完美导致的逆向选择问题，就是创业投资研究中的关键领域。关于解决创业投资中逆向选择的机制研究的文献还比较少，还有待加强。

(二) 事后的道德风险问题及解决机制

在创业投资家向创业企业投资后，由于其不参与日常经营，所以对创业企业家的工作行为、使用资金的状况是很难完全监督的；同时，由于创业企业大多都为提供新产品、新服务的创新型企业，创业企业家在创业企业中投入主要是其作为技术专家的人力资本，而人力资本的不可强制剥夺和不可观察性，使得创业企业家的工作努力状况很难直接进行观察和监督。所以创业资本进入创业企业后，由于创业投资家对创业企业家的工作行为无法完全监督，有可能导致创业企业家的投机行为(如雇用自己的亲属，将创业资金用作个人消费等)和工作不努力两种道德风险行为。本质上,创业企业家的道德风险行为也是由于信息不对称问题导致的。经典的创业投资机制研究的重点主要集中在这一块,并且出现了大量的研究成果。最近的创业投资机制研究已从早期的只注重解决创业企业家的道德风险,向既重视创业投资家道德风险,同时考虑创业投资家对创业企业管理投入不足的道德风险转变。所以,近期的研究从单边道德风险模型向双边的道德风险模型进行了有力拓展。

1. 单边道德风险应对机制

在只考虑创业企业家的道德风险问题的情况下,西方学者们主要考虑利用如下机制来降低创业企业家道德风险带来的代理成本。

(1) 分阶段投资机制。Sahlman(1990)认为"分阶段投资是创业投资家控制创业项目最好的办法"。可以看出,在创业投资的实践以及创业投资的研究中,分阶段投资机制都被认为是一种解决创业企业家道德风险问题尤其是套牢问题的好办法。早期的研究中,不少学者从实物期权的角度来研究分阶段投资的价值(Sahlman, 1990; Gompers, 1992, 1995; Lerner, 1992)。Bergemann & Hege(1998)通过一个多期的道德风险模型讨论了分阶段投资作为创业投资家认识项目质量的学习机制的作用。Neher(1999)则认为分阶段投资是解决创业企业家承诺以及事前融资(up-front financing)下创业投资家被创业企业家套牢的有效机制。Susheng Wang & Hailan Zhou(2002)则认为分阶段投资能降低项目风险并弱化创业企业家道德风险。但相对于事前融资(up front financing),对前景看好的项目分阶段投资能达到更好的效率。对前景不好的项目,事前融资更有效率,因为创业投资家的事前投资不足可能会扼杀掉一个可行的项目。Jochen Bigus (2006)则提到了分阶段投资下创业投资家套牢创业企业家的负面作用。在创业企业创新的知识产权不能得到很好保护的情况下,分阶段投资可能导致创业投资家套牢创业企业家,并降低其研究的努力激励。通过将创业投资家的现金索取权与项目早期的目标实现挂钩,使得其收益与项目的价值更敏感可降低风险投资家窃取项目技术机会主义行为的可能性。这样能提高创业企业家的研究努力,促进风险项目的发展。

(2) 现金索取权机制。Kaplan & Strömberg(2003)的实证文献发现在美国的创业投资领域大量使用可转换优先股等可转换证券类型。因为可专换证券可以内生的分配现金流。在创业企业业绩不佳时,创业投资家能具有优先的债务索取权并获得对企业的控制权,而在企业业绩好的时候则可将可转化证券转化为股权获取利润增长带来的好处。Cornelli & Yosha (1997)发现可转化证券可以消除创业投资家在分阶段投资下窗饰(window dressing)企业短期业绩的道德风险问题。可转换证券还可用于有效地协调创业投资家与创业企业家在创业资本退出等行动选择上的利益冲突(Berglof 1994, Bascha & Walz 2001, Hellmann 2004)。

(3) 控制权机制。Cornelius(1997),Lerner & Tsai(1999),Baker & Gompers(1999),Kaplan & Stromberg(2002,2003)都发现在创业企业中创业投资家会拥有对企业的控制权。并且 Kaplan & Stromberg(2003)发现当创业企业家经营业绩较差的时候,创业投资家获得完全的控制权,并替换创业企业家;当企业经营业绩好的时候,创业企业家保留对项目的继续控制。同时,控制权分配是一个具体的重大决策权分配问题,主要包含对项目高层管理者替换的控制权,创业投资家干预项目经营的控制权,以及对创业资本退出的控制权等关键性决策权的分配(Baker & Gompers, 1999; Kaplan & Stromberg, 2002, 2003)。

对创业投资控制权分配的理论研究主要来自 Aghion & Bolton(1992)的控制权转移模型(CTM)。CTM 认为在合同不完全的情况下,通过控制权在创业投资家与创业企业家之间进行合理的转移来达到决策效率的最大化。他们认为在创业投资项目经营状况好的情况下应该由创业企业家继续控制,而在创业投资项目经营业绩差的情况下,将控制权分配给创业投资家的相机控制比创业企业家控制、创业投资家控制等单边控制在更多的情况下更有效率。Neher(1999)认为,由于企业家的异质性的人力资本对于创业投资的重要性,仅仅依靠现金索取权不能约束企业家的道德风险,创业投资家反而被创业企业家套牢。这时就需要通过其他方式赋予创业资本家相应的控制权。

Hellman(1998)研究了创业企业家为什么会让渡替换自己的控制权给创业投资家,以及具有控制权的创业投资家在搜寻职业经理人的激励状况。但该文献中并没有考虑具体的融资形式的安排的对控制权分配效率的影响。Hellmann(2004)则认为控制权与可转换证券的合理搭配能实现创业资本的有效退出。Vauhkonen(2005)则将 Aghion & Bolton(1992)的控制权模型进行了连续化拓展。他们认为控制权的转移并不是一个 0－1 变量,而是连续转移的。当创业企业与业绩高度相关的可证实的指标状况变差时应该由创业投资家控制;在业绩指标中等的情况下,应该由双方共同控制;而在业绩指标状况非常好时则由创业企业家继续控制。但 Vauhkonen(2005)的研究同样没有给出控制权与可转换证券同时出现在创业投资融资合同中的原因。

国内关于创业投资中控制权的研究,则主要是在国外研究的基础上作一些简单的模型拓展。欧阳凌、欧阳令南、周红霞(2005)对 Tirole(2001)的企业融资模型进行了改进。并且引入连续控制权变量和监督成本变量,分析了创业企业的这种控制权机制设计对创业企业的非效率投资行为的影响。他们认为投资不足和投资过度现象之间存在着一种松散的交替。文章还分析了创业企业家的非人力资本的多少,人力资本的动态特性、非货币的私人得益的规模以及管理团队的强弱对出让的控制权的程度、投资扭曲行为的控制权临界点的影响。并认为适当的财务契约的设计(可转优先股、一票否决权和多阶段融资)能够改变双方的风险比例和有效缓解非效率投资行为。

李金龙、费方域、谈毅(2006)放松了经典的 CTM 系列模型中有关信息对称的假设,在信息不对称的条件下对创业投资激励及控制权分配进行了研究。他们认为创业投资中的特殊的反稀释条款的制度安排,使得在信息足够有利的条件下，投资激励较大，实行相机控制；在适当的信息程度下，创业投资家投资激励较小，应实行完全的控制；在信息不利的条件下，创业投资家不会投资。从而在分阶段融资机制条件下，从信息角度系统研究了投资激励与控制权分配之间的关系。

本质上，控制权是对创业者作为企业家的一种激励；但由于创业企业家的道德风险的存在，创业投资家不得不拥有一定的控制权，以便在企业出现不利信号时进行干预，这其实是对偏好控制的创业企业家的一种威胁，相应地降低其道德风险行为形成的效率损失。但同时在创业投资家拥有控制权，比如替换创业企业家的控制权，事后干预项目经营的控制权的情况下，创业投资家可能会忽略创业企业家控制权收益，在某些情况下出现过度控制的道德风险。所以，在创业企业治理的不同关键决策中，如何在投资双方分配恰当的控制权将是创业投资治理机制中的重要问题。

2. 双边道德风险问题

早期的创业投资治理研究绝大部分都是考虑如何防范创业企业家的机会主义行为以及努力不足的道德风险问题。但创新型企业的天性决定了创业投资家在创业企业中也要扮演重要的角色。创业企业家实际上大部分都是初次创业，尤其是像中国这样刚市场化的国家的创业者，他们更多的是技术专家，缺乏管理的经验，更重要的是，他们缺乏相应的拓展市场的能力和资源。而创业投资家则利用他们专业投资者的优势，帮助创业企业选拔和聘用关键的人员，制定企业发展战略，利用自身的资源帮助创业企业建立稳定的供应商关系，并带来重要的销售合同，并在项目后期上市准备中进行重要的资本运作。也就说，创业投资家会经常参与到创业企业中，弥补创业企业家管理和资源上的不足，为创业企业提供管理增值服务（Gorman and Sahlman，1989；Sahlman，1990；Bygrave & Timmons，1992；Gompers & Lerner，1999；Hellmann & Puri，2002）。所以，最近关于创业投资治理的研究逐步从只注重创业企业家道德风险问题到同时考虑创业投资双方努力价值的双边道德风险的情况。关于双边道德风险的理论研究主要以 Schmidt(2003)、Casamatta(2003)、Repullo & Suarez(2004)为代表。Schmidt(2003)在创业企业家和创业投资家序贯投资的假设下,发现利用可转换证券可根据自然状态和创业企业家的努力程度内生地分配现金流。通过选择合适的转换比率,创业投资家可在创业企业家付出社会最优的努力后也付出社会最优的努力数量。Schmidt 的研究实际上表明适当的可转换证券设计可保证投资双方都进行有效的投资。Casamatta(2003)则放松了序贯投资的假设,并在假设双方努力是可替代的基础上建立了一个双边道德风险模型。与 Schmidt(2003)不同的是,Casamatta 将投资规模内生化,讨论可转换证券与激励之间的联系,并且认为普通股票能给创业投资家提供高强度的激励,而要向创业企业家提供高强度的激励时,则应该给创业投资家可转换证券。Repullo & Suarez(2004)则在创业投资家努力与创业企业家努力为互补的基础建立双边道德风险模型,并将重点集中在分阶段投资对双边道德风险的影响以及最优的证券设计上,并认为只有具有可转换证券特征的证券才能解决投资双方努力投入的双边道德风险问题。

第三节　对研究现状的评述

从前文对创业投资治理机制的简要综述中可以发现目前创业投资治理的研究主要偏向于联合投资以及创业企业治理中创业企业家与创业投资家努力投入的激励机制,但对创业投资基金运作机制的研究较少涉及。随着 Hart(1986,1990,1998)等人建立的不完全合同理论在公司治理运用中的展开,控制权理论在创业企业治理中的研究将是一个崭新而具有很大空间的研究方向。据此,笔者在总结已有研究的基础上,归纳如下的具有理论和现实意义的研究内容。

一、关于创业投资基金运作机制的研究

目前关于创业基金投资者与创业投资家关系的研究主要集中在如何设计甄别机制降低投资者选择创业投资家逆向选择风险上，关于投资者与创业投资家之间的关键机制——薪酬机制的研究也主要集中在薪酬合约的构成以及薪酬规模上。并且早期的实证研究简单地将创业投资基金的薪酬作为固定管理费加利润提成的线性薪酬模式，但后期的实证研究和创业投资实践却发现创业投资家只有在达到了投资者事前在合同中规定的基金收益目标后才能参与基金利润的分配。所以，创业投资基金的薪酬合约本质上是一个包含看涨期权的线性薪酬合约。目前的研究还缺乏从机制设计的角度，利用激励相容的合同经济学方法分析创业投资基金包含看涨期权的线性薪酬合约对创业投资家管理基金投资组合的激励效应和风险控制效应。创业投资是典型的循环投资的资本运作模式，其声誉是创业投资家在创业投资管理生涯中的重要品牌。早期创业投资家建立声誉的动机势必对创业投资家的激励产生重要影响。所以，在考虑创业投资家建立声誉的激励下，研究创业投资基金激励薪酬的动态设计具有非常的现实意义。

最后，创业投资基金的运作模式和创业投资基金的治理框架是创业投资基金运作效率的重要保障。但目前，国内外对这些问题的研究还停留在很表面的讨论，缺乏从创业投资运作机理与企业治理结构相匹配的角度对创业投资基金运作模式选择的研究，同时也缺乏一个结合资本市场，法律制度的创业投资基金治理框架的深入分析。

二、基于控制权理论的创业企业治理机制研究

从上述研究不难发现创业投资企业治理的 3 种重要机制：分阶段投资、现金索取权机制、控制权机制。但目前关于创业投资企业治理机制研究的文献绝大部分是将三种机制分离开，研究单一机制在解决创业投资中投

资双方道德风险问题的作用。由于创业投资信息的不对称性以及高度的不确定性，创业投资合同必然是不完全的。更接近创业投资治理实践的机制研究，应该是在创业投资合同不完全的框架下，结合创业投资的特点将创业投资中投资双方现金索取权的分配，控制权的安排结合起来考虑，以形成一个更接近创业投资现实的更系统和完整的创业投资治理分析框架。同时，创业投资中控制权的研究应该更具体化，因为对不同关键性决策权的分配要求是不同的，所以我们的研究将创业投资中关于创业企业家事后替换的控制权，创业投资家事后干预项目经营的控制权，以及创业资本退出方式选择的控制权分别进行研究，使得我们关于创业投资控制权分配的研究更具体，更与创业投资实践接近。

第四节 研 究 框 架

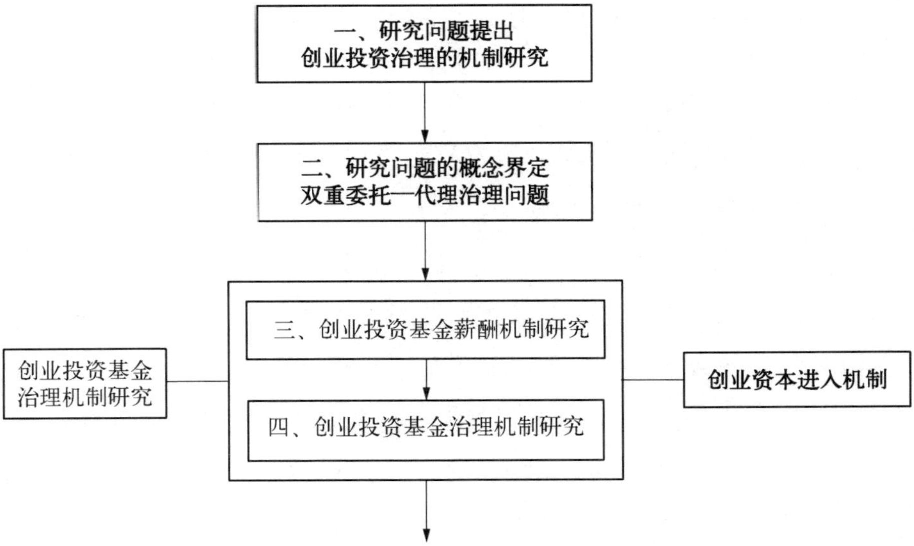

（续下图）

(接上图)

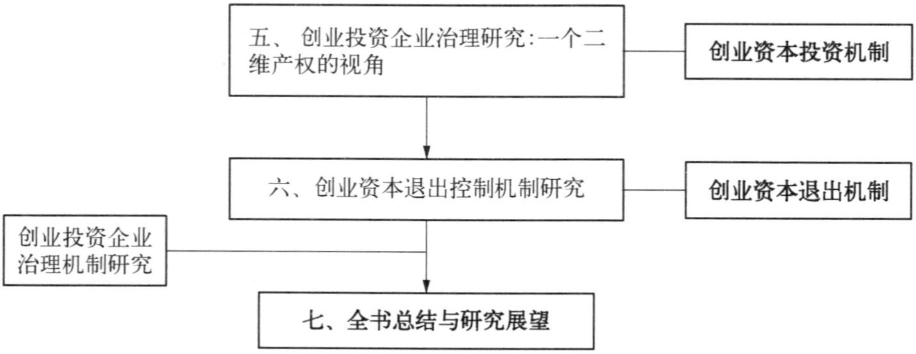

图 1-2　论文结构图

第五节　论文创新点

我们关于创业投资治理机制的研究主要有如下创新点：

一、关于创业投资基金薪酬机制研究结论的创新

早期的研究将创业投资基金的薪酬简单归结为固定管理费加利润提成的纯粹线性薪酬。而本书的研究则强调创业投资基金薪酬中的第三个关键元素——利润分配的方式，将创业投资基金的薪酬归纳为包含看涨期权的线性薪酬。并通过规范的合同经济学方法分析发现：相对纯粹的线性薪酬，包含看涨期权的线性薪酬机制在创业投资家激励和风险控制上更有效。同时，在薪酬合同可观察以及不可观察的背景下，利用一个一般化谈判力的动态薪酬模型论证了早期创业投资家建立声誉的动机将是显性激励薪酬的有效替代；并且在薪酬合同市场不可观察的情况下，创业投资家后期替换投资者的概率与声誉机制的激励效应正相关。

二、关于创业投资治理模式研究的创新

本书从企业组织模式的激励特征、创业资本管理中关键人力资本与金融资本相分离的角度阐明，只有有限合伙制超越现金投入比例的利润分配模式，才能有效地激励具有少量金融资本的创业投资家。同时，有限合伙制中投资少量资金的创业投资家承担无限债务责任，投资大部分资金的投资者承担有限责任能有效地降低创业投资基金组合的运作风险。我们的分析表明：创业投资的高度专业性和高风险性需求有限合伙制提供的灵活金融创新治理框架。

同时，本书首次从创业投资基金的进入通道、创业投资基金运作治理、创业投资基金的退出通道等 3 个方面系统的分析了创业投资基金的治理构架。作者认为要使创业投资资本顺利进入创业投资行业，政府应该放松对机构投资者的管制，建立优惠的有限合伙制企业税收方案，并加强个人破产的立法；同时本书强调创业投资基金运作治理的微观机制中应着重建立对创业投资家的激励和风险控制机制；而创业资本的退出中则强调以创业板作为创业企业治理的标杆，而股权转让市场则作为主要的退出通道。

三、基于不完全合同的创业企业治理框架的创新

本书的研究是以往关于创业投资单一机制效率研究的拓展，因为本书关于创业投资企业治理的研究是在合同不完全的基本框架下，充分运用控制权理论深入研究创业投资企业治理中不同的控制权与现金索取权搭配下的效率。在创业投资合同不完全的合理假设下，我们研究了创业投资中现金索取权与管理层替换控制权，创业投资家经营干预权以及创业资本退出方式控制权对创业投资企业治理效率的影响。研究发现不同的重大决策控制权应该采取不同的控制权分配模式，并匹配恰当的现金索取权(融资工具选择)。可转换优先股与条件控制的恰当匹配结构能实现事后有效的替换

企业管理层的决策。而在创业投资家事前就具有部分干预企业经营的控制权背景下，相对债权和股权，可转换优先股则是创业投资家事后实施有效干预（控制）的最佳保证。相对创业投资家与创业企业家单边控制，共同控制能在更多的情况下，保证创业资本有效退出。我们的研究表明，创业投资高度的不确定导致融资合同的不完全，对创业投资环节中各种重要的决策权（控制权）应该分别进行规定和分配；并结合可转换优先股的现金流分配方式，构建一种根据事后状态进行灵活调整的治理机制。只有将关键决策的控制权与现金索取权合理匹配的二维产权治理结构，才能解决投资过程中创业投资家和创业企业家出现的双边道德风险问题。

第二章
创业投资体系概念界定

虽然创业投资在国内已经迅猛发展，比如 2007 年平均每个项目融资规模达到 550 万美元，但一般民众对创业投资的概念、运作过程以及创业投资运作中涉及的关键性问题还不太清晰。本节主要将本书研究所涉及创业投资的概念、创业投资的主要参与对象、创业投资主要的运作环节以及创业投资运作中的主要问题依次进行介绍。为读者对本文涉及的关键性概念和问题做一个清晰的概念界定，并为本书后面的研究提供一个清晰的研究背景。

第一节　创业投资边界的界定*

一、私募股权投资的定义

Private Equity Fund(简称 PE)在国内通常称为私募股权基金。从投资方式角度看，依国外相关研究机构定义，是指通过私下协商的形式对非上市企业进行的权益性投资，并在交易实施过程中附带考虑了将来的退出机制，即通过上市、并购或管理层回购等方式，出售持股获利。但这里的私募股权投资一定要和国内的另一个“私募”概念区分开来。国内还经常将投资者与

* 本部分内容引用了作者在上海市浦江人才计划课题“国外私募股权基金与国有企业的合作机制研究”中的部分威果。

专业的个人操盘手之间通过协议的形式集合资金进行二级市场投资的融资形式成为私募投资，我们不妨将之称为私募证券投资。这些资金募集的形式在一段时间内并未得到法律法规认可，投资的是公开发行并在二级市场交易上的流动性金融证券，如债券、股票、基金等。

广义的私募股权基金是涵盖企业首次公开发行(IPO)前各阶段的权益投资，即对处于种子期、初创期、发展期、扩展期、成熟期和 Pre-IPO 各个时期企业所进行的投资，相关资本按照投资阶段可划分为创业投资(Venture Capital)、发展资本(development capital)、并购基金(buyout /buyin fund)、夹层资本(Mezzanine Capital)、重振资本(turnaround)，Pre-IPO 资本(如 bridge finance)，以及其他如上市后私募投资(private investment in public equity，即 PIPE)、不良债权(distressed debt)和不动产投资(real estate)等(以上所述的概念也有重合的部分)。狭义的 PE 主要指对已经形成一定规模的，并产生稳定现金流的成熟企业的私募股权基金投资部分，而其中并购基金和夹层资本在资金规模上占最大的一部分。因此，广义的私募股权投资包含了企业生命周期中进行公开发行前的所有融资阶段；而在狭义的私

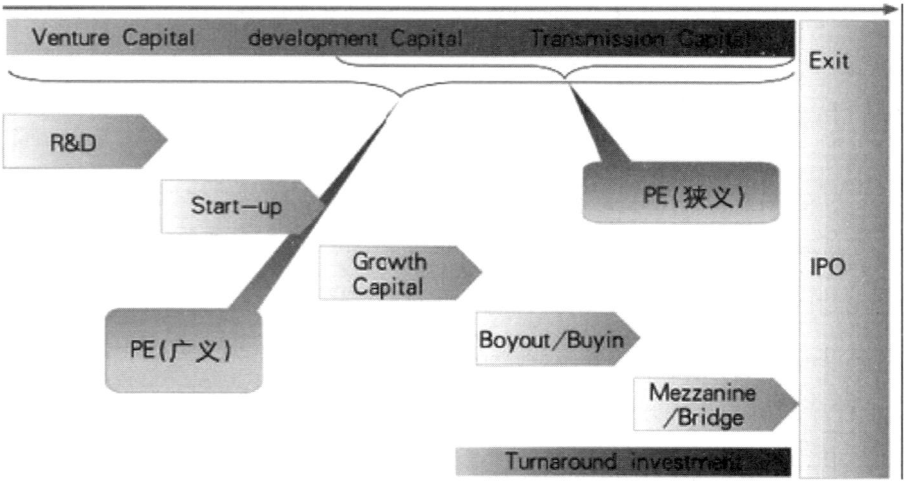

图 2-1 企业生命周期与投资分类图

募股权投资下，天使投资、创业投资、私募股权投资依次构成了整个的广义投资的概念。我们从下面的企业生命周期与融资区间图可以看出广义私募股权投资、狭义私募股权投资以及本书所要研究的创业投资的区别和联系。

本书的研究主要根据国内一般使用的狭义的私募股权投资与创业投资的定义方法，也就是说将企业研发阶段和启动期(start-up)，发展期的投资定义为创业投资，而将企业扩展期、成熟期和 Pre-IPO 各个时期企业所进行的投资界定为私募股权投资。这跟美国创业投资研究文献的划分方法也是想同的。并且美国的创业投资绝大部分投资处于企业的研发和启动阶段；而欧洲与中国的创业投资则主要偏向于发展期。

二、私募股权投资与创业投资的区别

为了更好地区分创业投资与私募股权投资，我们将从投资阶段、投资行业、投资所需要的资金等 3 个方面对创业投资和私募股权投资进行对比分析。

(一) 投资风险的不同

从上面两个概念的划分可以清晰地看出，创业投资偏重的是投资处于企业生命周期的早期阶段的企业，投资的企业大部分要经历技术研发到将研发成果进行商业化转换的阶段，所以投资者面临技术研发的风险以及市场风险，当然还有管理上的风险。投资者很多时候面对的是一种新兴的商业模式，一般很难有先例可以参考，这就要求创业投资家对创业项目的行业发展空间以及在后期发展中存在的市场风险、政策风险进行一个方向性的把握。同时，如果创业投资项目存在于一个像中国这样创业项目退出通道相对比较窄的资本市场，投资者还面临项目后期阶段无法再融资的风险。因为，缺乏中小项目退出通道的情况下，项目只有通过多轮次的融资才能到达更高标准的退出，比如通过中小板和主板市场上市退出。

而私募股权投资则主要投资处于企业生命周期后期的扩张和成熟阶段，甚至是邻近上市前的阶段。私募股权基金投资的企业大部分都是具有稳定现金流的企业，并且投资资金主要是为兼并收购等扩张用途，此时的投资的风险更多的是市场风险。

(二) 投资的行业不同

创业投资由于其追求的是高利润，因此多投资于新兴，高科技行业。主要包括计算机软件、通信、生物制药以及网络等。如 20 世纪末的门户网站，如今的 Web 2.0，都是创业投资基金所青睐的投资对象。私募股权基金由于追求稳定的收益率，大多投资于传统行业。例如，银行业、零售业、快速消费行业等。传统行业，成熟的市场规范、稳定的现金流，使得收购私募股权基金能够从中赚取稳定的现金流。

(三) 投资所需资金规模不同

创业投资主要在公司成立初期就进入企业，帮助公司获得初始资本。因此资金的规模较少。2007 年中国创业投资平均每个项目的投资额仅为 550 万美元。而私募股权基金在企业成熟期才进入企业。为了追求相对稳定的收益率，私募股权基金只有看到公司出现稳定的现金流才会进入企业，并且后期的私募股权投资往往会参与企业的收购计划。所以投资企业发展后期的私募股权投资的资金需求规模比较大。比如摩根斯坦利与凯雷在 2005 年对水泥行业的山水集团的私募融资规模就达到 4 亿元人民币，而 2006 年摩根斯坦利与 IFC 对海螺水泥的投资则达到 1.1 亿美元。即便在通过杠杆收购进行的私募股权投资，投资者使用到的资金量也是很大的。因为进行杠杆收购的项目往往是需要资金量很大的收购项目，通过各等级债务进行融集的资金最多占总需求资金的 80%左右，否则银行等债权人的利益不能得到保证，债权人是不允许这样空手套白狼的事情出现的。

第二节　创业投资参与主体

创业投资实际上是一个包含众多参与对象的循环投资过程。在该过程中主要涉及创业投资基金的投资者、创业投资家、创业企业家、政府促进体系、行业管理体系。

一、投资者

投资者主要指创业投资的资金提供者，供给资本以谋求高额回报的外界投资者，可以是个人、富有家庭，也可以是机构投资者，甚至可以是政府以及国外资本。投资者通过创业投资家组建的创业投资管理公司向创业企业进行投资、承担相应的投资风险，同时取得收益。目前我国的创业投资基金主要来自政府组建的创业投资基金以及外资的创业投资基金，但由于政府对养老基金、保险公司资金投资渠道的管制，在创业投资中存在大机构投资者缺失的问题。同时，创业投资风险控制体系，比如像有限合伙制创业投资基金中无限责任条款在现行的法律框架下不能落实，导致很多民间富人资金不愿意交给创业投资家进行专业管理，如江浙一带的富商通过产业投资积累了大量资金，但在我国产业竞争比较激烈的情况下，富商一般都自己组建小型的私募股权投资基金。但创业者与创业投资管理者未必能画上一个等号。所以，我国要加强创业资金顺利流入创业投资领域并由专业的投资专家来进行专业管理，还存在很多制度上的障碍，政府对法律法规的修改，以及政府本身的引导对我国创业投资者的培育是非常必要的。同时，在创业投资的实践中往往会出现投资者过多的干预创业投资家对项目的投资管理工作。这也反映出我国在市场信用，法律保障都还没有完善的情况下，投资者很难放心将自己的资金完全交给专业的投资者进行管理。所以，在市场和法律制度进一步完善的同时，创业投资实行还需要培养更成熟的投资者，以实现资金所有权和经营权相分离并有效监管的创业投资资金专业运作模式。

二、创业投资家

这里主要指处于创业投资中间环节的创业资本的管理者，他们是沟通创业企业与投资者的“桥梁”。他们向社会募集资金，同时经过筛选，采用专业化的投资策略将其投向创业企业，通过积极介入创业企业的经营管理为企业提供管理增值服务，待时机成熟时从创业企业撤出增值的股权份额。在国内本土创业投资公司进行创业投资管理的创业投资家大部分出身于在证券公司投资银行部门做企业上市承销业务的骨干，从海外留学归来并具有外资投行背景的“海归”，也有创业成功之后转向创业投资管理的成功企业家。但就目前中国宏观经济的持续高增长以及中国已成为金砖四国之首的国际投资热土的现实来看，中国中小企业还存在很大的发展空间。像美国那样规模的经济环境下，通过 NASDQ 创业板市场长期直接融资的帮助下，美国创业板已经帮助近 1 万家小企业上市，并成功地培育出了 IBM 微软苹果 CISCO 等大公司，所以我们可以充分地想象在我国建立了完善的中小企业股权区域转让机制以及中小企业上市融资机制下，即便我国只发展 1 000 家上市的小企业的情况下，中国的经济将完全是另一番光景。而在创新型企业培育上市的过程中，创业企业家提供的资金以及帮助企业规范管理，理顺发展战略以及最后上市过程中的资本运作都是中小企业发展壮大的必需元素。所以我们认为在政府重视中小企业发展以及我国建立创新型国家的政策大背景以及中国经济总体快速增长的情况，中国呼唤大批具有丰富创业管理经验的创业投资家。所以我国需要尽快建立创业投资家的市场教育体系和再培训体系，以满足日益增长的创业资本市场的人才需求。

三、创业企业家

创业资本的接受者，他们提供高新技术成果，在创业投资机构参与下实施成果转化和产业化发展，并最终通过市场机制的运作，使企业获得技术创新与成果产业化的经济回报。真正的创业企业家追求的不仅仅是现金等物质收益，他们更享受事业成功给他们带来的成功的感觉，所以创业企业家无论是在创业的初期还是在投资者帮助下进行成功上市后，他们一般都很偏爱对企业的实际控制。创业企业家大部分出身于科研院校的研究人员或者从海外学成归国的学者，一般具有比较好的技术研发实力，但大部分都是第一次创业，不仅缺乏创业经验，而且缺乏必要的管理经验、市场运作经验以及资本运作能力。因此创业企业必须依托一个高等院校和科研院所等研发机构比较集中的地带。在中国最有可能成为创业投资发展沃土的是上海、北京、武汉以及深圳、广州等地。这些中国一线城市集中了中国最著名的高等学府和主要的科研机构，这为创业投资的创新研究提供了大批优秀人才。但我们认为，中国政府必须尽快调整这些中心城市土地和房地产市场的过度投机行为，降低企业的运营成本。阿里巴巴诞生在杭州而不是希望成为金融中心的上海，是值得我们的地方政府深刻反思的现象。

四、政府促进体系

在创业投资发展比较成功的国家比如美国、日本、以色列等，政府一般通过资金引导的方式促进创业投资产业的发展。比如美国的中小企业管理局(SBA)通过政府信用杠杆融资并直接将资金投资到经过政府审批的400多个小型创业投资基金。在投资过程中，政府投资1/3的资金却仅仅要求10%的利润回报，这在一定程度上刺激了民间资本进入这些基金，因为投资2/3的资金却能获得90%的利润。所以政府通过发行债券并通过低的投资回报要求刺激和放大了民间资本对创业投资行业的资金注入。

中国政府对创业投资的发展主要通过国有的创业投资管理公司进行资本注入,并且自己管理。这些创业投资公司自身完全国有背景的产权结构导致这些投资管理公司不能设计像一般的民营创业管理公司一样灵活的高强度的激励机制,使得投资管理公司的代理成本非常高。因为创业投资家的投资管理激情不能被充分地调动起来。所以我们应该认真学习和借鉴美国对中小企业孵化机制中的政府行政化的融资与完全市场化的创业资金运作相结合的创业投资促进体系。在第四章的创业投资基金的外部治理结构小节中,我们将提出发展中国自己的创业投资促进体系的战略思路。

五、行业管理体系

在美国,创业投资主要由美国小企业投资公司协会(NASBIC)和全国创业投资协会(NVCA)为代表的行业协会进行行业管理。NASBIC 是直接与 SBA 联系的行业协会,每年召开一次年会,为大家提供交流经验和寻求发展的机会,制定有关的行业规则。NVCA 是全美国创业投资机构的行业组织,直接对国会负责,向国会提交创业投资业发展的研究报告和法律政策方面的建议;同时定期举办创业投资人才的培训、召开行业的学术理论和实务操作经验的交流会、出版有关创业投资的杂志、制定行业规则进行行业自律管理、与国外创业投资业的行业协会建立联系。

但我国主要以各自为政的地方创业投资管理协会为主,虽然也有中华创业投资管理协会(CVCA),但该协会更多的是提供创业投资家的交流平台中做了不少工作,但没有一个像美国那样强大而专业性的行业管理协会,并研究创业投资发展所需要的政策法规并积极向政府提出建议,因为我国创业投资处于发展的初期,最需要的是扫清创业投资融资,发展以及创业投资退出渠道等各个环节的制度和法律障碍,以及税收等方面的优惠措施的调整。所以创业投资的发展首先是政府的制度扶持以及创业投资中的相关环节的机制创新。所以,我们需要提高创业投资管理协会在创业投资制度创新方面与政府层面的沟通，同时建立创业投资行业的自律性规则。因为创业投资发展的前提是创业投资管理制度的创新和创业投资管理行业规则的完善以及相应的行业监督。

第三节　创业投资过程

创业投资的投资管理环节主要包含如下步骤。由于创业投资基金一般都是 10 年左右，即便所有投资者同意最多也仅仅延期 2 年，所以创业投资是以如下过程为一个完整周期的循环投资体系：

一、创业投资基金的募集

在这个环节，主要是创业投资公司的主要团队——关键的创业投资家利用自身在投资行业的声誉游说政府，资金充足的机构如养老基金、保险公司以及富人，企业甚至国外资本投入资金组建创业投资基金。而创业投资家募集资金的能力主要是看其早期投资项目的业绩或者早期在投资管理领域的经历和业绩。所以创业投资家是通过专业的管理能力和业绩建立自己的声誉品牌，以此作为吸引投资者的招牌，最终作为创业投资基金的入股要素和分享利润的谈判力来源。创业投资家在募集到资金后，与投资者组建创业投资基金，并且创业投资家(公司)成为创业投资基金的管理者，由其负责创业投资项目的筛选，投资管理以及退出创业投资企业，最终在投资者和创业投资家之间分配基金利润。

二、投资项目的筛选

通过创业基金下属的专家咨询委员会对收到的创业企业递交的商业计划书进行评估，并选择部分进入尽职调查环节。

三、尽职调查

对创业企业的商标注册、营业执照、资产评估、验资评估、企业的历史沿革，以及企业是否受到行业管制等问题进行核实。主要是为了了解企业的资产状况、产权状况以及盈利模式是否真实可靠，为创业投资基金是否投资该项目收集比较可靠的决策信息。

四、投资决策

在创业投资基金下属的投资决策委员会的财务专家、市场专家、投资专家的咨询和建议下，创业投资家从通过尽职调查后的项目中选择一部分进行投资。

五、投资管理

创业投资不同于一般的银行等外部投资者，这是因为创业投资家对创业投资企业的投资包含两个方面：

（一）资金的投入

对研发和启动阶段的创业企业来说，资金是其发展道路上的一个非常关键的资源。由于绝大部分的创业企业还处于产品研发阶段，没有产品，更不要说营业收入，所以通过银行抵押贷款是非常困难的；同时，由于创业企业高风险的天然属性，使得信用贷款也成为奢侈的想法。所以，创业投资资金对创业企业来说就如雪中送炭。

（二）提供增值管理服务

由于创业企业的创始人绝大部分是技术出身，缺乏管理经验和创业管理经历。所以，创业投资本质上就是在创业投资家对创业企业资金扶持的前提下通过创业投资家的管理技术和资源与创业企业家创新性的盈利技术的有机结合，最终实现创业企业的增值。

六、退出

当创业企业在创业投资家管理帮助下，实现了创新性盈利模式的成功商业化后，创业投资家会考虑利用起熟练的资本运作能力通过 IPO、股权转让或者事前合同中规定的管理层回购方案退出企业，实现企业投资收益。这是由创业投资基金对创业投资家能力有效考核的内在要求所决定的。这也是创业投资基金作为金融资本与产业资本投资的区别，前者追求的仅仅是现金收益，而后者则可能通过产业投资来追求企业之间的协同效应。

七、清算创业投资基金

当创业投资基金到期后，创业投资家和投资者会对基金进行清算，并分配基金收益，具体的基金分配过程详见第三章创业投资基金薪酬的结构化研究部分。一般在创业投资家快要结束上一期的基金的时候，就会着手募集下一期的创业投资基金，并进入下一个同样模式的创业投资管理循环过程。

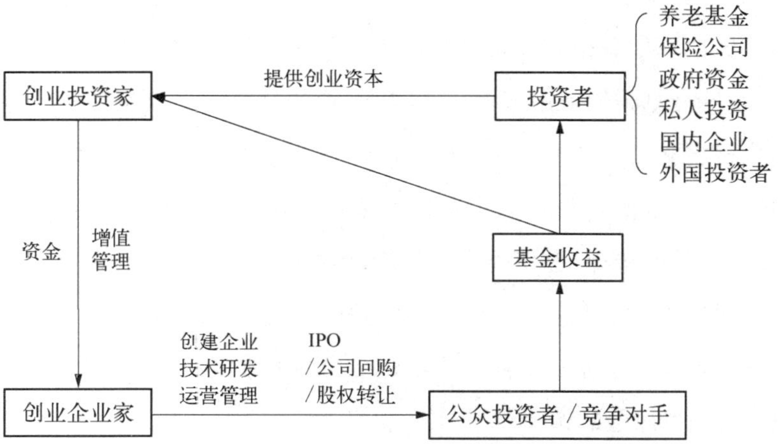

图 2－2　创业投资过程图

第四节　创业投资治理中的双重委托—代理问题

本书的研究将在以往创业投资单一机制效率研究的基础上进行拓展，充分运用近年来公司金融领域的控制权理论深入研究创业投资企业治理中不同的控制权与现金索取权搭配下的治理效率。在创业投资合同不完全的合理假设下，本书将研究创业投资中现金索取权与管理层替换控制权，创业投资家经营干预权以及创业资本退出方式控制权的治理效率。

一、投资者与创业投资家的委托—代理问题

这个环节委托代理问题产生的根源是因为创业投资属于高风险的投资领域，即便经过专家的精心挑选，项目成功的失败率也达到70%以上；同时，创业投资项目的成功，不光需要专业的项目挑选能力，更重要的是需要在项目投入的过程中进行增值性的管理服务。这才是风险项目增值的关键行为。只有具有丰富的项目管理经验的创业投资家才能提供对企业进行规范的管理，构建创业企业成功实现创新性商业模式的战略，以及在退出过程中进行娴熟而复杂的资本运作。所以，在这样高风险以及高管理要求的背景下，投资者必须把资金委托给创业投资家进行管理。也就是说，无论在公司制还是有限合伙制的创业投资基金，创业投资家对创业投资基金的实际控制成为必然的选择，也使委托—代理问题成为必然。尤其在有限合伙制下，创业投资家一般只投入很小比例的资金，这会加剧委托代理问题。同时，我们把创业投资基金的代理成本归结为两个维度：

（一）项目风险的选择

有限合伙制的模式，能将资金的投入比例与最终的利润分配进行分离

式规定，以便能够充分激励只拥有少量资金的创业投资家努力工作。但同时，这种制度安排也增加了创业投资家过度冒险的道德风险倾向。因为创业投资家将这笔绝大部分不属于自己的资金进行高风险投资，获得高回报后可以分享到相当比例的利润提成；而如果损失的话，自己的资金也仅占少部分。

（二）创业投资家的努力投入问题

我们前面已经提到，创业投资企业的成功是与创业投资家提供增值性的管理服务密切相关的。如何在将创业投资基金的经营控制权授予创业投资家的制度背景下激励创业投资家努力工作，尽力为创新项目提供必需的管理增值服务是创业投资基金必须解决的关键性问题。对前一个问题，我们除了必要的激励问题外，还需要在创业投资基金中建立有效的风险控制机制，以降低创业投资家过度冒险的风险以及创业投资基金运行中的其他风险；而对后一个问题，我们将从显性的薪酬激励机制与声誉机制的隐形激励两个相互补充的方面进行研究和分析。

二、创业投资家与创业企业家之间的双向委托—代理

在创业投资家与创业企业家之间的关系表现更为复杂。过去的研究一般都只注重创业企业家投入的道德风险问题，但最近的研究已经把创业投资家和创业企业家双方的道德风险同时纳入考虑，因为创业企业家提供创新性盈利技术和日常的经营管理努力；而创业投资家提供资金和增值性的管理服务。投资双方的努力是相辅相成的。所以，我们认为在创业投资企业的投资中存在双向的委托—代理关系。同时，由于创业项目进程的复杂性和不可预见性，项目进程中的重大决策是很难在事前双方的投资合同中根据项目进程中的状态明确规定的。这决定了创业投资企业中投资双方签订合同的不完全性以及在事前分配事后创业项目中重大决策权（控制权）的重要性，而且控制权的分配需要尽量考虑到投资双方在事后投入中可能存

在的双向道德风险。所以，我们将研究在合同不完全的背景下，如何解决创业投资企业中投资双方的这种双向委托—代理问题。当然，美国的创业投资实践已经给我们提供了一些研究思路，那就是在创业投资中对项目的控制权和最终收益的现金索取权的分配将直接影响到投资双方随着项目的发展过程中的投入激励与重大决策的效率。

第五节　创业投资对象界定

一、我国创业投资的产业分布

从 2006 年第一季度到 2007 年第四季度 8 个季度的投资金额数据来看，虽有波动，但中国的创业投资资金主要集中在互联网、IT 和通信的 TMT 行业。虽然按当前 TMT 行业投资进入阶段性调整，但未来 TMT 行业仍将是中国创投市场中最为活跃的投资领域，但是随着非传统行业不断引入高新技术和现代管理理念进行产业改造和升级，实现商业模式和管理模式的创新，释放出巨大发展潜能的传统行业对风险投资机构产生持续的吸引力。由此可见，TMT 行业和传统行业在中国创投市场的投资比重将会达到一个新的平衡。这与我国作为一个新兴而快速增长的国家存在很大的信息化空间是密切相关的。从互联网和 IT 方面的创业投资占到 TMT 领域的 80%以上可以得到充分的证明。这充分表明了借助于互联网平台以及相关的信息技术充分发掘不同产业的细分市场在我国这样一个经济高速增长而规模庞大国家是大有可为的。阿里巴巴就是在这样的背景下创造了一个网络神话。

由于我们很难获取到 2006 年的美国的创业投资的数据，只能以美国 2007 年创业投资的产业分布图来加以说明。从图 2－3、表 2－1 也可以看出来：在美国网络泡沫破灭之前，IT、通信同样占到美国创业投资的 50%以上，这与中国目前的创业投资的热门投资产业基本相近。实际上，目前的中国正处在20世纪美国的信息化布局时期。而美国创业资本其他的投资重点则集中在医疗健康、消费产业、生物技术、半导体及元件等领域。

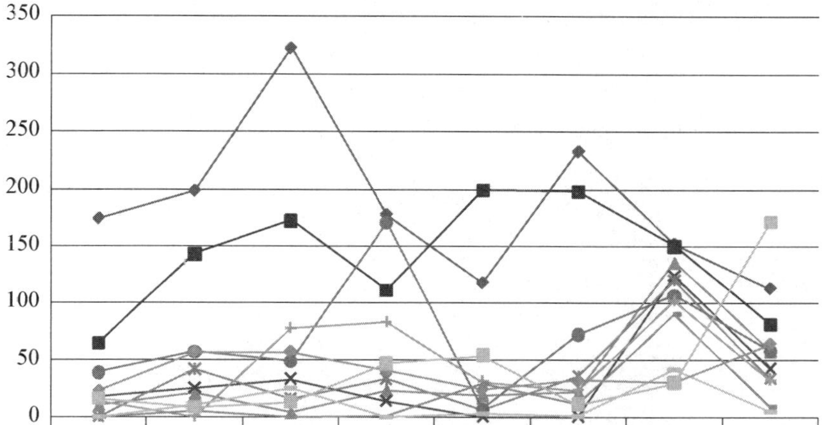

	06Q1	06Q2	06Q3	06Q4	07Q1	07Q2	07Q3	07Q4
互联网	174.0	198.2	322.0	177.5	117.2	232.6	152.0	112.4
IT	64.5	142.8	172.4	110.5	199.0	198.3	150.3	81.3
连锁经营	10.0	20.0	3.5	22.9	18.7	21.0	135.9	58.0
教育	18.1	25.0	33.0	13.5	0.0	0.5	123.7	42.5
制造业	0.0	41.5	15.9	33.1	6.6	35.5	119.7	33.7
传媒娱乐	39.0	57.5	49.0	170.5	7.0	72.3	106.2	58.0
能源	14.0	0.0	77.5	82.6	30.9	23.0	101.7	32.3
食品饮料	0.0	5.0	0.0	0.6	29.7	11.2	90.5	9.7
金融	0.0	10.0	25.0	0.0	3.0	0.8	42.0	5.2
电信及增值	22.5	57.0	57.2	41.0	23.6	31.6	30.5	64.2
医疗健康	16.0	8.7	13.0	47.0	54.0	11.0	30.1	171.0

投资金额 (US $M)

www.ChinaVenture.com.cn　　ChinaVenture © 2008.01

图2-3　2006Q1—2007Q4中国创投市场各行业投资金额比较

数据来源：ChinaVenture网站2007年度中国市场创业投资研究报告。

表2-1　2007年度美国创业投资的产业分布

根据行业的投资	%	投资额(百万美元)
计算机软件 & 服务	33.9	5 428.5
通　信	17.3	2 763.5
医疗/健康相关产业	13.9	2 221.2

续　表

根据行业的投资	%	投资额(百万美元)
其他产品 & 服务	10.1	1 622.5
消费者相关产业	6.8	1 085.5
生物技术	6.4	1 022.5
半导体/其他电子元件	5.2	834.9
计算机硬件	4.5	727.3
工业/能源	1.9	311.3

资料来源：Steady Growth for Venture Capital in Midst of a Turbulent Market，http://www.nvca.org/stat3.html。

从中国和美国创业资本投资结构的分布，可以清晰地看到，创业资本主要偏向于投资信息化产业领域（TMT）。这些行业一般都是高技术，且网络外部性的高风险产业。

二、我国创业投资分布的阶段

从2006年第一季度至2008年第一季度我国创业投资阶段动态变化图(图2-4)可以发现，从2007年以后我国创业投资主要集中在发展期和扩张期，早期项目的投资数量在逐步减少。这表明中国的创业资本还没有承担起了创新企业研发和发展的风险资本孵化作用。这种情况与美国20世纪欧洲创业资本投资主要集中在后期的情况相近。实践证明，一个国家的创新需要更多有效的创业资本在早期介入，投入资金和管理服务，更好地孵化处于创业早期在资金和管理方面都急需要扶持的创业企业。出现上述情况，主要是因为我国目前没有创业板以及大部分民营创业投资的资金来自企业流动资金的现状相关，因为没有创业板的情况下，投资早期的创业投资资金风险明显增加，同时来自民营企业的流动资金具有短期的逐利性质。所以，目前我国建立创业板并适当放松机构资金进入创业投资市场对我国科技创业孵化体系的建立具有决定性的作用。

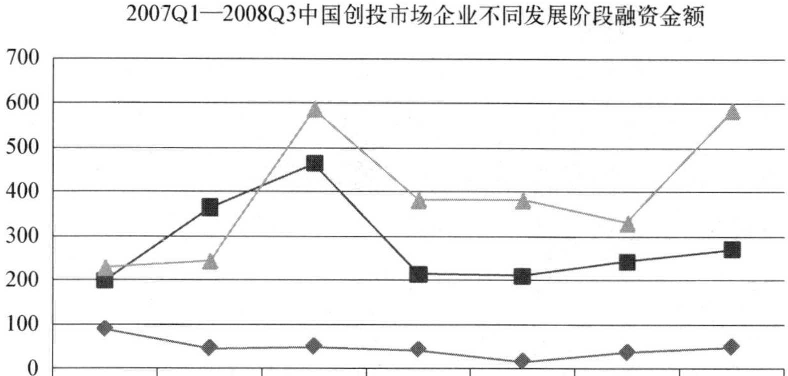

	07Q1	07Q2	07Q3	07Q4	08Q1	08Q2	08Q3
早期	89.58	46.73	50.90	43.62	17.60	37.72	50.42
发展期	199.65	364.53	463.00	212.80	209.62	242.98	270.57
扩张期	229.43	244.31	587.95	381.56	340.91	330.14	585.87

ChinaVenture投资数据库，2008.09　　www.ChinaVenture.com.cn

图 2-4　我国近年创业投资阶段金额动态变化图

数据来源：ChinaVenture 网站 2008 年第三季度中国市场创业投资研究报告。

第六节　退出机制

由于创业投资基金有限期运作模式以及创业投资家通过前期的项目业绩建立自身声誉品牌的激励，创业资本在向创业企业投资的时候就会涉及退出机制的制定和规划。因为这是创业投资家出售其管理增值服务的有效手段。目前，创业资本退出主要有 3 种途径：

一、首次公开发行(IPO)

首次公开发行，主要指创业企业发展到一定规模后，选择在主板市场或者创业板市场公开发行股票进行公开市场融资的行为。在美国，IPO 具有高收益性，是创业投资公司的首选退出方式，占退出机制的 80%。由于我国股票市场现阶段的高溢价状态，IPO 在中国也是创业投资家的首选，不同的是由于我国资本市场融资通道的有限，不少创业企业选择到美国或者中国香港地区上市。所以，从中国创业企业退出的方式来看，我国创业板市场的发展是创业资本顺利退出，并通过资本市场继续推进中小企业的治理结构的优化并提高融资能力的重要推手。

二、股权转让

股权转让主要指非公开上市的股权转让行为。创业资本退出时采用的股权转让退出方式主要有：

（一）管理层收购(MBO)

这种方式一般会在事前的协议中规定管理层回购的条件；但会受到企业管理资金能力的限制，毕竟发展中的企业是比较缺乏资金的。

（二）向同行出售

这是指创业投资方将投资项目的份额转让给项目的同行业竞争对手，以实现投资退出的方式。这种方式是创业管理团队不太倾向的方式，因为向行业竞争对手出售股份很可能意味着管理团队控制权的丢失。

（三）合资并购(M&A)

合资并购主要是通过将投资项目通过与别的企业进行并购，投资人通过转让自身的股份权益退出投资项目的方式。

对创业投资者来说，IPO 是更好的退出方式。毕竟，通过充分的市场竞价的形式可以充分挖掘创业企业的价值，尤其是对于好的创业项目。中国证监会研究部总监祁斌博士认为没有强大的资本市场，就没有强大的经济实体。而我们的观点则非常相近——没有强大的创业板市场就没有强大的创业投资体系，也就没有强大的创业企业和创新型经济。中国要发展创业投资，发展一个有效有序的具有强大市场定价能力的创业板市场是首务。

三、清算退出

清理公司也是创业投资家退出企业的一种办法，相当大部分的创业投资都是不成功或不很成功的。创业投资家的巨大风险反映在高比例的投资失败上。越是处于早期阶段的创业投资，失败的比例就越高。据统计，美国由创业投资所支持的企业，只有5%～10%的创业可获成功。因此，对于创业投资家来说，一旦确认创业企业失去了发展的可能或成长太慢，不能给予预期的高回报，就需要果断退出而将能收回的资金用于下一个投资循环。据统计，清算方式退出的投资大概占创业投资基金的32%，这种方法一般仅能收回原投资总额的64%。

第三章
创业投资基金薪酬机制研究

创业投资行业中比较关键的第一个环节是创业投资基金的设立。因为创业投资基金作为一种制造创新型企业的长期融资制度，在创业企业的资金募集、创业投资家的培育，以及创业投资企业的孵化中起着关键的作用。可以说，创业投资基金是处于创业投资产业上游的关键组织，为下游的创新型项目的开发，发展提供着两个关键的元素——企业发展的资金和帮助企业更好发展的创业投资家。这两个元素对创业企业，尤其是在创业初期的高风险，高科技项目来说都是必不可少的。所以，创业投资基金是创业企业的关键原材料——资金和专业的投资管理专家(创业投资家)的供应商。从创业投资产业发展的角度来说，必须高度重视创业投资基金的发展和治理问题。我们研究的重点集中在创业投资基金该如何设计关键的合同，才能更好地为创业企业提供关键的人力资本——创业投资家。创业投资基金中投资者一般都是有充足资金的机构(包括政府)和富人，他们一般通过与专业的创业投资家建立基金，并委托创业投资家管理这些基金。而创业基金主要通过投资和管理双方共同签订的薪酬合同，去激励和约束创业投资家有效地管理创业基金。所以，我们把创业投资基金的薪酬合约作为研究创业投资基金治理的开始和焦点。

在本章中，我们将讨论创业基金投资者和创业投资家之间签订薪酬合同的 3 个主要元素，并将创业投资基金的薪酬合同结构化为包含看涨期权的线性合同；然后研究这种包含看涨期权线性合同在激励创业投资家以及对创业投资家风险控制方面的效率；最后，将研究早期的创业投资家具有建立声誉的激励下，创业投资基金激励薪酬的动态特征和最优设计问题。

第一节　创业投资基金薪酬条款的结构化研究[①]

一、有限合伙制与创业投资家薪酬条款

2007年6月修订后的我国《合伙企业法》和即将推出的深圳创业板将打通我国创业投资基金资金的进入和退出通道。这将促进我国闲余资金向中小创新型企业的流动，为我国中小企业的发展提供一个非常重要的融资平台。但创业投资基金的有效利用还离不开基金运作的有效治理机制。到目前为止，国内对有限合伙制创业投资基金的运作模式的了解还非常少。本节正是在这样的背景下，对有限合伙制创业投资基金的合伙协议最关键的条款——薪酬条款进行结构化的总结和分析，以期为我国创业投资基金的实践指导和理论研究抛砖引玉。

创业投资基金一般由专业的创业投资家和有充裕资金的投资者，如在美国主要是拥有雄厚资金的机构投资——养老基金、保险公司、捐赠基金，企业以及家庭和富人等个人投资者通过合伙协议来组合有限合伙制的创业投资基金。在美国，一般由创业投资家出资1%，投资者贡献基金99%的资金来组建创业投资基金。为了很好地约束投资家的行为，一般投资者成为有限合伙人并仅以所出资金承担有限债务责任，而创业投资家则作为一般合伙人，承担无限债务责任。并且有限合伙制规定：有限合伙人一般只能

① 本节已被《华东经济管理》录用，于2009年5月刊出。

对基金的运作进行监督，但不能参与到基金的日常运作中去；对项目的选择，投入（价值增加活动）和监管则主要靠具有丰富投资经验的创业投资家来进行。所以，在有限合伙制的框架下，基金投资者和创业投资家之间存在着一种典型的委托—代理的关系。作为创业投资基金有限合伙人的投资者主要通过与创业投资家之间签订的薪酬合同来激励创业投资家尽最大努力为基金创造利润。在有限合伙制的制度框架下，薪酬合同成为对创业家的主要激励手段。但由于创业投资属于私募股权交易，直到目前为止，对公众尤其对中国的创业投资行业的从业者与研究者来说还戴着神秘的面纱。

本节主要从美国创业投资基金的合伙协议中常见的薪酬条款去结构化创业投资基金的薪酬结构，识别主要的薪酬结构元素以及相应的影响因素。为创业投资基金的薪酬设计提供经验和理论上的参考。通过对美国这样创业投资有效发展的发达市场创业投资基金薪酬的总结，可为我们深入分析创业投资基金的薪酬合同奠定一个现实基础。在本章后面的第三、四、五节，我们将在本节归纳的典型薪酬合同的基础上对典型的创业投资基金薪酬合同激励效应和风险控制效应展开经济学分析。

二、创业投资基金薪酬条款的结构化分析——来自美国的经验

创业投资基金支付给基金管理人——创业投资家的薪酬主要包含两部分：基金管理费和基金利润的提成。但这里将突出创业投资家薪酬的第三个关键元素——基金利润的分配方式。由于创业投资基金在组建期间会投资若干项目并且项目投资回收的时间是不同的，那么不同的利润分配方式直接影响着创业投资家的收益，也影响着创业企业家的项目管理行为。因为，在创业投资基金有限合伙制的背景下，投资者作为有限合伙人是不能直接参与项目的日常经营的。作为有限合伙人的投资者主要通过薪酬来影响创业投资家的行为，所以利润分配方式不单影响双方的收益，而且决定着创业投资基金的代理成本。下面我们将分析创业投资基金薪酬的 3 个基本元

素：基金管理费、利润提成以及基金收益的分配方式。

三、基金管理费(management fee)分析

(一) 美国创业投资基金管理费用的主要计算方式

基金管理费用是与创业投资基金利润无关的部分收益，主要是支付创业投资家管理创业投资基金期间的管理费用。在美国创业投资基金管理费用的计算主要有5种方式，并且都是以成本为基础进行计算的。因为创业基金投资的项目以非上市的创业型企业为主，这些企业的资产主要以技术专利等无形资产为主，以投资企业的价值来计算管理费用存在估值上的困难。所以美国的创业投资基金在计算管理费用时，管理资本都是以投资成本为基础进行计算的。

1. 以合伙人承诺资本的固定比例作为费用

创业投资家每年的管理费用是用基金成立时候就设定的一个比例乘以投资者承诺资本总额。这两个数额在创业投资基金存续期间都是固定的，所以这种方式计算的管理费用在基金存续期间是完全固定的。美国早期的创业投资基金习惯用这种方式来计算管理费用。但这种趋势正被其他的方式所取代，在美国大约19%创业投资公司以及32%的创业投资基金使用这种方式计算创业投资家的管理费用。

2. 以承诺资本为基础的但比例递减的管理费用

创业投资家每年的管理费用是以投资者承诺资本总额乘以一个逐年递减的比例得到。在美国大约30%的基金和44%的风险投资公司使用这种方式计算管理费用。而且更晚成立的创业投资基金更倾向于使用这种方式，使用递减比例计算管理费用的基金组建的平均年份为1998年。

3. 综合承诺资本和管理资本的递减比例的管理费用

早期的管理费用以承诺资本的某个比例计算，而在基金管理的后期则以风险投资家管理资本的某个比例计算。创业投资家后期管理的资本(投

资创业企业资本的总和)由于投资的回收逐渐降低,所以以这种方式计算的管理费用逐步降低。30%的基金和 1/4 的风险投资公司使用这种方式计算管理费用。以管理资产为管理费用计算基础的方式会让风险投资家在股票升值的情况延迟出售在创业企业中的证券,因为这可以使风险投资家在固定费用以及利润提成上同时获得收益,但投资者却会形成管理费用支付的成本。

4. 完全以管理资本作为计算管理费用的基础

在基金管理周期中,风险投资家管理的资产先增加、后减少,所以完全以管理资产为基础计算的管理费用先增加、后减少。目前很少有基金使用该方式计算管理费用。并且该方式会激励风险投资家过快的进行投资,同时推迟对创业企业中证券的出售,以此增加他们的管理费用。

5. 在基金的正常期间内以承诺资本计算管理费用,在基金延期内以管理资产计算管理费用

在该方式下,管理费用在基金正常存续期间,大约 10 年内以承诺资本为基础计算管理费用;但在 2 年的延长期内则以管理资产的成本作为计算管理费用的基础。大约 5%的美国创业投资基金使用这种方式计算风险投资家的管理费用。

6. 指定绝对数量的管理费用

直接在事前的合伙协议中指定一个规定金额作为创业投资家在基金存续期间的基金管理费用。但在美国目前很少的基金采用这种方式来计算管理费用。

(二) 基金管理费用的规模

哈佛大学的研究(Gompers & Lerner,1999)发现美国 1978—1992 年建立创业投资基金管理费用大概为 2%;而 Kate Litvak(2004)却发现美国 1987—2003 年创业投资基金的管理费用呈现出很大的差异,创业投资家管理费用占承诺资本的比例从 7.12%～17.68%。前者的研究样本 95%的集中在 1985 年以前成立的基金,而后者的研究虽然时间分布更均匀,但毕竟样本量比较有

限，因为只采集到了17个创业投资公司和37只创业基金的数据。我们只能从仅有的研究中得到关于美国创业投资基金管理费用模式的大致认识。

(三) 美国创业投资基金管理费计算模式的变化趋势

从表3-1可以发现：递减费用计算方式的创业投资基金的组建的平均年份更晚。这表明美国风险投资基金计算管理费用的方式具有从固定管理费用向递减管理费用转变的趋势。递减管理费用计算方式主要是指承诺资本递减比例的管理费用、以承诺资本和管理资产为基础计算的管理费用、完全以管理资产为基础计算的管理费用。这三种递减的管理费用计算方式中，第一种可以防止创业投资家延迟回收投资的道德风险；而后面两种则在一定程度上加重了创业投资家延迟回收投资的道德风险。

表3-1　美国创业投资基金管理费制定模式分布

	承诺资本固定比例的管理费用	承诺资本下逐年递减比例的管理费用	开始为承诺资本固定比例费用，后期转向管理资本固定比例费用	在基金存续期内以承诺资本为基础计算管理费用；在基金延续期则以管理资本计算管理费	制定固定金额的管理费，并逐年递减
使用该方法的基金比例(%)	32.35	29.41	29.41	5.88	2.94
使用该方法的VC比例(%)	18.75	43.75	25	6.25	6.25
使用该条款的基金的平均组建年份(标准偏差)	1996.7 (4.69)	1998.3 (3.04)	1998.6 (3.30)	2001.7 (1.15)	2000 (n.a.)

资料来源：根据ventureone2006网站资料整理。

四、基金利润提成比例(carry)分析

(一) 创业投资基金利润提成比例

创业投资家薪酬的第二个组成部分是根据基金业绩的利润提成。这实

际上才是创业投资家管理基金的主要收入，也只有这样才能更好地激励创业投资家筛选好的项目，并积极介入创业投资基金投资的项目中，充分发挥创业投资家作为专业投资者的价值增加作用。

美国的创业投资基金在计算基金利润时一般会先扣除支付给创业投资家的管理费用，然后根据事前设定的一个固定提成比例计算创业投资家的利润提成。这样的安排方式体现了成本原则的合理处理，并且传递了创业企业家对基金赢利具有充分信心的信号。

Litvak(2004)发现不同的创业投资家的利润提成比例上表现出更大的差异，从 12.5%变化至 30%，平均水平为 24.3%(见表 3－2)。而 Gompers & Lerner(1999)研究却发现大部分创业投资家基金利润的提成主要集中在 20%。

表 3－2 美国创业投资基金利润提成比例分布

	创业投资基金			创业投资公司				
	样本量	平均值	标准差	样本量	平均值	标准差	最小值	最大值
基金利润提成比例(%)	37	23.5	4.2	17	24.3	5.2	12.5	30

资料来源：根据 Kate Litvak，2004，Venture capital limited Partnership Agreements：Understanding Compensation Arrangements，University of Texas working paper 整理。

(二) 创业投资基金利润提成的特点

美国的创业投资基金分配创业投资家(公司)的利润提成比例主要有两个特点：(1) 更成熟、成立时间更长的创业投资公司往往获得的利润提成比例更高。这表明了创业投资家的能力和声誉效应体现在了基金利润分享中，能力更突出的创业投资家得到了更丰厚的回报。(2) 同一家创业投资公司在后期的基金募集中要求的利润提成比例更高。这有可能是创业投资家在逐步积累了自己的项目筛选的经验和能力，并在创业投资行业中积累了自己的声誉后提高了和投资者的谈判力；并获得了更好的回报。但这些实证的结果同样是建立在有限的样本量下的，统计分析的稳健性同样受到质疑。所以，需要有更大样本量的实证分析的出现，同时规范的理论分析同样是很重要的。

五、基金利润分配模式分析

在以往关于创业投资家薪酬的研究中，国内外的学者大多强调管理费和基金利润提成（Gompers & Lerner，1999；Jones & Kropf，2004；劳剑东、胡文伟、李湛，2007），但实际上由于创业投资基金的存续期间投资项目回收的时间的不同，所以创业投资基金面临不同时间段上项目收益的分配问题。在不同的时间和以不同的方式分配项目收益直接影响着创业投资家收益的现值，并间接影响着创业投资基金管理的代理成本。因为提前决定的利润分配方式会影响事后创业投资家的投资行为。下面我们主要分析什么原因导致了利润分配方式的多样性，并总结出美国常见的利润分配方式。

（一）基金利润分配的多样性分析

创业投资基金利润的分配条款主要包含两个重要的方面：（1）分配的时间安排。具体来说，就是作为一般合伙人的创业投资家和有限合伙人的创业基金投资者关于分配投资项目的时间安排。（2）利润分配方式。主要是指通过什么机制来分配项目投资中收获的现金和证券。下面我们将分析哪些因素会使得利润分配的这两个方面变得如此困难。

在有限合伙制的制度安排下，创业投资基金的投资者和创业投资家之间存在典型的委托—代理关系。投资者出资，创业投资家利用资金筛选项目，投资项目，并决定何时回收项目，将项目收益分配给投资者。并且双方之间存在着很大程度的不对称信息，所以在合伙协议的薪酬条款中事前确定的分配机制要尽可能的降低如下问题可能导致的代理成本。

1. 道德风险问题

如果将早期的项目收益先归还投资者的投资资金，并且很多有限合伙协议还要求先支付投资者事前假设的一个收益率(一般为 8%)；那么创业投资家实际上必须满足了一定投资收益目标后才能获得分配的资格；在这种安排下，创业投资家有动机对很有增长潜力的成长性项目进行清算来满足参与投资分配的门槛；只要创业投资家从清算有增长潜力的项目中使得提前获得的利润分配的现值的增加部分超过了提前清算有增长潜力项目的边际利润的分配部分，创业投资家就有这种可能性。由于创业投资基金投资者一般分享基金利润的 70%～80%；所以提前清算有潜力的项目来满足分配要求时，创业投资家的成本比投资者要低，并且能从提前获得利润分配中获得补偿。所以，创业投资家这种为了达到参与分配的基准而过早清算有增长潜力的投资项目的道德风险，会降低创业投资基金运作的效率，减少投资的收益。

此外，创业投资家还可能将一些低质量的项目以证券的形式分配给有限合伙人，但在随后的出售中，证券的价格可能会有显著的降低，这将对有限合伙人不利；而创业投资家的利润提成是以价格未下降的证券的市场价格计算的。为了防止这样的道德风险问题的出现，一些基金规定利润分配必须以现金的形式进行。但这会增加合伙人的税收负担，而证券分配则不需要交税。

2. 信用风险

因为创业企业家的提成是根据整个投资组合的收益来决定的，所以创业投资家在开始的项目分配中，如果按照事前决定的提成比例进行分配可能导致创业企业家事前获得的分配超过整个基金投资组合利润分配的应得份额；因为后期项目的利润率可能会比前期的项目低，甚至可能会出现亏损。所以在早期就按项目规定的提成比例分配利润给创业投资家可能会导致事前过度的分配利润；这需要创业企业家在基金清算的时候返还过多分配的利润给有限合伙人。但由于投资基金的长期性，可能导致创业投资家团队中部分人员的流失或者创业投资家在需要返还资金的时候没有多余资金。也就是说，早期就按基金提成比例分配利润给创业企业家可能会过度分配利润，并出现在基金清算时需要创业投资家返还利润却无能力返还的信用风险。所以，有限合伙人在与一般合伙人的利润分配中希望尽量避免利润返还可能性的出现。

但为了避免前面提到的创业企业家加速项目清算来满足参与投资分配要求的道德风险问题的出现，一般的利润分配安排还是可能会产生利润返还的可能性。所以对创业投资家参与分配时机的决定对创业投资家的事后的道德风险和信用风险的影响是完全相反的。这表明即便仅仅从投资者的角度来考虑分配方式，也很难同时解决对投资者的所有不利因素——创业投资家的道德风险和信用风险。当然不同的投资者对不同的问题的重视程度决定了不同的利润分配方式。从这里可以看出来，正是有限合伙制固有的委托—代理框架以及代理人的道德风险和信用风险不能同时解决，决定了创业投资基金利润分配的多样性。

（二）常见的基金利润分配模式

下面将介绍较为常见的利润分配方式，但实际上有限合伙协议是私募交易合同，条件是有限合伙人和一般合伙人谈判确定的，而且这个领域不断出现创新性的制度安排。为了简化分析，我们假定创业投资家在创业投资基金中没有任何投资；并且基金利润的20%分配给创业投资家。

1. 优先返还投资者成本式分配

在投资者收回所有投资资金前，创业投资家不能参与项目利润的分配。在完全返还投资资金后，每个项目的收益都以事前确定的提成比例在两者之间进行分配。这种方式能使投资者尽早安全地收回投资资金，并且降低利润返还的可能性，但却可能会加强投资家为了尽早参与分配而过早地分配有成长潜力好项目的道德风险。

2. 返还资本后一般合伙人优先的分配(Return of Capital contributions with General Partner Catch-up)

这种分配方式分三段：前期所有的项目收益先返还有限合伙人投资的资金；然后将收回的项目收益100%(或者一般也可能是50%)分配给创业投资家，直到创业投资家获得分配等于按基金提成比例从基金开始产生项目收益的就参与分配的数量；最后，项目收益再按照事前规定的比例在有限合伙人和创业家之间进行分配。

这里创业投资家参与收益的分配的比例有两个跳跃点，第一次从0%～100%(或50%)，第二次从100%(或50%)降低至20%；这可能增加创业投资家在基金的前期为了尽早获得高比例的项目收益提成而过早的分配那些预期收益高但还不成熟的项目；但一旦归还了投资者所有的资金后，创业投资家为了获得高比例的利润分配而延迟一些可增加项目的绝对利润但内部收益率却低于有限合伙人机会成本的项目。所以该分配模式下的两个临界点附近仍然可能出现创业投资家的机会主义行为。

3. 拆分式分配(split distributions)

项目的收益被分为两部分，并且分别按不同的方式进行分配：项目的成本部分全部归还给有限合伙人；利润部分20%分配创业投资家，80%分配基金投资者。由于创业企业家在开始就能获得项目利润的分配，所以创业投资家过早清算有前景项目的道德风险减弱；但仍可能存在创业投资家分配业绩不佳的证券给基金投资者而自身不用承担任何损失的道德风险。

4. 净资产保值法(Net Asset Value)

该分配法则要求在创业投资家获得每次分配的20%份额后，基金剩余项目的净资产价值必须等于或超过未返还有限合伙人资金的总额。更一般的实践方式是在创业投资家获得每次分配的20%份额后，基金剩余项目的净资产价值必须等于或超过未返还有限合伙人资金总额的110%～115%。基金投资组合净资产超过未返还有限合伙人资本的份额10%～15%的金额为创业投资基金以后的损失起到一个缓冲的作用，这减少了在后期基金有项目出现亏损时让创业投资家返还分配收益的可能性，降低了创业企业家的信用风险。

5. 切片式分配(Slice Distributions)

在该分配方法下，一般合伙人收到每次分配的 20%，但同时需要向基金贡献返还资本收益的 20%的现金。比如：创业投资基金向 X 公司投资了 100 万元，在基金对该公司进行分配的时候，持有的 X 公司的股份的价值增加到 200 万元，那么根据该分配原则，分配 40 万元的股票给创业投资家，同时创业投资家必须返还资本收益 100 万元的 20%，即 20 万元现金到创业投资基金。

在分配为证券分配的时候，创业投资家可能会因为没有足够的现金返还给基金，所以会推迟项目的分配，甚至在项目的 IRR 降低的情况下。对于这个问题，基金协议一般通过强制性的分配条款来解决。另一个解决办法是允许创业投资家以无息债券来充当对基金的返还。这种债权是创业投资家以在基金中的份额做担保，并且在基金清算的时候进行偿还。也就是说早期对创业投资家过度分配并且在基金清算时无息地偿还早期过多的收益分配。这种分配方式更多的使用在证券分配中。这种方式将鼓励创业投资家以证券而不是现金的方式分配，避免了部分类型的有限合伙人获得应税收益。

(三) 分配的附加条款

在现实的中，绝大部分的有限合伙制协议会在上述分配模式的基础上增加一些附加的条款来显示投资者偏好和谈判实力的差异。

1. 基准收益率(hurdle rate)

这种分配方式是在返还有限合伙人投入资金的情况下，设置一个假设的基本收益率标准(一般为 8%)。比如在返还资本式的分配方式下加入该条款则表明只有在有限合伙人获得了投入的全部资金以及 8%的收益后，创业投资家才能参与分配。

2. 对现金分配的单独对待

一些基金的有限合伙协议要求对证券和现金收益分别分配，比如现金先分配给有限合伙人，直到有限合伙人收回投资资金并获得资本收益；而证券则用另外的方式进行分配(比如拆分式分配)。这样的分配方式实际上鼓励创业投资家以证券的方式分配而不是现金分配，这样避免了税收上的压力。

3. 第三方托管(Escrow)

实际上，有限合伙人既希望避免由于早期创业投资家不能参与基金的收益分配而导致的创业投资家提前清算项目的道德风险问题；也不希望出现由于创业投资家早期参与项目收益分配而后期投资项目亏损时需要创业投资家返还前期过度分配的利润时，创业投资家没有流动的现金或没有现金的信用风险。缓解这个问题的一个措施是允许创业投资家参与基金所有的收益分配，但将分配所得进行第三方托管。只要托管的资产价值超过了未归还投资者资金的余额即不用再托管创业投资家参与分配的收益。

六、创业投资基金薪酬的再结构化

表 3-3　美国创业投资基金利润分配模式的分布状况

	创业投资基金		创业投资公司	
	现金分配	证券分配	现金分配	证券分配
优先返还投资者成本	19%	5.41%	29.41%	11.76%
返还投资者成本后一般合伙人优先的分配	5.3%	2%	1%	3%
拆分式分配	2.7%	2.7%	5.88%	5.88%
净资产保值法	70%	71%	59%	63%
切片式分配	2.74%	18.92%	5.88%	17.65%

资料来源：根据 ventureone2006 网站资料整理。

从上述美国创业投资基金现金和证券两种分配方式来看：创业投资公司和创业投资基金在切片式分配上都更倾向于证券分配，这正是我们前面所分析的——投资者为了避税的需要鼓励创业投资家以证券的方式进行收益分配。更重要的是，在所有的分配方式中占90%比例的优先返还投资者和净资产保值法都是优先保证了投资者回收成本的基础上，创业投资家才能参与分配。这表明了投资者对创业投资家信用风险的担心，当然这也是以创业投资家倾向早结束一些好的项目的道德风险为代价的。此外，再考虑到有限合伙协议中的基准收益率条款，创业投资家一般都只能在基金组合的收益达到了事前设定的基准之后才能参与基金项目收益的分配[①]。所以，创业投资基金的薪酬并不是简单意义上的固定管理费用加利润提成的线性工资形式(Lerner & Gompers, 1999; Jones & Kropf, 2004)，本质上应该将创业投资基金薪酬分配机制看成是一个包含看涨期权的线性薪酬模式：

$$s(x)=\begin{cases}\alpha+\beta(x-\kappa), & x>\kappa \\ 0 & x\leqslant\kappa\end{cases} \tag{3-1}$$

其中，α 为创业投资家实现事前设定的基准 κ 之后的获得的固定收益部分，而 β 则是创业投资家获得的创业基金净收益超过基准之后剩余的提成部分，x 为创业投资基金组合的净收益。这里没有考虑固定的管理费，因为这部分对创业投资家的激励几乎没有影响。

对创业投资基金这种包含看涨期权的线性薪酬模式的激励效应以及创业投资家的基金投资组合的风险选择效应的理论研究，将是一个非常有意义的理论工作。这将是我们本章后面部分的主要内容。

---

① 2007年在我国新的企业合伙法颁布后上海成立的第一支有限合伙制创业投资基金——国顺创业投资基金的有限合伙协议，就要求创业投资家在返还创业投资家所有投资资金以及8%的基准收益率之后，才能按事前商定的利润提成比例参与基金利润的分配。

七、结论及对我国创业投资基金发展的启示

我们将创业投资基金的薪酬合约结构化为三个元素，即管理费、利润提成、利润的分配方式，并重点分析了创业投资基金利润分配方式的影响因素和常见的利润分配方式。本质上，我们通过挖掘创业投资基金薪酬的第三个元素——利润分配方式，将创业投资基金的薪酬合同归结为一个包含看涨期权的线性薪酬合约，以区别于以往把创业投资基金薪酬合约简单化为线性合约的观点。通过本节分析我们认为国内创业投资基金在薪酬设计时应该：

（1）从固定管理费用的模式向以递减管理费用模式转换，即前期以投资者承诺资本的固定比例计算管理费用，后期逐步转向以创业投资家管理项目的成本的相应比例计算管理费，以充分体现管理成本和管理费用匹配的原则。

（2）创业投资基金的利润提成比例应该在经验丰富的创业投资家和刚入行的创业投资家之间适当拉开差距，以激励创业投资家在创业投资行业提高自身的筛选项目和投资管理的能力并重视声誉的积累，使得声誉机制成为薪酬机制的第四个关键元素。

（3）创业投资基金的投资者必须高度重视薪酬的第三个关键元素——利润分配的方式，更重要的是利润分配方式必须体现看涨期权的本质——在创业投资双方签订合同时，设置一个合理的基准，使得创业投资家只有在完成了这个事前设定的基准后才能参与创业投资基金利润的分配。

第二节　创业投资基金薪酬合约的激励机制研究

有限合伙制下的创业投资基金是一种典型的资金和专业投资管理人力

资本的有效结合，但存在着显著的委托代理问题。创业投资基金虽可依靠有限合伙协议限制创业投资家的一些行为，这些可以视为对创业投资家的约束；但在有限合伙制背景下，负责具体的基金管理和运作的创业投资家和投资者之间存在显著的信息不对称，对创业投资家的激励主要还是依靠双方签订的薪酬合约；只有通过有效的薪酬合同才能充分调动创业投资家的投资热情，努力筛选有潜力的创新性项目；创业投资家不仅需要对项目进行资金的投入，更重要的是为创业企业带来增值服务（Sahlman，1990；Bygrave & Timmons，1992；Hellmann & Puri，2002；Casamatta，2003；Schmidt，2003；Repullo & Suarez，2004）。同时，创业投资基金一般都投资处于早期的高技术领域（如生物制药、软件开发、芯片设计以及通信）风险都比较高，而管理基金的创业投资家一般投资很少量的资金，那么创业投资家是否有过度冒险的倾向呢？简单地说，对创业投资家专业投资人力资本的激励以及对事后投资风险的适当控制都是在双方信息不对称的背景下，创业投资基金的薪酬合约所必须解决的关键性问题。

创业投资家的薪酬主要来自每年的管理费和最后基金整体利润的提成（Axelrad & Wright，1997；Gompers & Lerner，1999；Litvak，2004），但创业投资家的薪酬并不是简单的线性合约，而是在满足了事前设定的基准之后才能获得基金利润分成的类似看涨期权的线性薪酬合约。因为一般的有限合伙协议为了减少创业投资家事前过度分享项目利润而后期项目出现亏损的利润返还（clawback）时出现的信用风险，一般要求创业投资家在基金实现了一定的基准收益后[一般是投资项目收益返还有限合伙人全部投入资金并分配事前假定收益率（8%）下的利润给有限合伙人]才能按事前规定的提成比例分享基金利润（Axelrad & Wright，1997；Litvak，2004）。

本节主要分析，在创业投资基金的有限合伙协议中经常出现的这种包含看涨期权的线性薪酬合约是否能有效地激励创业投资家充分发挥其专业投资管理能力，并适当地控制项目的风险。

一、相关文献综述

国外关于创业投资基金薪酬合同的研究主要集中在对创业投资基金薪酬的实证分析上，目前还很少有关于创业投资基金激励薪酬的理论分析。Gompers & Lerner(1999)是较早利用有限合伙协议研究创业投资基金薪酬合约的文献。他们发现创业投资家管理费用占承诺资本的比例主要集中在2%的水平，而利润提成比例则主要以20%为主。同时，从动态角度来看，他们发现成立时间更久，规模更大的创业投资基金一般会要求更低的管理费和更高的利润提成比例。这个实证的结果与学习模型更一致。Litvak(2004)对美国的17个创业投资公司设立的35支创业投资基金的有限合伙协议的实证研究表明：创业投资家管理费用占承诺资本的比例从7.12%～17.68%；不同的创业投资家的利润提成比例上表现出更大的差异，从12.5%变化至30%，平均水平为24.3%。并且管理费、利润提成比例与创业投资公司的成立时间以及募集的基金规模成正比。这表明创业投资基金的管理费，提成比例上还存在很大的争议；并且从创业投资基金薪酬的动态变化角度来看，创业投资基金的能力与管理费以及利润提成比例的关系上也还没有形成一致的有说服力的结论和解释。Axelrad & Wright(1997)则从有限合伙协议中强调了创业投资基金利润分配形式的多样性，并认为信用风险和创业投资家道德风险导致利润分配形式的多样性。Axelrad & Wright总结的大部分的利润分配方式，本质上都是创业投资家在满足一定的基准的基础上才能参与创业投资基金的利润分配(李建军，2008)。

从以往关于创业投资基金薪酬合约的研究来看，还主要停留在对薪酬合约形式、管理费与利润提成比例等外在形式的归纳，还缺乏对创业投资基金薪酬机制的效率的研究。新《合伙企业法》为我国创业投资基金的设立扫清了法律障碍，要充分的发挥有限合伙创业投资基金直接融资和直接投资的中间层次资本作用，还必须设计有效而合理的创业投资基金的合伙机制，尤其是双方有效的激励薪酬机制。这些微观机制的设计和完善将对我国创业投资基金的合约设计、非上市企业的融资以及建立一个完善的多层次资本市场体系起到积极的作用。

二、创业投资基金激励薪酬模型

下面我们主要分析两种基本的薪酬模型：纯粹的线性薪酬模型和包含看涨期权的线性薪酬模型在创业投资家基金管理时的激励效应，并且分析可能的效率改进的机制。分析的结构主要如下：分别在创业投资家风险中性和风险厌恶两种假设下分别分析线性薪酬合约和包含看涨期权线性薪酬合约的效率差异。

（一）创业投资家风险中性下激励薪酬研究

我们主要分析两种基本的薪酬模型：纯粹的线性薪酬模型和包含看涨期权的线性薪酬模型在激励创业投资家基金管理和基金组合风险控制方面的效率。分析的结构如下：先给出不存在创业投资家道德风险情况下，基金最优的努力投入水平和基金组合的风险选择水平，作为纯粹线性合约，包含看涨期权线性合约效率分析的参考点。接着分别分析这两种合约在激励创业投资家努力投入和投资组合风险水平控制方面的效率。

1. 基本模型

投资者选定创业投资家，并出资 I 与创业投资家签订有限合伙协议，规定给创业投资家的薪酬为 $s(x)$，x 为创业投资基金的最终收益，并且 $x = e + \varepsilon$ 其中 ε 服从 $N(0, \sigma_P^2)$，e 表示创业投资家的努力投入，其努力投入的成本函数为 $c(e) = \dfrac{\sigma_P^2 - 2\delta e\sigma_P + e^2}{2}$ ①。创业投资家和投资者均为风险中

---

① 成本函数显然满足：$\dfrac{\partial c^2}{\partial^2 e} > 0$，$\dfrac{\partial c^2}{\partial^2 \sigma_P} > 0$，表明基金管理的成本是随着努力投入和基金组合风险选择水平的边际递增的；同时 $\dfrac{\partial c^2}{\partial e\partial \sigma_P} < 0$ 表明努力投入的增加可以降低风险增加的边际成本效应。

性，效用函数分别为$U(w)=w$，$V(w)=w$。

2. 社会最优努力和最佳风险水平——激励机制效率的参考点

先给出一个分析的参考点：社会最佳的努力投入和基金投资组合风险水平。假定在创业投资家不存在道德风险的情况下，最大化项目的期望剩余收益的努力和风险水平选择应该满足：

$$\max_{e,\sigma_P} e-\frac{\sigma_P^2-2\delta e\sigma_P+e^2}{2} \tag{3-2}$$

得到最佳的努力投入和风险水平选择为

$$\begin{aligned} e^* &=\frac{1}{1-\delta^2}\triangleq h \\ \sigma_P^* &=\frac{\delta}{1-\delta^2}\triangleq \delta h \end{aligned} \tag{3-3}$$

其中，$h=\dfrac{1}{1-\delta^2}$。

3. 纯粹线性薪酬合约的效率研究

现在假定投资者投资资金I设立创业投资基金，并向创业投资家提供如下线性合约：

$$s(x)=\alpha+\beta x(0<\beta<1) \tag{3-4}$$

创业投资家在此薪酬合约下的期望效用为：

$$\begin{aligned} EU &=E(\alpha+\beta x)-\frac{\sigma_P^2-2\delta e\sigma_P+e^2}{2} \\ &=\alpha+\beta e-\frac{\sigma_P^2-2\delta e\sigma_P+e^2}{2} \end{aligned} \tag{3-5}$$

投资者的期望效用为：

$$EV=E[x-(\alpha+\beta x)]=(1-\beta)e-\alpha \tag{3-6}$$

投资者从激励相容的角度出发向创业投资家提供最大化投资者自身效用的合约，相当于如下优化问题：

$$\max_{\alpha,\beta}(1-\beta)e-\alpha$$

$$s.t.$$

$$IR：\alpha+\beta e-\frac{\sigma_P^2-2\delta e\sigma_P+e^2}{2}\geqslant\tilde{\omega}$$

$$IC：\max_{e}\alpha+\beta e-\frac{\sigma_P^2-2\delta e\sigma_P+e^2}{2}$$

$$\max_{\sigma_P}\alpha+\beta e-\frac{\sigma_P^2-2\delta e\sigma_P+e^2}{2} \tag{3-7}$$

求解创业投资家的激励相容约束可以得到：

$$\widetilde{e}=\frac{\beta}{1-\delta^2} \tag{3-8}$$

$$\widetilde{\sigma}_P=\frac{\delta\beta}{1-\delta^2} \tag{3-9}$$

显然

$$\widetilde{e}<e^*,\ \widetilde{\sigma}_P<\sigma_P^* \tag{3-10}$$

分析表明：由于创业投资家的资金约束，在纯粹的线性薪酬下，其努力和风险选择是无法达到社会最优水平的。

4. 包含看涨期权线性薪酬合约的效率研究

创业投资家的薪酬虽然主要是来自基金利润提成，但大部分的有限合伙协议要求创业投资家在实现了一定的目标后才能参与基金利润的提成。所以，创业投资家的薪酬合约本质上是一个包含看涨期权的线性薪酬合约：[①]

---

① 由于创业投资家每年的管理费用是固定的，与事后基金的收益没有关系。为了简化，我们假定管理费用为 0。

$$s(x)=\begin{cases}\alpha+\beta(x-\kappa),\ x\geqslant\kappa\\0,\qquad\qquad\ \ x<\kappa\end{cases}\tag{3-11}$$

在第1部分基本模型的假设下,上述合约下基金收益的分布函数为:

$$\begin{aligned}F(x\mid e,\sigma_P)&=\Pr b\{X<x\}=\Pr b\left\{\frac{X-e}{\sigma_P}<\frac{x-e}{\sigma_P}\right\}\\&=\Pr b\left\{Z<\frac{x-e}{\sigma_P}\right\}=\Phi\left(\frac{x-e}{\sigma_P}\right)\end{aligned}\tag{3-12}$$

其中,$\Phi(x)$、$\phi(x)$为标准正态分布的分布函数、概率密度函数。在上述合约下创业投资家的期望收益为:

$$\begin{aligned}EU&=\alpha(1-F(\kappa\mid e,\sigma_P))+\beta\int_{\kappa}^{+\infty}(x-\kappa)dF(x\mid e,\sigma_P)-c(e,\sigma_P)\\&=\alpha\left[1-\Phi\left(\frac{\kappa-e}{\sigma_P}\right)\right]+\beta\int_{\frac{\kappa-e}{\sigma_P}}^{+\infty}(\sigma_P z+e-\kappa)\frac{1}{\sqrt{2\pi}\sigma_P}e^{-\frac{z^2}{2}}dz-\frac{\sigma_P^2-2\delta e\sigma_P+e^2}{2}\\&=[\alpha+\beta(e-\kappa)]\left[1-\Phi\left(\frac{\kappa-e}{\sigma_P}\right)\right]+\sigma_P\beta\varphi\left(\frac{\kappa-e}{\sigma_P}\right)-\frac{\sigma_P^2-2\delta e\sigma_P+e^2}{2}\end{aligned}\tag{3-13}$$

投资者的收益为:

$$EV=e-[\alpha+\beta(e-\kappa)]\left[1-\Phi\left(\frac{\kappa-e}{\sigma_P}\right)\right]-\sigma_P\beta\varphi\left(\frac{\kappa-e}{\sigma_P}\right)\tag{3-14}$$

在存在创业投资家努力和风险选择道德风险的情况下,基金投资者面临如下的合约设计问题:

$$\max_{\alpha,\beta}e-[\alpha+\beta(e-\kappa)]\left[1-\Phi\left(\frac{\kappa-e}{\sigma_P}\right)\right]-\sigma_P\beta\varphi\left(\frac{\kappa-e}{\sigma_P}\right)$$

$s.t.$

$$IR:[\alpha+\beta(e-\kappa)]\left[1-\Phi\left(\frac{\kappa-e}{\sigma_P}\right)\right]+\sigma_P\beta\varphi\left(\frac{\kappa-e}{\sigma_P}\right)-\frac{\sigma_P^2-2\delta e\sigma_P+e^2}{2}\geqslant\tilde{\omega}$$

$$IC: \max_{e}[\alpha+\beta(e-\kappa)]\left[1-\Phi\left(\frac{\kappa-e}{\sigma_P}\right)\right]+\sigma_P\beta\varphi\left(\frac{\kappa-e}{\sigma_P}\right)-\frac{\sigma_P^2-2\delta e\sigma_P+e^2}{2}$$

$$\max_{\sigma_P}[\alpha+\beta(e-\kappa)]\left[1-\Phi\left(\frac{\kappa-e}{\sigma_P}\right)\right]+\sigma_P\beta\varphi\left(\frac{\kappa-e}{\sigma_P}\right)-\frac{\sigma_P^2-2\delta e\sigma_P+e^2}{2} \tag{3-15}$$

如果要得到社会有效的合约 $s(x)$，激励相容条件必须满足社会最优的努力和组合风险水平选择的条件，所以

$$\beta\left[1-\Phi\left(\frac{\kappa-e^*}{\sigma_P^*}\right)\right]+\frac{\alpha}{\alpha_P}\varphi\left(\frac{\kappa-e^*}{\sigma_P^*}\right)=1$$

$$\alpha\frac{\kappa-e^*}{\sigma_P^{*2}}\varphi\left(\frac{\kappa-e^*}{\sigma_P^*}\right)+\beta\varphi\left(\frac{\kappa-e^*}{\sigma_P^*}\right)=0 \tag{3-16}$$

现在证明存在 $\hat{\alpha}\geqslant 0$，$0<\hat{\beta}<1$ 满足上面的条件及创业投资家的参与约束（IR）。解方程组（3－16），可以得到：

$$\hat{\alpha}(\kappa)=\frac{-\sigma_P^*}{\frac{\kappa-e^*}{\sigma_P^*}\left[1-\Phi\left(\frac{\kappa-e^*}{\sigma_P^*}\right)\right]-\varphi\left(\frac{\kappa-e^*}{\sigma_P^*}\right)}=\frac{-\sigma_P^*\Big/\frac{\kappa-e^*}{\sigma_P^*}}{1-\Phi\left(\frac{\kappa-e^*}{\sigma_P^*}\right)-\varphi\left(\frac{\kappa-e^*}{\sigma_P^*}\right)\Big/\frac{\kappa-e^*}{\sigma_P^*}} \tag{3-17}$$

$$\hat{\beta}(\kappa)=\frac{\frac{\kappa-e^*}{\sigma_P^*}}{\frac{\kappa-e^*}{\sigma_P^*}\left[1-\Phi\left(\frac{\kappa-e^*}{\sigma_P^*}\right)\right]-\varphi\left(\frac{\kappa-e^*}{\sigma_P^*}\right)}=\frac{1}{1-\Phi\left(\frac{\kappa-e^*}{\sigma_P^*}\right)-\varphi\left(\frac{\kappa-e^*}{\sigma_P^*}\right)\Big/\frac{\kappa-e^*}{\sigma_P^*}} \tag{3-18}$$

对函数 $G(t)=\Phi(t)+\phi(t)/t$，容易证明：

$$G'(t)=\phi(t)+\frac{t\phi'(t)-\phi(t)}{t^2}=\frac{t[t\phi(t)+\phi'(t)]-\phi(t)}{t^2}=-\frac{\phi(t)}{t^2}<0 \tag{3-19}$$

其中标准正态分布的概率密度函数 $\varphi(t)=\frac{1}{\sqrt{2\pi}}e^{\frac{t2}{2}}$ 满足：$t\phi(t)+\phi'(t)=0$。同时容易验证

$$\lim_{t\to-\infty}G(t)=\lim_{t\to-\infty}\frac{1}{\sqrt{2\pi}te^{\frac{t2}{2}}}=0 \tag{3-20}$$

所以对 $\kappa\neq e^*=h$

$$G\left(\frac{\kappa-e^*}{\sigma_P^*}\right)=\Phi\left(\frac{\kappa-e^*}{\sigma_P^*}\right)+\varphi\left(\frac{\kappa-e^*}{\sigma_P^*}\right)\Big/\frac{\kappa-e^*}{\sigma_P^*}<0 \tag{3-21}$$

所以只要选择

$$k<e^*=h \tag{3-22}$$

就能保证

$$\hat{\alpha}(\kappa)>0,\ 0<\hat{\beta}(\kappa)<1 \tag{3-23}$$

分析表明，在风险中性的情况下，包含看涨期权的线性合约能使创业投资家选择社会有效的努力并将基金组合的风险控制在最佳水平。

剩下的所有问题就是要寻找一个 $k<e^*$，使得创业投资家的参与约束等式能够成立。实际上，要满足创业投资家的参与约束要比满足投资者的参与约束容易得多。在上述 $k<e^*=h$ 条件下，投资者必然选择 κ 使得创业投资家的参与约束为紧的，所以

$$EU=[\alpha+\beta(e-\kappa)]\left[1-\Phi\left(\frac{\kappa-e}{\sigma_P}\right)\right]+\sigma_P\beta\varphi\left(\frac{\kappa-e}{\sigma_P}\right)-\frac{h}{2}$$

$$=\left[\frac{(\delta h)^2}{(h-\kappa)\left[1-G\left(\frac{\kappa-h}{\delta h}\right)\right]}+\frac{h-\kappa}{\left[1-G\left(\frac{\kappa-h}{\delta h}\right)\right]}\right]\left[1-\Phi\left(\frac{\kappa-h}{\delta h}\right)\right]$$

$$+\frac{\delta h}{\left[1-G\left(\frac{\kappa-h}{\delta h}\right)\right]}\varphi\left(\frac{\kappa-h}{\delta h}\right)-\frac{h}{2} \tag{3-24}$$

由于

$$\lim_{t\to 0}\frac{1}{[1-G(t)]}=\lim_{t\to 0}\frac{t}{t-t\Phi(t)-\phi(t)}=0 \tag{3-25}$$

所以

$$\lim_{\kappa\to h}EU=\lim_{t\to 0}\frac{(\delta h)^2}{-\delta ht+\delta ht\Phi(t)+\delta h\phi(t)}[1-\Phi(t)]-\frac{h}{2}$$

$$=\left(\sqrt{2\pi}\delta-\frac{1}{2}\right)h \tag{3-26}$$

一般创业投资家的参与约束 $\tilde{\omega}=0$，所以只要

$$\delta>\frac{1}{2\sqrt{2\pi}} \tag{3-27}$$

创业投资家的参与约束 IR 就能满足。实际上 δ 表示创业投资家努力投入与基金组合风险的成本交互效应，这里的分析表明在努力投入和组合风险的成本交互效应越强，包含看涨期权的线性薪酬合约就越融资满足投资者的参与约束，包含看涨期权的线性薪酬合约就越容易实现创业投资家的有效投入和组合风险水平的合理选择。

同时注意到：

$$\hat{\beta}'(t)=\frac{G'(t)}{[1-G(t)]^2}<0 \tag{3-28}$$

$$\hat{\alpha}'(t)=\frac{\frac{\delta h}{t^2}[1-G(t)]-\frac{\delta h}{t}G'(t)}{[1-G(t)]^2}=\frac{\frac{\delta h}{t^2}[1-\Phi(t)]}{[1-G(t)]^2}>0 \tag{3-29}$$

所以当 κ 增加的时候,相应的创业投资家的提成比例 $\hat{\beta}(\kappa)$ 减少,但奖励的固定薪酬需要增加。这个结论是一个比较新且还需要验证的结论。

上面的分析表明:在创业投资家为风险中性的情况下,包含看涨期权的线性合约比纯粹的线性合约更可行,并且可以构造出达到社会效率的包含看涨期权的线性薪酬合约。并且从两个薪酬合约的特征来看:前者要求将项目出租给创业投资家,但由于创业投资家资金的有限性,可能在很多情形下都无法支付高昂的租金,所以纯粹的现行薪酬合约在大多数情况下是不可行的。最主要的原因是在线性薪酬安排下,最佳的安排是创业投资家承担所有的风险,并享受所有的收益,但实际上由于创业投资家资金的有限性,所以让这种最优的安排变得不可行。但包含看涨期权的薪酬合约,则更多地体现了双方风险共担的特点,因为 $0<\hat{\beta}<1$。并且双方是用各自拥有的资源禀赋来进行风险共担——投资者出资金,创业投资家则贡献专业的投资技能,并通过在事前对创业投资家设定一定基准目标来充分的激励创业投资家努力工作并将基金组合的风险水平控制在最佳水平。所以,包含看涨期权的线性薪酬合约才是有限合伙制创业投资基金更可行的最佳激励机制。

5. 主要结论

在投资双方风险中性的基本假设下,我们对比了创业投资基金中,纯粹的线性薪酬合约和包含看涨期权线性薪酬合约在激励创业投资家努力工作以及适当控制基金组合投资风险中的作用,发现:

(1) 包含看涨期权的线性薪酬合约比纯粹的线性薪酬合约更可行,并且存在使创业投资家选择社会最优的努力投入和基金组合风险水平的包含看涨弃权合约。从薪酬合约对创业投资激励的角度解释了有限合伙协议中创业投资家必须达到了投资者设定的基准目标后才能参与基金利润分配的关键条款。这与实证文献中认为包含看涨期权的线性合约是为了减少创业投资家不能返还事前过度分配的利润的信用风险的理由是不同的。

(2) 由于包含看涨期权合约中要实行社会最优的看涨期权合约，最佳的 $\hat{\alpha}>0$，这意味着在创业投资家实现了事前设定基准目标后不但能参与基金利润的分成，同时还应获得一个固定数额的奖励。

(3) 在有限合伙协议中，给创业投资家设计的基准目标 κ 提高的时候，创业投资家的基金利润提成比例 $\hat{\beta}(\kappa)$ 应降低；但达到基准目标后的固定奖励 $\hat{\alpha}(\kappa)$ 应增加，这样才能达到有效激励。

本节的一个根本的假设是创业投资家风险中性。实际上，在创业投资家风险厌恶、投资者风险中性的情况下，纯粹线性的薪酬合约会出现显著的代理成本并且创业投资家会极力选择尽可能低风险的投资组合(李建军、费方域，2008)。但在创业投资家风险厌恶情况下，包含看涨期权的线性薪酬合约是否能使创业投资家付出社会有效的努力和选择社会最优的基金组合风险水平将成为一个很有意义的研究课题。

(二) 创业投资家风险厌恶下激励薪酬研究

1. 创业投资家风险厌恶下纯粹的线性激励薪酬研究

假定具有完全谈判力的投资者投资资金与创业投资家设立有限合伙制的创业投资基金。同样假定创业投资基金投资组合的收益 $x=e+\varepsilon$，ε 服从 $N(0,\ \sigma_p^2)$，其中 e 表示创业投资家的努力投入。假定风险厌恶的创业投资家的效用函数为 $U(w)=-e^{-\rho w}(\rho>0)$，基金投资者为风险中性；创业投资家的投入的成本函数为 $c(e)=\frac{1}{2}ce^2(c>0)$①，显然成本函数满足最常见的

① 在风险厌恶的情况下，创业投资家的效用函数会更复杂。我们在本小节单独讨论激励合约对创业投资家管理基金努力的激励效应；在下一节单独讨论风险厌恶的情况下，激励合约的风险控制效应。

边际成本递增的基本假设：$\frac{\partial^2 c}{\partial^2 e}=c>0$。在线性薪酬合约 $s(x)=\alpha+\beta x$ 下创业投资家的确定性等价[①]收益为：

$$EU=E\left[\alpha+\beta(e+\varepsilon)-\frac{1}{2}ce^2\right]-\frac{1}{2}\rho Var\left[\alpha+\beta(e+\varepsilon)-\frac{1}{2b}e^2\right]$$
$$=\alpha+\beta e-\frac{1}{2}ce^2-\frac{1}{2}\rho\beta^2\sigma_p^2 \qquad (3-30)$$

投资者的期望效用为 $EV=E\{x-[\alpha+\beta(e+\varepsilon)]\}=(1-\beta)e-\alpha$。所以投资者通过优化如下问题，来向基金管理者提供薪酬合约：

$$\max_{\alpha,\beta} EV$$
$$s.t.$$
$$IR: \alpha+\beta e-\frac{1}{2}ce^2-\frac{1}{2}\rho\beta^2\sigma_p^2\geqslant\bar{\omega}$$
$$IC: \max_e \alpha+\beta e-\frac{1}{2}ce^2-\frac{1}{2}\rho\beta^2\sigma_p^2 \qquad (3-31)$$

在投资者具有全部谈判力（仅仅为了分析的简化）的情况下，创业投资家的参与约束（IR）是紧的。求解创业投资家参与约束可得：

$$e^*=\frac{\beta}{c} \qquad (3-32)$$

将（3-32）代入紧的参与约束后有：

$$\alpha=\bar{\omega}+\frac{1}{2}c\left(\frac{\beta}{c}\right)^2+\frac{1}{2}\rho\beta^2\sigma_p^2-\beta\frac{\beta}{c}=\bar{\omega}+\frac{1}{2}\rho\beta^2\sigma_p^2-\frac{1}{2}\frac{\beta^2}{c} \qquad (3-33)$$

将（3-32）（3-33）代入投资期望效用函数得到投资者的期望效用为

---

① 确定性等价的计算，详见本章结尾。

$$EV=(1-\beta)\frac{\beta}{c}-\left(\tilde{\omega}+\frac{1}{2}\rho\beta^2\sigma_p^2-\frac{1}{2}\frac{\beta^2}{c}\right)=\frac{\beta}{c}-\frac{1}{2}\rho\beta^2\sigma_p^2-\frac{1}{2}\frac{\beta^2}{c}-\tilde{\omega} \tag{3-34}$$

通过一阶条件有：

$$\beta^*=\frac{1}{1+c\rho\sigma_p^2} \tag{3-35}$$

同时 $\frac{\partial^2}{\partial\beta^2}EV=-\left(\rho\sigma_p^2+\frac{1}{c}\right)<0$，所以

$$\beta^*=\frac{1}{1+c\rho\sigma_p^2}=\arg\max_{\beta}EV \tag{3-36}$$

相应地

$$\begin{aligned}\alpha^*&=\tilde{\omega}+\frac{1}{2}\rho\beta^2\sigma_p^2-\frac{1}{2}\frac{\beta^2}{c}=\tilde{\omega}+\frac{1}{2}\frac{\rho\sigma_p^2}{(1+c\rho\sigma_p^2)^2}-\frac{1}{2}\frac{1}{c(1+c\rho\sigma_p^2)^2}\\&=\tilde{\omega}+\frac{c\rho\sigma_p^2-1}{2c(1+c\rho\sigma_p^2)^2}\end{aligned} \tag{3-37}$$

$$e^*=\frac{1}{c(1+c\rho\sigma_p^2)} \tag{3-38}$$

投资者此时的期望收益为：

$$\begin{aligned}EV&=(1-\beta)e-\alpha=\left(1-\frac{1}{1+c\rho\sigma_p^2}\right)\frac{1}{c(1+c\rho\sigma_p^2)}-\left[\tilde{\omega}+\frac{c\rho\sigma_p^2-1}{2c(1+c\rho\sigma_p^2)^2}\right]\\&=\frac{c\rho\sigma_p^2}{c(1+c\rho\sigma_p^2)^2}-\left[\tilde{\omega}+\frac{c\rho\sigma_p^2-1}{2c(1+c\rho\sigma_p^2)^2}\right]=\frac{1}{2c(1+c\rho\sigma_p^2)}-\tilde{\omega}\end{aligned} \tag{3-39}$$

为了计算创业投资基金的代理成本，下面考虑不存在创业投资家道德风险的情况

$$\max_{\alpha,\beta} EV$$

$$s.t.$$

$$IR: \alpha + \beta e - \frac{1}{2}ce^2 - \frac{1}{2}\rho\beta^2\sigma_p^2 = \bar{\omega} \tag{3-40}$$

解上面问题可得到：

$$\alpha = \bar{\omega} - \beta e + \left(\frac{1}{2}ce^2 + \frac{1}{2}\rho\beta^2\sigma_p^2\right) \tag{3-41}$$

代入投资者的期望收益中有：

$$EV = (1-\beta)e - \alpha = (1-\beta)e - \left[\bar{\omega} - \beta e + \left(\frac{1}{2}ce^2 + \frac{1}{2}\rho\beta^2\sigma_p^2\right)\right] \tag{3-42}$$

求解 $\max\limits_{\beta} EV$，得到：

$$\tilde{\beta} = 0 \tag{3-43}$$

$$\tilde{\alpha} = \bar{\omega} + \frac{1}{2}ce^2 \tag{3-44}$$

上面的求解表明在创业投资家不存在道德风险的情况，不需要给创业投资家投资组合利润提成进行激励，只需要支付给创业投资家满足其参与约束的固定报酬即可。

$$EV = e - \left(\bar{\omega} + \frac{1}{2}ce^2\right) \tag{3-45}$$

此时的最优努力为：

$$\tilde{e} = \arg\max_{e} e - \left(\bar{\omega} + \frac{1}{2}ce^2\right) = \frac{1}{c} \tag{3-46}$$

此时投资者的期望收益为：

$$EV = e - \left(\tilde{\omega} + \frac{1}{2}ce^2\right) = \frac{1}{2c} - \tilde{\omega} \tag{3-47}$$

所以，在创业投资基金委托管理的情况下，投资的代理成本为：

$$AC = \frac{1}{2c} - \frac{1}{2c(1+c\rho\sigma_p^2)} = \frac{1}{\left(2c + \frac{2}{\rho\sigma_p^2}\right)} \tag{3-48}$$

在纯粹线性的薪酬合约下，创业投资基金的代理成本与创业投资家的能力、风险厌恶程度、投资基金确定的投资组合的风险密切相关。从代理成本函数可以清晰的得到：

(1) $\frac{\partial}{\partial c}AC < 0$，这表明创业投资家选择项目和管理项目的能力越强($c$ 越小)，投资者承受的代理成本则越高；

(2) $\frac{\partial}{\partial \rho}AC > 0$，这表明创业投资家越厌恶风险，投资者承受的代理成本则越高；

(3) $\frac{\partial}{\partial \sigma_p}AC > 0$，这表明投资基金确定的投资组合的风险越高，投资者承受的代理成本则越高。

2. 加入创业板市场收益基准的创业投资基金线性激励薪酬研究

实际上创业投资家投资组合收益除了自身工作的努力程度和特有的外生随机因素影响外，还受到所处的客观环境的影响。一般来说，创业投资基金投资的项目最后主要通过 IPO、股份转让来收回投资基金在企业的投资，因此，创业板市场的景气状况直接影响到创业投资家投资组合的业绩。据此，支付创业投资家的报酬不应仅仅依赖于投资组合的收益，而且应该考虑创业投资家退出时创业板市场的收益率状况。前文对创业投资家激励契约的设计中并没有考虑主板市场的波动对基金投资组合产出的影响。下文利用“标尺竞争”理论,将创业投资家投资组合业绩中受主板市场影响的部分剔除,以相对贡献作为激励的标准,重新求解一个最优合同,并分析新的薪酬合约的效率。

我们引入一个可以观测的变量 z。z 为创业板市场的平均收益率,并假定 z 与努力水平 e 无关,但与 ε 有关,从而与 x 相关。假定 $z \sim N(0, \sigma_z^2)$,于是线性契约被修改为

$$s(x, z) = \alpha + \beta(x + \kappa z) \tag{3-49}$$

其中,κ 为创业投资家报酬与相对指标 z 的关系,如果 $\kappa = 0$,则创业投资家的报酬不受 z 影响,投资者可通过对 κ 的合理设计来降低代理成本。创业投资家在该契约下的收益为:

$$w = \alpha + \beta(x + \kappa z) - \frac{1}{2}ce^2 \tag{3-50}$$

创业投资家相应的确定性收益为:

$$CE = Ew - \frac{1}{2}\rho \mathrm{var}(w) = \alpha + \beta e - \frac{1}{2}ce^2 - \frac{1}{2}\rho\beta^2(\sigma_p^2 + 2\kappa v + \kappa^2\sigma_z^2) \tag{3-51}$$

其中,$v = \mathrm{cov}(x, z)$,投资者的期望剩余收益为

$$Ev = e - \alpha - \beta e = (1 - \beta)e - \alpha \tag{3-52}$$

在理性假定下,投资者会选择最大化其确定性等价收益的努力

$$\max_e CE \tag{3-53}$$

得到:$\hat{e} = \frac{\beta}{c}$。

而在创业投资家的最优努力选择成为投资者的共同知识的情况下,投资者会按照如下选择,对创业投资家的激励契约进行设计:

$$\max_{\alpha,\beta,\kappa}(1-\beta)e-\alpha \tag{3-54}$$

$$s.t.\quad (IR)\alpha+\beta e-\frac{1}{2}ce^2-\frac{1}{2}\rho\beta^2(\sigma^2+2\kappa v+\kappa^2\sigma_z^2)=\tilde{\omega} \tag{3-55}$$

$$(IC)\ \hat{e}=\frac{\beta}{c} \tag{3-56}$$

将激励相容条件(IC)放入参与约束(IR)得到：

$$\begin{aligned}\alpha&=\tilde{\omega}-\left[\beta e-\frac{1}{2}ce^2-\frac{1}{2}\rho\beta^2(\sigma_p^2+2\kappa v+\kappa^2\sigma_z^2)\right]\\&=\tilde{\omega}-\frac{\beta^2}{2c}+\frac{1}{2}\rho\beta^2(\sigma_p^2+2\kappa v+\kappa^2\sigma_z^2)\end{aligned} \tag{3-57}$$

相应地，投资的期望收益为：

$$EV=(1-\beta)e-\alpha=(1-\beta)\frac{\beta}{c}-\left[\tilde{\omega}-\frac{\beta^2}{2c}+\frac{1}{2}\rho\beta^2(\sigma_p^2+2\kappa v+\kappa^2\sigma_z^2)\right] \tag{3-58}$$

对上式求一阶条件得到：

$$\frac{1}{c}-\frac{\beta}{c}-\rho\beta(\sigma_p^2+2\kappa v+\kappa^2\sigma_z^2)=0 \tag{3-59}$$

$$\hat{\beta}=\frac{1}{1+c\rho(\sigma_p^2+2\kappa v+\kappa^2\sigma_z^2)}=\frac{1}{1+c\rho\sigma^2} \tag{3-60}$$

其中，$\sigma^2=\sigma_p^2+2\kappa v+\kappa^2\sigma_z^2$

同样，通过一阶条件得到：

$$\hat{\kappa}=-\frac{\mathrm{cov}(x,z)}{\sigma_z^2}=-\frac{v}{\sigma_z^2} \tag{3-61}$$

$$\hat{e}=\frac{1}{c(1+c\rho\sigma^2)} \tag{3-62}$$

$$\hat{\alpha}=\tilde{\omega}-\frac{\beta^2}{c}+\frac{1}{2}\rho\beta^2\sigma^2=\tilde{\omega}+\frac{1}{(1+c\rho\sigma^2)^2}\left(\frac{1}{2}\rho\sigma^2-\frac{1}{c}\right) \quad (3-63)$$

投资者的预期收益为：

$$E\hat{V}=\left[1-\frac{1}{1+c\rho\sigma^2}\right]\frac{1}{c(1+c\rho\sigma^2)}-\left[\tilde{\omega}+\frac{1}{(1+c\rho\sigma^2)^2}\left(\frac{1}{2}\rho\sigma^2-\frac{1}{c}\right)\right]$$

$$=\frac{2+c\rho\sigma^2}{2c(1+c\rho\sigma^2)^2}-\tilde{\omega} \quad (3-64)$$

下面计算引入主板市场收益作为基准后基金投资的代理成本。先通过下面优化问题计算没有代理成本时的投资者收益。

$$\max_{\alpha,\beta,\kappa}(1-\beta)e-\alpha$$

$$s.t.\quad (IR)\alpha+\beta e-\frac{1}{2}ce^2-\frac{1}{2}\rho\beta^2(\sigma^2+2\kappa v+\kappa^2\sigma_z^2)=\tilde{\omega} \quad (3-65)$$

$$\alpha=\tilde{\omega}-\left[\beta e-\frac{1}{2}ce^2-\frac{1}{2}\rho\beta^2(\sigma^2+2\kappa v+\kappa^2\sigma_z^2)\right] \quad (3-66)$$

将参与约束代入投资者预期收益得到：

$$EV=(1-\beta)e-\tilde{\omega}-\left[\beta e-\frac{1}{2}ce^2-\frac{1}{2}\rho\beta^2(\sigma^2+2\kappa v+\kappa^2\sigma_z^2)\right] \quad (3-67)$$

对上面的式子求 β 导数得到：

$$\beta=0 \quad (3-68)$$

$$\alpha=\tilde{\omega}-\frac{1}{2}ce^2 \quad (3-69)$$

所以从 $\max\limits_{e} e-\left(\tilde{\omega}+\frac{1}{2}ce^2\right)$ 得到：

$$e = \frac{1}{c} \tag{3-70}$$

此时投资者预期收益为 $\frac{1}{2c} - \bar{\omega}$。

3. 加入创业板基准收益前后纯粹线性薪酬合约的效率比较

将从不同的层面对加入创业板市场基准的创业投资基金线性薪酬合约与没有考虑市场基准的线性薪酬合约的效率进行对比：

(1) 代理成本比较：

$$\Delta AC = \frac{2 + c\rho\sigma^2}{2c(1 + c\rho\sigma^2)^2} - \frac{1}{2c(1 + c\rho\sigma_p^2)} > \frac{1}{2c(1 + c\rho\sigma^2)} - \frac{1}{2c(1 + c\rho\sigma_p^2)} \tag{3-71}$$

由于

$$\sigma^2 = \sigma_p^2 + 2\kappa v + \kappa^2\sigma_z^2 = \sigma_p^2 - \frac{v^2}{\sigma_z^2} < \sigma_p^2 \tag{3-72}$$

所以有

$$1 + c\rho\sigma_p^2 > 1 + c\rho\sigma^2 \tag{3-73}$$

$$\begin{aligned} \Delta AC &= \frac{2 + c\rho\sigma^2}{2c(1 + c\rho\sigma^2)^2} - \frac{1}{2c(1 + c\rho\sigma_p^2)} \\ &> \frac{1}{2c(1 + c\rho\sigma^2)} - \frac{1}{2c(1 + c\rho\sigma_p^2)} > 0 \end{aligned} \tag{3-74}$$

这表明加入创业板市场的基准作为剔除创业投资家业绩中市场波动导致业绩变化的线性薪酬机制能有效的降低创业投资家的道德风险，降低其代理成本。

(2) 两种薪酬合约下创业投资家努力激励比较：

$$\hat{e} = \frac{1}{c(1 + c\rho\sigma^2)} > \frac{1}{c(1 + c\rho\sigma_p^2)} = e^* \tag{3-75}$$

式子(3－75)表明，加入创业板市场基准后线性薪酬合约能有效地提高创业投资家管理创业投资基金的努力；并且努力的改善程度和创业板市场的波动程度呈负相关。这也表明稳定的创业板市场能更好的作为一个衡量创业投资家业绩的基准，这将更好地提高创业投资家的努力激励。

(3) 投资者期望效用比较：

$$E\hat{V}=\frac{2+c\rho\sigma^2}{2c(1+c\rho\sigma^2)^2}-\bar{\omega}>\frac{1}{2c(1+c\rho\sigma_p^2)}-\bar{\omega}=EV \quad (3-76)$$

(4) 最优激励强度比较：

$$\hat{\beta}=\frac{1}{1+c\rho\sigma^2}>\frac{1}{1+c\rho\sigma_p^2}=\beta^* \quad (3-77)$$

式(3－77)则表明，在引入创业板市场业绩作为创业投资家业绩考核的基准的情况下，应该给予创业投资家更高的激励强度，且最优的激励强度与创业板市场的波动程度成反比。

综合上面各个效率指标的对比分析，我们发现：在创业投资基金薪酬合约中引入创业板市场的景气状况作为一个衡量创业投资家努力的一个基准，可以剔除创业投资家最后的投资组合业绩中由于自身不能控制的创业板市场的波动造成的影响。引入创业板市场景气状况作为衡量创业投资家业绩的基准能提高创业投资家的努力投入，有效地降低投资者的资金管理的代理成本，但同时创业投资家也需要更高的激励强度。并且建设一个稳定的创业板市场，将能提高创业板市场平均收益水平作为衡量创业投资家业绩基准的效率，更有效地提高创业投资家的基金管理的努力水平。

通过前述模型分析，我们发现：不对称信息下创业投资家的道德风险会造成基金管理显著的代理成本。并且代理成本与创业投资家的能力、风险厌恶程度以及创业投资基金投资组合的风险呈正相关。同时，我们发现在创业投资家的薪酬合同中引入创业板市场行情的景气状况作为创业投资家业绩的基准，以剔除创业板市场波动影响后的投资组合收益作为创业投资家的实际业绩，并以此作为创业投资家参与收益分享的基础会显著的提高创业投资家的努力激励，并显著地降低创业投资基金的代理成本。该结论表明尽快建立创业板市场可以使得创业投资基金的退出更通畅，同时创业板市场也将是衡量创业投资家收益的一个有效的基准。

4. 研究展望：创业投资家风险厌恶下包含看涨期权的线性合约的效率研究

创业投资基金更多的是在创业投资家达到事前设立的一个基准后才能参与基金收益的分成。同样假设创业投资家管理基金的期末收益函数为 $x=e+\varepsilon$，ε 服从 $N(0,\sigma_p^2)$ 风险厌恶的创业投资家的效用函数为 $u(w)=-e^{-\rho w}(\rho>0)$，基金投资者为风险中性；创业投资家的投入的成本函数为 $c(e)=\frac{1}{2}ce^2(c>0)$，在创业投资基金的薪酬合约本质上是一个包含看涨期权的线性薪酬合约

$$s(x)=\begin{cases}\alpha+\beta(x-\kappa), & x\geqslant\kappa\\ 0, & x<\kappa\end{cases} \tag{3-78}$$

创业投资家在该合约下的期望效用为：

$$\begin{aligned}EU&=\int_{\kappa}^{+\infty}e^{-\rho[\alpha+\beta(x-\kappa)]}\frac{1}{\sqrt{2\pi}\sigma_P}e^{-\frac{(x-e)^2}{2\sigma_P^2}}dx-\frac{1}{2}ce^2\\&=\int_{\frac{\kappa-e}{\sigma_P}}^{+\infty}e^{-\rho[\alpha+\beta(\sigma_Pz+e-\kappa)]}\frac{1}{\sqrt{2\pi}}e^{-\frac{z^2}{2}}dz-\frac{1}{2}ce^2\\&=e^{-\rho[\alpha+\beta(e-\kappa)]}\int_{\frac{\kappa-e}{\sigma_P}}^{+\infty}e^{-\rho\beta\sigma_Pz}\frac{1}{\sqrt{2\pi}}e^{-\frac{z^2}{2}}dz-\frac{1}{2}ce^2\end{aligned} \tag{3-79}$$

投资者的期望收益为：

$$EV=e-[\alpha+\beta(e-\kappa)]\left[1-\Phi\left(\frac{\kappa-e}{\sigma_P}\right)\right]-\sigma_P\beta\varphi\left(\frac{\kappa-e}{\sigma_P}\right) \tag{3-80}$$

所以在存在投资者与创业投资家存在不对称信息的条件下，投资者通过下面的优化问题向创业投资家提供薪酬合约：

$$\max_{\alpha,\beta,\kappa} e - [\alpha + \beta(e - \kappa)]\left[1 - \Phi\left(\frac{\kappa - e}{\sigma_P}\right)\right] - \sigma_P \beta \varphi\left(\frac{\kappa - e}{\sigma_P}\right)$$

$s.t.$

$$IR: e^{-\rho[\alpha+\beta(e-\kappa)]}\int_{\frac{\kappa-e}{\sigma_P}}^{+\infty} e^{-\rho\beta\sigma_P z} \frac{1}{\sqrt{2\pi}} e^{-\frac{z^2}{2}} dz - \frac{1}{2}ce^2 \geqslant \bar{\omega}$$

$$IC: \max_{e} e^{-\rho[\alpha+\beta(e-\kappa)]}\int_{\frac{\kappa-e}{\sigma_P}}^{+\infty} e^{-\rho\beta\sigma_P z} \frac{1}{\sqrt{2\pi}} e^{-\frac{z^2}{2}} dz - \frac{1}{2}ce^2 \tag{3-81}$$

通过创业投资家的激励相容条件（IC）可以得到：

$$-\rho\beta e^{-\rho[\alpha+\beta(e-\kappa)]}\int_{\frac{\kappa-e}{\sigma_P}}^{+\infty} e^{-\rho\beta\sigma_P z} \frac{1}{\sqrt{2\pi}} e^{-\frac{z^2}{2}} dz$$

$$+ e^{-\rho[\alpha+\beta(e-\kappa)]} \frac{1}{\sigma_P} e^{-\rho\beta(\kappa-e)} \frac{1}{\sqrt{2\pi}} e^{-\frac{(\kappa-e)^2}{2\sigma_P^2}} = ce \tag{3-82}$$

从上面的激励相容约束可以看出，在创业投资家为风险厌恶的情况下，很难得到创业投资家的努力选择的显式，要进行分析必须进行数据的模拟和仿真才能得到包含看涨期权线性薪酬合约的效率状况。我们把这一部分作为以后研究的一个拓展方向。

三、本节结论

本节分别在创业投资家风险中性和风险厌恶的情况下，对比研究了纯粹的线性薪酬和包含看涨期权的线性薪酬合约在激励创业投资家管理基金中的效率，通过模型分析我们得到如下主要结论：

（1）在创业投资家风险中性的情况下，包含看涨期权的线性薪酬合约比纯粹的线性薪酬合约更可行，并且存在使创业投资家选择社会最优的努力投入和基金组合风险水平的包含看涨期权的线性薪酬合约。

(2) 在创业投资家为风险厌恶情况下，在纯粹线性的薪酬合同中引入创业板市场收益作为衡量创业投资家业绩的基准，可改进纯粹的线性薪酬合约的效率，有效提高创业投资基金管理的效率。

(3) 在创业投资家风险厌恶下，包含看涨期权线性薪酬合约的激励机制有待进一步的研究和讨论，这可能涉及数据模拟上的突破。同时在风险厌恶的情况下，包含看涨期权的线性薪酬合约对创业投资家基金组合风险的控制效应也需要进一步的深入分析。

第三节　创业投资基金薪酬合约的风险控制机制研究

创业投资基金中对管理基金的创业投资家投资组合的风险控制是创业投资中非常关键的问题。创业投资资金一般由投资者出绝大部分的资金(99%)与专业的创业投资家建立有限合伙制的创业投资基金，并委托创业投资家在10年左右内对创业投资基金进行管理。作为有限合伙人的投资者一般不能参与基金的日常管理，主要由创业投资家负责基金投资组合的选择。创业投资属于高风险高回报的行业。管理费加利润分成的报酬机制在激励一般合伙人追求基金价值最大化的同时，也产生了另一种激励：过度冒险。由于利润分成可以看成一种看涨期权，而风险越大期权的价值也越高，因此，如果没有有效的风险控制机制，创业基金管理者就可能选择风险过大的投资项目。在中国目前的有限合伙制的创业投资基金管理中，往往会出现有限合伙人(投资者)对基金管理人的过度干预。这主要表现为在基金的投资决策中，有限合伙人出于对基金管理人风险控制的不信任，往往会参与到项目投资决策中。这种缺乏相应风险控制机制下的投资者对基金经营权的过度干预可能导致项目投资决策的低效率，甚至使投资人与创业投资家决裂[①]。所以，建立创业投资基金时在有限合伙企业中通过有效的薪酬机制从激励相容的角度来对创业投资家选择项目的风险进行适当控制是非常必要的。

一、相关文献综述

国外从薪酬机制角度来研究创业投资基金风险控制的文献还很少。目前国外创业投资基金薪酬的文献主要集中在薪酬的构成及影响因素的实证分析(Gompers & Lerner，1999；Litvak，2004)，这些文献认为创业投资基金的薪酬是简单的固定管理费用加利润提成的线性薪酬模式，但 Axelrad & Wright(1997)对创业投资基金的有限合伙协议的实证研究发现，创业投资家的薪酬还受到利润分配方式的影响——一般有限合伙协议要求创业投资家管理的基金收益达到一定基准之后才能参与利润的分配。创业投资家的薪酬本质上是一种包含看涨期权的线性薪酬结构。国内关于创业投资基金的研究主要以定性分析创业投资基金运作模式为主(路迹、苏贵光，2005；高艺凡，2007)。对创业投资基金风险控制的研究更是处于开始阶段。劳剑东(2007)证明在风险中性的假设下，包含看涨期权的线性薪酬可以使创业投资家付出社会最优的努力水平，并选择社会最优的基金组合风险水平。但有限合伙协议一般要求创业投资家投入占自有财富相当比重的资金，并且创业投资家投资项目的数量会受到合伙协议的限制，使其风险不能完全分散，所以创业投资家在很大程度上是风险厌恶的。所以，我们研究创业投资基金的风险控制机制，应该更多地从创业投资家风险厌恶这个更接近现实的假设去进行分析。

---

① 浙江的第一个由民营企业发起的有限合伙基金温州东海创业投资合伙企业的民营投资者将创业投资家赶走就是在风险控制机制不健全以及投资者不成熟情况下，创业基金投资者和管理矛盾冲突的必然产物。

由上可以发现：国外关于创业投资家薪酬的研究大部分是从薪酬的构成和影响因素的角度进行实证分析；国内关于创业投资基金风险控制机制的研究也仅仅简单地从风险中性的角度进行研究，还缺乏从创业投资家风险厌恶前提出发，深入分析创业基金的薪酬机制对创业投资基金风险控制的效率的研究。本节将从分析 3 种薪酬机制对创业投资基金风险控制的影响，并在最后给出创业投资基金风险控制的建议。

二、创业投资基金的薪酬合约风险控制效应研究

在创业投资家为风险规避的情况下，由于投资者和风险投资家之间的薪酬合同是事前签订的，而在有限合伙制下，投资者是无法监督创业投资家投资组合风险选择的，那么创业投资家在事后是否有动机改变事前确定的风险组合呢？不同的薪酬合约（纯粹的股权薪酬、看涨期权薪酬、包含看涨期权的股权薪酬合约）下，创业投资家改变事前确定的投资组合的风险的偏好如何呢？比如只能承受后期项目的风险的私募基金的投资者委托的基金管理人——创业投资家是否会进行过高风险的早期项目的风险投资行为呢？薪酬合约的风险控制效应是创业投资基金投资者所关心的关键性问题。

在开始本文分析之前，我们要给出下面 3 种薪酬机制共同的一个基本假设：创业投资家是风险厌恶的。

因为创业投资协议中一般会规定创业投资家的能投资项目的最大数量，创业投资家很难完全分散投资组合的风险；并且创业投资基金一般要求创业投资家投资占自身资金相当比重的资金到基金中，以使风险投资家适当地控制风险，所以从这两个角度来看，创业投资家风险厌恶的假设是更接近现实的。

（一）纯粹的线性薪酬合约风险控制效应研究

假设创业投资基金的投资组合收益为 $x=\mu+\varepsilon$，ε 服从 $N(0, \sigma_p^2)$。我

们现在暂时不考虑创业投资家努力激励的问题，而集中分析创业投资家在不同的薪酬合约的安排下的投资组合风险偏好特征。对于风险厌恶的创业投资家，线性薪酬融资合约 $s(x)=\alpha+\beta x$，创业投资家绝对风险厌恶系数的效用函数为 $U(w)=-e^{-\rho w}(\rho>0)$，在线性薪酬合约下创业投资家的效用为 $U(s(x))=e^{-\rho(\alpha+\beta x)}$。

创业投资家的确定性等价效用为：

$$EU=E(\alpha+\beta x)-\frac{1}{2}\rho Var(\alpha+\beta x)=\alpha+\beta\mu-\frac{1}{2}\rho\beta^2\sigma_p^2 \quad (3-83)$$

理性的创业投资家必然选择最大化自身收益的风险：

$$\max_{\sigma_p^2} EU=\max_{\sigma_p^2}\alpha+\beta\mu-\frac{1}{2}\rho\beta^2\sigma_p^2 \quad (3-84)$$

上述最优化问题表明创业投资家会尽量分散投资组合的风险，比如选择尽可能多的项目数量或者选择尽量低风险的项目；这表明创业投资家在纯粹的线性薪酬合约下是不愿意承担风险(risk-taking)的。由于创业投资基金有限合伙协议中，投资者会通过事前的合约限制创业投资家选择项目的数量，所以在这种情况下，通过纯粹的线性薪酬合约会导致创业投资家极力回避高风险的项目。所以这种薪酬机制是不利于创业投资家选择存在较大增值潜力但风险比较大的项目，这与风险投资机制承担高风险获取高回报的机制是不一致的。

(二) 纯粹看涨期权薪酬合约风险控制效应研究

由于看涨期权薪酬合约形成凸的收益结构，看涨期权的价值会随着标的收益波动性的增加而增加(Smith，1985；Johnson，Zorn，1990；Ross，2004；Carpenter，2000)。那么在投资者向创业投资家提供看涨期权的薪酬合约，创业投资家对投资组合的风险偏好又如何呢？我们假设薪酬合约为：

$$s(x)=\max(x-\kappa,\ 0)。$$

下面分析在看涨期权薪酬合约下，创业投资家对项目风险的偏好。

现在我们用二阶随机占优来度量项目组合的风险。假设创业投资家面临两个投资组合 X_1，X_2，且 X_1，X_2 收益的分布函数分别为：F_1：$[-T,\ T]\to[0,\ 1]$，F_2：$[-T,\ T]\to[0,\ 1]$，$F_1\neq F_2$。并且 F_2 二阶随机占优于 F_1（记为 $F_2\succ_s F_1$），也就是

$$EX_1=EX_2 \tag{3-85}$$

$$\int_{-T}^{v}F_1(t)dt\geqslant\int_{-T}^{v}F_2(t)dt,\ \forall v\in[-T,\ T] \tag{3-86}$$

在执行价格为 κ 的看涨期权薪酬合约 $s(x)=\max(x-\kappa,\ 0)$ 下，同样假设创业投资家的风险厌恶的效用函数为 $U(w)=-e^{-\rho w}(\rho>0)$，则创业投资家在两个投资组合中的期望收益分别为：

$$U_{X_1}(s,\ F_1)=\int_0^T e^{-\rho\max(t-\kappa,\ 0)}dF_1(t) \tag{3-87}$$

$$U_{X_2}(s,\ F_2)=\int_0^T e^{-\rho\max(t-\kappa,\ 0)}dF_2(t) \tag{3-88}$$

为了证明下面的主要结论，先给定义：

$$T^*=\min\{\zeta\in[0,\ T]:\ F_1(t)=F_2(t),\text{对所有的 }t\in[\zeta,\ T]\}$$

由于 $F_1(T)=F_2(T)=1$ 并且分布函数是右连续的，所以 T^* 一定存在。为了证明以下结论我们先给出一个假设

假设 1　$\exists T^*$ 的一个 δ 邻域，当 t 在该邻域内 $F_2(t)-F_1(t)$ 的符号只改变有限次。这个假设是很弱的。实际上，在创业投资基金两个可选择的投资组合 X_1，X_2 服从正态假设的假设下，该假设自动成立。下面给出看涨期权下，创业投资家风险偏好的一个结论。

定理 1　在假设 1 下，存在一个执行价格 $\hat{\kappa}\in[-T,\ T]$，使得

$$\int_{-T}^{T} e^{-\rho(\max(t-\hat{\kappa},\ 0))} dF_1(t) > \int_{-T}^{T} e^{-\rho(\max(t-\hat{\kappa},\ 0))} dF_2(t) \qquad (3-89)$$

证明：在假设 1 下，如果 $F_2 \succ_s F_1$，则一定存在 $\delta > 0$，使得 $\forall t \in (T^* - \delta,\ T^*)$ 有 $F_1(t) < F_2(t)$。下面先证明这个结论。假设 1 意味着存在 δ，对于 $\forall t \in (T^* - \delta,\ T^*) F_1(t) - F_2(t)$ 或正或负。

由于 $EX_1 = EX_2 \Leftrightarrow \int_{-T}^{T} td(F_1(t) - F_2(t))$，利用分布积分法有

$$\int_{-T}^{T} td(F_1(t) - F_2(t)) = 0 \Leftrightarrow -\int_{-T}^{T} (F_1(t) - F_2(t))dt = 0 \qquad (3-90)$$

再根据 T^* 的定义，上式等价于

$$\int_{-T}^{T^*} F_1(t)dt = \int_{-T}^{T^*} F_2(t)dt \qquad (3-91)$$

在 $F_2 \succ_s F_1$ 下，一定有

$$\int_{t}^{T^*} (F_1(t) - F_2(t))dt \leqslant 0,\ \forall t < T^* \qquad (3-92)$$

所以 $\forall t \in (T^* - \delta,\ T^*) F_1(t) < F_2(t)$。

下面定义 $B = \{t \in [0,\ T]:\ F_1(t) > F_2(t)\}$，集合 B 一定为非空集合，否则就有 $F_1 = F_2$ 或者 $EX_1 < EX_2$。并且一定有 $\sup B < T^*$。因为存在 $\delta > 0$，使得 $\forall t \in (T^* - \delta,\ T^*)$ 有 $F_1(t) < F_2(t)$。定义 $\hat{s} = \sup B$，以及 $F_1^0:\ [-T,\ T - \hat{s}] \to [0,\ 1]$，$F_2^0:\ [-T,\ T - \hat{s}] \to [0,\ 1]$ 分别为 $\max(X_1 - \hat{s},\ 0)$，$\max(X_2 - \hat{s},\ 0)$ 的分布函数。由于 $\hat{s}$ 的定义以及 $F_1(t)$，$F_2(t)$ 的右连续，下式成立

$$F_1^0(t) = F_1(t + \hat{s}) \leqslant F_2^0(t) = F_2(t + \hat{s}),\ \forall t \in [-T,\ T - \hat{s}] \qquad (3-93)$$

所以 $F_1^0(t)$ 一阶随机占优于 $F_2^0(t)$。

最后，由于存在 $\delta > 0$，使得 $\hat{s} = \sup B < T^* - \delta$，并且

$$F_1^0(t) = F_1(t+\hat{s}) < F_2(t+\hat{s}) = F_2^0(t),$$
$$\forall t \in [T^* - \delta - \hat{s},\ T^* - \hat{s}] \tag{3-94}$$

所以有

$$\int_{-T}^{T} e^{-\rho(\max(t-\hat{\kappa},\ 0))} dF_1(t) = \int_{-T}^{T-\hat{s}} e^{-\rho t} dF_1^0(t) > \int_{-T}^{T-\hat{s}} e^{-\rho t} dF_2^0(t)$$
$$= \int_{-T}^{T} e^{-\rho(\max(t-\hat{\kappa},\ 0))} dF_2(t) \tag{3-95}$$

分析表明：在无法监督的情况下，对于风险厌恶的创业投资家，看涨期权能通过设计有效的执行价格使其自愿的投资存在一定风险的投资组合，因而将看涨期权结合到线性合约中能有效提高风险厌恶的创业投资家的风险偏好，寻找存在潜在增值空间但同时风险比较大的项目，使得创业投资基金真正的发挥早期阶段高风险投资的风险承载作用。

分析表明，通过设置合理的执行价格，总能使得创业投资家偏好高风险的投资组合。那么，会不会使得创业投资家过度冒险呢？进一步来考虑，包含看涨期权的线性薪酬合约，能否使得创业投资家的风险偏好受到一定的限制，而不过度冒险呢？下面我们将分析创业投资基金中最典型的包含看涨期权形式的线性薪酬合约是否能使得创业投资家的风险偏好有一个平衡点。

（三）包含看涨期权的线性薪酬合约风险控制效应研究

本节仍然假设创业投资基金的投资组合收益为 $x = \mu + \varepsilon$，ε 服从 $N(0,\ \sigma_p^2)$。创业投资家为风险厌恶的效用函数为 $u(x) = -e^{-\rho x}(\rho > 0)$。创业投资基金的薪酬合约实际上是上述两种合约的有效整合。在有限合伙协议中，创业投资家一般要在投资组合收益达到了一定的基准，比如返还了投资者所有投资现金有时甚至要求创业投资家在支付投资者一定利润后才

能按事前确定的项目提成比例进行利润分享①。所以创业投资基金的薪酬一般可归纳为如下形式：

$$s(x)=\begin{cases}\alpha+\max(\beta(x-\kappa),\ 0), & \text{如果 } \kappa \geqslant 0 \\ \alpha+\beta\kappa+\max(\beta(x-\kappa),\ 0) & \text{如果 } \kappa < 0\end{cases} \tag{3-96}$$

由于有限合伙制下，作为普通合伙人的创业投资家必须承担基金债务的无限责任，所以薪酬合约可能要求创业投资家分担部分损失，所以薪酬合约中包含的看涨期权与标准的看涨期权稍有差异。下面先给出本节的主要结论，然后再给出证明。

定理 2 如果在合伙协议中，投资者和创业投资家规定一个(3-98)一样包含看涨期权的线性薪酬合约，那么存在 $\kappa^* < \mu,\ s.t. \dfrac{d}{d\sigma_p}Eu(s(x))=0$

证明：在正态收益假设下，投资组合的期望和方差分别为 μ，σ_p^2。在(*)下，创业投资家的收益可以写为

$$s(x)=\begin{cases}\alpha+\sigma_p\max\left(\dfrac{\beta[(x-\mu)-(\kappa-\mu)]}{\sigma_p},\ 0\right), & \text{如果 } \kappa \geqslant 0 \\ \alpha+\beta\kappa+\sigma_p\max\left(\dfrac{\beta[(x-\mu)-(\kappa-\mu)]}{\sigma_p},\ 0\right), & \text{如果 } \kappa < 0\end{cases} \tag{3-97}$$

或者

$$s(x)=\begin{cases}\alpha+\sigma_p\beta\max\left(z-\dfrac{\kappa-\mu}{\sigma_p},\ 0\right), & \text{如果 } \kappa \geqslant 0 \\ \alpha+\beta\kappa+\sigma_p\beta\max\left(z-\dfrac{\kappa-\mu}{\sigma_p},\ 0\right), & \text{如果 } \kappa < 0\end{cases} \tag{3-98}$$

---

① 通常事前假定一个8%的利润率，2008年2月28日在上海成立的第一只有限合伙制的创业投资基金——国顺创业投资基金的合伙协议就是如此。同时参考 Axelrad & Wright(1997)，Litvak(2004)。

其中，$z=\dfrac{x-\mu}{\sigma_P}$ 为标准正态分布，所以创业投资家的预期效用为

$$EU=\int_{-\infty}^{\frac{\kappa-\mu}{\sigma_p}}u(\alpha)\phi(z)dz+\int_{\frac{\kappa-\mu}{\sigma_p}}^{+\infty}u(\alpha+\beta\sigma_p z-\beta(\kappa-\mu))\phi(z)dz,\ \kappa\geqslant 0$$

$$EU=\int_{-\infty}^{\frac{\kappa-\mu}{\sigma_p}}u(\alpha+\beta\kappa)\phi(z)dz+\int_{\frac{\kappa-\mu}{\sigma_p}}^{+\infty}u(\alpha+\beta\mu+\beta\sigma_p z)\phi(z)dz,\ \kappa<0$$

(3-99)

其中，$\phi(z)$ 为标准正态分布。

$$\begin{aligned}\frac{d}{d\sigma_p}EU&=-\frac{\kappa-\mu}{\sigma_p^2}u(\alpha)\varphi\left(\frac{\kappa-\mu}{\sigma_p}\right)+\frac{\kappa-\mu}{\sigma_p^2}u(\alpha)\\&\quad+\int_{\frac{\kappa-\mu}{\sigma_p}}^{+\infty}\beta u'(\alpha+\beta\sigma_p z-\beta(\kappa-\mu))z\varphi(z)dz\\&=\int_{\frac{\kappa-\mu}{\sigma_p}}^{+\infty}\beta u'(\alpha+\beta\sigma_p z-\beta(\kappa-\mu))z\varphi(z)dz,\ \kappa\geqslant 0\end{aligned}\qquad(3-100)$$

$$\begin{aligned}\frac{d}{d\sigma_p}EU&=-\frac{\kappa-\mu}{\sigma_p^2}u(\alpha+\beta\kappa)\varphi\left(\frac{\kappa-\mu}{\sigma_p}\right)+\frac{\kappa-\mu}{\sigma_p^2}u(\alpha+\beta\kappa)\varphi\left(\frac{\kappa-\mu}{\sigma_p}\right)\\&\quad+\int_{\frac{\kappa-\mu}{\sigma_p}}^{+\infty}\beta u'(\alpha+\beta\mu+\beta\sigma_p z)z\varphi(z)dz\\&=\int_{\frac{\kappa-\mu}{\sigma_p}}^{+\infty}\beta u'(\alpha+\beta\mu+\beta\sigma_p z))z\varphi(z)dz,\ \kappa<0\end{aligned}\qquad(3-101)$$

如果 $\kappa\geqslant\mu$，由于 $u'(x)>0$，且上面两个积分的积分区间在 0 的右侧，所以 $\dfrac{d}{d\sigma_p}EU>0$；

下面证明：当 $\kappa<\mu$

$$\lim_{\kappa\to-\infty}\frac{d}{d\sigma_p}EU<0\qquad(3-102)$$

$$\lim_{\kappa \to -\infty} \frac{d}{d\sigma_p} EU = \beta E z u'(\alpha + \beta\mu + \beta\sigma_p z) \tag{3-103}$$

对于 $u(x) = -e^{-\rho x}(\rho > 0)$，$u''(x) < 0$，所以

当 $z \geqslant 0$，

$$u'(\alpha + \beta\mu + \beta\sigma_p z) < u'(\alpha + \beta\mu) \Rightarrow zu'(\alpha + \beta\mu + \beta\sigma_p z) < zu'(\alpha + \beta\mu)$$

当 $z < 0$，

$$u'(\alpha + \beta\mu + \beta\sigma_p z) > u'(\alpha + \beta\mu) \Rightarrow zu'(\alpha + \beta\mu + \beta\sigma_p z) < zu'(\alpha + \beta\mu)$$

对 $Ez = 0$，$\forall z$，α，$\beta > 0$，$\sigma_p > 0$，有

$$\begin{aligned} & zu'(\alpha + \beta\mu + \beta\sigma_p z) < zu'(\alpha + \beta\mu) \\ \Rightarrow & Ezu'(\alpha + \beta\mu + \beta\sigma_p z) < Ezu'(\alpha + \beta\mu) = u'(\alpha + \beta\mu)Ez = 0 \end{aligned} \tag{3-104}$$

$$\lim_{\kappa \to -\infty} \frac{d}{d\sigma_p} EU = \beta E z u'(\alpha + \beta\mu + \beta\sigma_p z) < 0 \tag{3-105}$$

令

$$F(\kappa) = \begin{cases} \int_{\frac{\kappa-\mu}{\sigma_p}}^{+\infty} \beta u'(\alpha + \beta\sigma_p z - \beta(\kappa - \mu)) z\phi(z) dz, & \kappa \geqslant 0 \\ \int_{\frac{\kappa-\mu}{\sigma_p}}^{+\infty} \beta u'(\alpha + \beta\mu + \beta\sigma_p z)) z\phi(z) dz, & \kappa < 0 \end{cases} \tag{3-106}$$

则 $F(\kappa)$ 连续并且有 $\kappa \geqslant \mu F(\kappa) > 0$，$\lim\limits_{\kappa \to -\infty} F(\kappa) < 0$，所以根据连续函数的性质，一定存在 $\kappa^* < \mu$，s.t. $F(\kappa^*) = 0$，也就是 $\frac{d}{d\sigma_p} Eu(s(x)) = 0$。 QED

从上面包含看涨期权的线性薪酬的分析可知：包含一个看涨期权在创业投资家的线性薪酬合约中能有效的调整创业投资家投资组合的风险偏

好，可以在事前的合同中设定一个投资者能接受的比较合理的投资组合的风险水平 σ_p[①]，并且通过事前设置一个创业投资家参与分配前必须实现的收益基准 $\kappa^* < \mu$（看涨期权的执行价格），事后即便在投资者无法观察和控制创业投资家投资组合风险的情况下，也能使创业投资家将投资组合的风险控制在 σ_p。所以，在投资者和基金管理者信息不对称的情况下，风险控制要求薪酬合约不能是简单的线性形式。而上面的分析则表明包含看涨期权的线性薪酬合约是一种有效的风险控制机制，通过基准的合理设置可以使创业投资家既能适当的投资具有一定风险的项目，同时又不过分冒险；这可使创业投资家将主要的精力集中到项目的选择和项目的管理中。

三、结论及建议

本节从创业投资家风险厌恶的前提出发，分析了纯粹线性的薪酬、纯粹的看涨期权薪酬、包含看涨期权的线性薪酬在创业投资基金组合风险控制上的效率，研究表明：在创业投资家风险厌恶的情况下，纯粹线性的薪酬机制会使得创业投资家极力规避投资组合风险；纯粹的看涨期权薪酬会使得创业投资家有承担风险的激励；而包含看涨期权的线性合约则可通过事前设定适当的期权执行价格[②]使创业投资家自动将基金投资组合的风险控制在事前设置的合适水平。研究表明，包含看涨期权的线性薪酬机制是一个有效而可行的风险控制机制。本书从创业投资基金风险控制的视角解释了创业投资基金普遍要求创业投资家在实现了一个事前设定的收益基准后才能参与利润分配的现象。

---

① 对创业投资基金组合风险的规定可以通过事前在合同中确定基金投资的产业，以及投资阶段（比如种子期，发展期，扩展期以及 Pre－IPO 阶段）来确定一个基金投资者能够接受的风险水平 σ_p。

② 这里的期权执行价格实际上表现为创业投资家参与利润分配前必须达到的收益基准。上面的证明过程只涉及执行价格小于创业投资基金组合的期望收益，所以在以后拓展的研究中可以进一步加以研究，具有最佳激励效应的执行价格的影响因素有哪些。这种更深入的分析将有助于创业投资基金设计具体的包含看涨期权的线性薪酬合约。

从创业投资基金实践的角度，投资者应该在有限合伙协议中规定，只有在创业投资家达到一个事前设定的收益基准后，才能参与项目收益的利润分成。有幸的是，在上海成立的第一支有限合伙创业投资基金——国顺投资基金就在其有限合伙协议中规定作为一般合伙人的创业投资家必须在基金投资组合收益归还投资者全部投资资金以及8%的利润后才能参与分配。

此外，有限合伙制风险投资基金的监督与约束机制在某种程度上也是风险控制机制的一部分，如有限合伙人委员会与咨询委员会监督制度、强制分配制度、提前终止合伙关系等机制，此外创业投资基金还可通过以下机制进行风险控制：

(1) 一般合伙人承担无限责任。在有限合伙制基金中，虽然管理者投入的资本所占比例很小，但一旦基金破产清算，管理者将承担无限责任，从而在一定程度上缓解了其过度冒险的冲动。

(2) 限制单项投资的最大额。为了尽可能消除非系统风险，风险基金必须进行组合投资。一般在合伙协议中都要对投资于单个项目的最大投资额作出明确规定，从而避免由管理者对某一项目的过度投资或投资过分集中所引起的非系统风险。

(3) 对于没有多少业绩的一般合伙人发起的基金，可要求管理者投入更大比例的资本，从而增加了管理者所分摊的风险成本。其实让基金管理者投资其自有资金的相当份额的资金能使得基金管理者成为一个风险厌恶型的投资者，使其能适当地控制投资组合的风险。

第四节　基于声誉的创业投资基金动态激励薪酬研究

创业投资基金一般实行有限期的基金管理模式，通常在10年左右结束基金的运作。即使由于项目投资无法收回，基金一般也只能延期 2 年[①]。所以，创业投资是循环性投资。在循环投资模式下，创业投资家早期的业绩就成为其募集下一轮创业投资基金最重要的宣传指标。这种循环投资的模式使得新进创业投资领域的创业投资家具有很强的建立声誉的动机。声誉的激励效应势必对创业投资家早期的激励形成一定的影响。那么，声誉机制是如何影响创业投资家激励的？声誉机制对不同处于不同声誉积累阶段的创业投资家有什么不同的影响呢？同时，由于创业投资交易的私募性质使得后来投资者不能观察到创业投资家早期薪酬合同。进一步，合同的不可观察会阻碍声誉机制发挥作用吗？

研究创业投资家建立声誉的动机对创业投资基金激励薪酬的动态影响是创业投资中非常关键的问题。一方面，本书的研究将帮助投资者深入认识声誉机制对不同发展阶段的创业投资家发挥激励作用的机制，以及影响声誉机制对创业投资家发挥作用的主要因素。这将有助于投资者以动态的眼光来制定针对性较强的薪酬激励合同。另一方面，深入分析声誉机制对创业投资动态激励薪酬的影响，能帮助创业投资家更深刻的认识到自身声誉品牌的价值，以及声誉机制形成的过程，这有利于创业投资家声誉品牌的建立。同时，关于声誉机制对创业投资家动态激励机制影响的研究将帮助政府决策层更好地认识到声誉机制对创业投资的作用，并制定相应的政策帮助创业投资行业建立有效的声誉评价、披露机制。最后，研究声誉积累的激励对创业投资基金薪酬的动态影响是对创业投资激励薪酬研究的重要补充。

一、相关文献综述

20 世纪，西方的学者就从声誉作为公司的外部治理机制的视角对声誉机制进行了深入的研究。在 Fama(1980)，Harris & Holmstorm(1982)，

---

① 关于创业投资基金运作周期的研究详见 Tyebjee(1984)，Litvak(2004)。

Holmstrom & Milgrom(1987)等人研究的基础上,声誉理论逐步形成。Holmstrom的代理人市场声誉模型是对Fama声誉是显性激励(薪酬)替代品思想的模型化表述。因为代理人现期的努力通过对产出影响改进了市场对代理人经营管理能力的判断。Diamond(1989)则在一个债务合同中同时考虑了道德风险和逆向选择问题,并研究了债务人声誉的形成及声誉对于其激励效应的演化过程。Gibbons & Murph(1992)则在代理人具有完全的市场谈判力的假设下,通过一个两阶段完全竞争均衡模型研究了建立声誉的动机对显性激励的替代效应。早期关于声誉的研究主要集中在声誉机制的形成上,而近期的研究逐步转向声誉在团队中的作用以及代理人追求声誉的水平和声誉的变化的多任务目标对声誉机制激励效应的影响。Tirole(1996)最先研究了集体声誉问题,他通过对合伙制的研究说明集体声誉是个体声誉的集合。在他的模型中,代理人的行为记录被观察到,代理人的声誉会影响所属团队的声誉。Wilhelm(2001)用一个包含道德风险与逆向选择的动态一般均衡模型研究了声誉市场对企业主实施努力的生命周期激励的影响,认为在声誉市场上,激励与年龄无关,并且在均衡中更有能力的代理人不能比相对无能的代理人的要价更高。Morrisonand & Wilhelm(2003)指出合伙制是集体声誉的展示品。在他们看来,个人声誉属于人力资本,是一种不可交易、不可替代也不能编纂的资产。委托人通过合伙人过去经历的记录(声誉)来决定付出的费用。因此,声誉的丧失将是有相当成本的,并且会对合伙关系产生致命的影响。Qi Chen与Wei Jiang(2005)在经理同时考虑声誉的水平和声誉变化的多任务背景下,认为经理多任务的目标追求可能使声誉激励替代效应弱化甚至降低显性激励。

关于创业投资基金薪酬机制的研究目前主要集中在创业投资家薪酬的模式、固定管理费以及利润提成比例规模的实证研究。Gompers & Lerner(1999)是较早利用有限合伙协议研究创业投资基金薪酬合约的文献。他们发现创业投资家管理费用占承诺资本的比例主要集中在2%的水平,而利润提成比例则主要以20%为主。同时,从动态角度来看,他们发现成立时间更久,规模更大的创业投资基金一般会要求更低的管理费和更高的利润提成比例。这个实证的结果与学习模型更一致。Litvak(2004)对美国的17个创业投资公司设立的35支创业投资基金的有限合伙协议的实证研究表明:创业投资家管理费用占承诺资本的比例从7.12%~17.68%;不同的创业投资家的利润提成比例上表现出更大的差异,从12.5%变化至30%,平均水平为24.3%。并且管理费、利润提成比例与创业投资公司的成立时间以及募集的基金规模成正比。这表明创业投资基金的管理费,提成比例上还存在很大的争议;并且从创业投资基金薪酬的动态变化角度来看,创业投资基金的能力与管理费以及利润提成比例的关系上也还没有形成一致的有说服力的结论和解释。Axelrad & Wright(1997)则从有限合伙协议中强调了创业投资基金利润分配形式的多样性,并认为信用风险和创业投资家道德风险导致利润分配形式的多样性。Axelrad & Wright 总结的大部分的利润分配方式,本质上都是创业投资家在满足一定的基准的基础上才能参与创业投资基金的利润分配。

上面的综述表明,绝大部分关于声誉理论的研究都假定代理人具有完全谈判力的特殊情况下,进行一般竞争性均衡分析;很少有文献研究在委托人和代理人双方谈判力一般化的情况下,使用机制设计中激励相容的框架在更一般的情况下分析声誉机制的作用。我们将在投资双方谈判力一般化的背景下,给出一个更一般的声誉机制动态激励模型。同时,创业投资属于不披露交易合同的私募交易,早期投资合同的隐蔽性意味着新投资者对早期创业投资家薪酬信息的不了解。在早期融资合同不可观察背景下,声誉机制对显性薪酬的替代效应将是我们的第二个研究重点。

二、基本假设

假定创业投资家结束上一期募集资金投资的所有项目才募集下一笔基

金。并且做如下假设：

假设 1 创业投资基金的生产函数为：

$$\pi_t = \eta + \tau e_t + \varepsilon_t,\ t = 1,\ 2$$

其中 π_t 为第 t 期基金最终收益，η 为创业投资家的能力且 $\eta \sim N(m_0, \sigma_\eta^2)$，$e_t$ 为创业投资家第 t 期的努力，ε_t 为第 t 期的不确定因素对基金最终收益的噪声影响，并且 $\varepsilon_t \sim N(0, \sigma_\varepsilon^2)$，$\varepsilon_1$，$\varepsilon_2$，$\eta$ 相互独立。这里 τ 表示在基金管理中创业投资家能力与努力的替代效应。τ 越大，表明努力对能力的替代性越强。

假设 2 创业投资家风险厌恶，基金投资者风险中性，其效用函数分别为：

$$U(w) = -e^{-\rho w},\ V(w) = w$$

在创业投资基金的设立中，投资者一般都要求创业投资家投入占其财富相当比例的资金，并且创业投资基金投资的项目相对比较有限，投资组合风险很难分散[①]；而基金投资者大多为资金充裕的机构投资者，其投资组合往往可以分散到化解系统风险的程度[②]。在正态分布的假设下，创业投资家绝对风险厌恶的效用假设 $U(w) = -e^{-\rho w}$ 的期望效用 $E[-e^{-\rho w}]$ 等价于一个确定性等值效用 $Ew - \frac{1}{2}\rho\mathrm{var}(w)$[③]，后面分析我们将用这个确定性等价效用来替代期望效用 $E[-e^{-\rho w}]$。

假设 3 创业投资家在每期的收益为管理资金固定比例的管理费与利润提成两部分的和[④]。

---

① 详见 Tybjee，Bruno(1986)。

② 实际上，国外的创业投资基金的投资者一般是政府养老基金、公司养老基金以及大学捐赠基金等资金雄厚的机构投资者，对创业投资基金的投资一般仅占其整体投资组合的 5%以下。

③ 详细的证明过程见附录 1。

④ 在前面的两节中，我们已经对包含看涨期权的线性薪酬机制的效率进行了比较深入的分析。在本节我们将研究的焦点放到声誉机制对显性的薪酬机制的影响，所以为了简化分析，我们假定薪酬是固定工资加利润提成的模式。

$$w_t = \alpha_t + \beta_t \pi_t,\ t = 1,\ 2$$

其中，α_t，β_t 分别为第 t 期创业投资家的管理费和基金利润提成比例。

假设 4　创业投资家每期努力投入的成本函数 $C(e_t)$ 满足 $C'(e_t) > 0$，$C''(e_t) > 0$，为了得到显式解，我们假定 $C(e_t) = \frac{1}{2}ce_t^2$，$c > 0$(Prendergast，1999)。

假设 5　创业投资家与投资者进行 Narsh 谈判，并获得剔除风险后净剩余 $b(0 \leqslant b \leqslant 1)$ 比例的收益。

这里的 b 是创业投资家谈判力的表现，是一个外生的一般化的市场结构。比如，$b = 1$ 表示在创业投资市场中，创业投资家非常的稀缺，通过投资者之间的竞争，创业投资家获得全部的收益剩余。$b = 0$，则表示创业投资家之间竞争非常激烈，投资者具有完全的谈判力，并获得全部的剩余。但现实的情况，总是介于上面两种极端情况之间，以往的关于声誉机制的研究文献大都假设 $b=1$(Gibbons & Murphy，1992；Gompers & Lerner，1999)。假设委托代理人 $b=1$ 的分析本质上是竞争性均衡分析。而我们则尝试在 $0 \leqslant b \leqslant 1$ 的一般性假设下，通过一个更一般的委托—代理分析框架，在激励相容的机制设计原理下分析声誉机制对创业投资家显性激励薪酬的影响。并且我们在叙述博弈模型时，用市场竞争程度 b 来表示创业投资家在该市场结构下能获得剩余的比例为 b。

在仅考虑一期，并从最大化双方利益总和的情况下，创业投资家应该选择努力投入是：

$$\max_e E\left[\eta + \tau e + \varepsilon - \frac{1}{2}ce^2\right] \tag{3-107}$$

所以，从社会效率的角度，创业投资家单期最优的基金管理投入为：

$$e^* = \frac{\tau}{c} \tag{3-108}$$

三、合同可观察下创业投资声誉激励模型

我们下面将在假设 1—5 的基础上，将 Gibbons & Murphy 声誉模型结合到创业投资基金管理的背景中，并一般化创业投资市场竞争力状况的前提下，利用合同经济学模型分析创业投资基金管理中创业投资家早期建立声誉的激励对显性激励的替代作用。

博弈的过程如下：第一期，投资者根据市场竞争状况，向创业投资家提供一个线性合同 $w_1=\alpha_1+\beta_1 y_1$；创业投资家根据合同选择一个最有利自身的努力 e_1；第一期期末，基金收益 y_1 实现，双方执行合同，并结束创业投资基金。第二期的投资者根据创业投资家第一期的业绩，更新对创业投资家能力的判断，并在此基础上向创业投资家提供一个合同 $w_2=\alpha_2+\beta_2 y_2$；创业投资家也通过第一期自身业绩来更新对自己能力的认识，并选择一个最大化自身收益的努力；第二期期末，双方执行事前的薪酬合同，并结束基金的运作。

从上述博弈过程可以看出：创业投资家和投资者对自身的能力事前都不了解，这是一个对称但不完全信息的两阶段动态博弈过程。下面我们采用理性预期下的逆序分析法分析这个两阶段动态博弈模型：

在第二期投，资者根据创业投资家第一期的业绩对创业投资家的能力信息进行修正后，在满足创业投资家激励-相容约束下，制定最大化自身期望效用的激励薪酬：

$$\max_{\alpha_2,\beta_2} E[(y_1-w_2)\mid y_1] \tag{3-109}$$

$s.t.$

$$IR:\quad E\{w_2\mid y_1\}-\frac{1}{2}ce_2^2-\frac{1}{2}\rho\mathrm{var}(w_2\mid y_1)$$

$$\geqslant b\left\{E[y_2\mid y_1]-\frac{1}{2}ce_2^2-\frac{1}{2}\rho\mathrm{var}(w_2\mid y_1)\right\} \tag{3-110}$$

$$IC：\max_{e_2} E\{w_2 \mid y_1\} - \frac{1}{2}ce_2^2 - \frac{1}{2}\rho \mathrm{var}(w_2 \mid y_1) \tag{3-111}$$

求解创业投资家的激励约束（IC）得到：

$$e_2^* = \frac{\tau\beta_2}{c} \tag{3-112}$$

我们在考虑创业投资家的参与约束时，考虑了一般化创业投资家的谈判力，创业投资家获得剔除风险后的净剩余 b 比例的收益（Qi Chen & Wei jiang, 2005）。由于固定工资 α_2 与投资收益反向变化，所以在上面的带约束的问题中，创业投资家的参与约束是紧的，即参与约束 IR 以等式成立：

$$E\{w_2 \mid y_1\} = bE[y_2 \mid y_1] + (1-b)\left[\frac{1}{2}ce_2^2 + \frac{1}{2}\rho \mathrm{var}(w_2 \mid y_1)\right] \tag{3-113}$$

上述优化问题转换为：

$$\max_{\beta_2}(1-b)\left\{E[y_2 \mid y_1] - \frac{1}{2}ce_2^2 - \frac{1}{2}\rho\beta_2^2[\mathrm{var}(\eta \mid y_1) + \mathrm{var}(\varepsilon_2)]\right\}$$

$$\Leftrightarrow \max_{\beta_2}(1-b)\left\{E[\eta \mid y_1] + \frac{\tau^2\beta_2}{c} - \frac{1}{2}c\left(\frac{\tau\beta_2}{c}\right)^2 - \frac{1}{2}\rho\beta_2^2[\mathrm{var}(\eta \mid y_1) + \mathrm{var}(\varepsilon_2)]\right\} \tag{3-114}$$

得到：

$$\beta_2^* = \frac{1}{1+\rho c[\mathrm{var}(\eta \mid y_1) + \sigma_\varepsilon^2]/\tau^2} \tag{3-115}$$

$$e_2^* = \frac{\tau}{c}\,\frac{1}{1+\rho c[\mathrm{var}(\eta \mid y_1) + \sigma_\varepsilon^2]/\tau^2} \tag{3-116}$$

其中 $\mathrm{var}(\eta \mid y_1) = \dfrac{\sigma_\varepsilon^2\sigma_0^2}{\sigma_0^2 + \sigma_\varepsilon^2}$ ①。

---

① 详细证明见附录 2。

分析表明：外生的市场竞争结构 b 不影响第二期的分析结果。Gibbons & Murphy 的声誉模型正好是 $b=1$ 的特殊情形。因为第二期是最后一期，实际上不存在声誉积累的隐性激励效应。但创业投资家的努力水平还是比社会最优的努力水平 e^* 低，并且代理成本与风险厌恶水平 ρ，噪声方差 σ_ε^2 呈负相关。

现在考虑第一期的情形。在满足创业投资家激励相容约束下，投资者选择一个合同 (α_1, β_1) 最大化自身收益[①]：

$$\max_{\alpha_1, \beta_1} E[(\pi_1 - w_1)] \tag{3-117}$$

$s.t.$

$$IR: Ew_1 - \frac{1}{2}ce_1^2 - \frac{\rho}{2}\mathrm{var}(w_1) \geqslant b\left\{\left[E\pi_1 - \frac{1}{2}ce_1^2 - \frac{\rho}{2}\mathrm{var}(w_1)\right]\right. \tag{3-118}$$

$$IC: \max_{e_1} Ew_1 - \frac{1}{2}ce_1^2 - \frac{\rho}{2}\mathrm{var}(w_1) + \delta\left[E(w_2) - \frac{1}{2}ce_2^{*2} - \frac{\rho}{2}\mathrm{var}(w_2)\right] \tag{3-119}$$

简化激励相容条件可以得到：

$$\begin{aligned} & Ew_1 - \frac{1}{2}ce_1^2 - \frac{\rho}{2}\mathrm{var}(w_1) + \delta\left[E(w_2) - \frac{1}{2}ce_2^{*2} - \frac{\rho}{2}\mathrm{var}(w_2)\right] \\ = & \alpha_1 + \beta_1(m_0 + \tau e_1) - \frac{1}{2}ce_1^2 - \frac{\rho\beta_1^2}{2}(\sigma_0^2 + \sigma_\varepsilon^2) \\ & + \delta\left\{[\alpha_2^* + \beta_2^*(m_0 + \tau e_2^*)] - \frac{1}{2}ce_2^{*2} - \frac{\rho\beta_2^{*2}}{2}(\sigma_0^2 + \sigma_\varepsilon^2)\right\} \end{aligned} \tag{3-120}$$

① 第一模型与第二期模型相比关键的区别是：第一期，创业投资家考虑最大化早期的努力对即期收益以及下一期收益总和的影响；通过第一期的努力影响第一期的收益，而第一期的收益又成为第二期投资者了解创业投资家基金管理能力的一个重要信号。

对 e_1 求导数得到激励相容条件的一阶条件：

$$\beta_1\tau - ce_1 + \delta\frac{\partial\alpha_2^*}{\partial e_1} = 0 \tag{3-121}$$

由 $E[w_2 \mid y_1] = bE[y_2 \mid y_1] + (1-b)\left[\frac{1}{2}ce_2^2 + \frac{1}{2}\rho\mathrm{var}(w_2 \mid y_1)\right]$ 得到：

$$\begin{aligned}\alpha_2^* = {} & (b-\beta_2^*)\left[\frac{\sigma_\varepsilon^2}{\sigma_0^2+\sigma_\varepsilon^2}m_0 + \frac{\sigma_0^2}{\sigma_0^2+\sigma_\varepsilon^2}(y_1-\tau e_1^*) + \tau e_2^*\right] \\ & + (1-b)\left[\frac{1}{2}ce_2^{*2} + \frac{1}{2}\rho\beta_2^{*2}\left(\frac{\sigma_\varepsilon^2\sigma_0^2}{\sigma_0^2+\sigma_\varepsilon^2} + \sigma_\varepsilon^2\right)\right]\end{aligned} \tag{3-122}$$

从上面等式得到：

$$\frac{\partial\alpha_2^*}{\partial e_1} = \frac{\sigma_0^2}{\sigma_0^2+\sigma_\varepsilon^2}\tau(b-\beta_2^*) \tag{3-123}$$

所以第一期创业投资家的最优努力投入是：

$$e_1^* = \frac{\tau}{c}\beta_1 + \frac{\sigma_0^2}{\sigma_0^2+\sigma_\varepsilon^2}\frac{\delta\tau}{c}(b-\beta_2^*) \tag{3-124}$$

现在来求解投资者最佳的合约设计：整理第一期投资者期望收益：

$$E[(\pi_1 - w_1)] = (1-\beta_1)(m_0 + \tau e_1^*) - \alpha_1 \tag{3-125}$$

上式对 β_1 求一阶条件得到：

$$-(m_0 + \tau e_1^*) + (1-\beta_1)\tau\frac{\partial e_1^*}{\partial\beta_1} - \frac{\partial\alpha_1}{\partial\beta_1} = 0 \tag{3-126}$$

投资者减少 α_1 会增加自身的收益，所以创业投资家的参与约束必然以等式成立。此时

$$\alpha_1 = b\left[E\pi_1 - \frac{1}{2}ce_1^2 - \frac{\rho}{2}\mathrm{var}(w_1)\right] - \left[\beta_1 E\pi_1 - \frac{1}{2}ce_1^2 - \frac{\rho}{2}\mathrm{var}(w_1)\right]$$

$$=(b-\beta_1)E\pi_1+(1-b)\left[\frac{1}{2}ce_1^2+\frac{\rho}{2}\beta_1^2(\sigma_0^2+\sigma_\varepsilon^2)\right]$$

$$=(b-\beta_1)\left[m_0+\tau\frac{\tau\beta_1+\dfrac{\sigma_0^2}{\sigma_0^2+\sigma_\varepsilon^2}\delta\tau(b-\beta_2^*)}{c}\right]$$

$$+(1-b)\left\{\frac{1}{2}c\left[\frac{\tau\beta_1+\dfrac{\sigma_0^2}{\sigma_0^2+\sigma_\varepsilon^2}\delta\tau(b-\beta_2^*)}{c}\right]^2+\frac{\rho}{2}\beta_1^2(\sigma_0^2+\sigma_\varepsilon^2)\right\}$$

(3-127)

$$\frac{\partial\alpha_1}{\partial\beta_1}=-\left[m_0+\tau\frac{\tau\beta_1+\dfrac{\sigma_0^2}{\sigma_0^2+\sigma_\varepsilon^2}\delta\tau(b-\beta_2^*)}{c}\right]+(b-\beta_1)\frac{\tau^2}{c}+$$

$$(1-b)c\frac{\tau\beta_1+\dfrac{\sigma_0^2}{\sigma_0^2+\sigma_\varepsilon^2}\delta\tau(b-\beta_2^*)}{c}\frac{\tau}{c}+(1-b)\rho\beta_1(\sigma_0^2+\sigma_\varepsilon^2)$$

(3-128)

β_1 的一阶条件变为：

$$-\left[m_0+\tau\frac{\tau\beta_1+\dfrac{\sigma_0^2}{\sigma_0^2+\sigma_\varepsilon^2}\delta\tau(b-\beta_2^*)}{c}\right]+(1-\beta_1)\tau\frac{\tau}{c}-$$

$$\left\{-\left[m_0+\tau\frac{\tau\beta_1+\dfrac{\sigma_0^2}{\sigma_0^2+\sigma_\varepsilon^2}\delta\tau(b-\beta_2^*)}{c}\right]+(b-\beta_1)\frac{\tau^2}{c}+\right.$$

$$\left.(1-b)c\frac{\tau\beta_1+\dfrac{\sigma_0^2}{\sigma_0^2+\sigma_\varepsilon^2}\delta\tau(b-\beta_2^*)}{c}\frac{\tau}{c}+(1-b)\rho\beta_1(\sigma_0^2+\sigma_\varepsilon^2)=0\right.$$

(3-129)

所以

$$\beta_1^* = \frac{\dfrac{\tau^2}{c} - \dfrac{\tau\delta}{c}\dfrac{\sigma_0^2}{\sigma_0^2 + \sigma_\varepsilon^2}(b - \beta_2^*)}{\dfrac{\tau^2}{c} + \rho(\sigma_0^2 + \sigma_\varepsilon^2)}$$

$$= \frac{1}{1 + \rho c(\sigma_0^2 + \sigma_\varepsilon^2)/\tau^2} - \frac{\dfrac{\delta}{\tau}\dfrac{\sigma_0^2}{\sigma_0^2 + \sigma_\varepsilon^2}(b - \beta_2^*)}{1 + \rho c(\sigma_0^2 + \sigma_\varepsilon^2)/\tau^2} \quad (3-130)$$

$$\beta_2^* = \frac{1}{1 + \rho c[\mathrm{var}(\eta \mid y_1) + \sigma_\varepsilon^2]/\tau^2} \quad (3-131)$$

在第二期,创业投资家获得剩余收益的比例 b 必然满足①:

$$b > \beta_2^* \quad (3-132)$$

在第二期投资者根据创业投资家第一期的业绩更新了对创业投资家能力的信息后,第二期收益的方差要小于第一期收益的方差:

$$\frac{\sigma_\varepsilon^2\sigma_0^2}{\sigma_0^2 + \sigma_\varepsilon^2} + \sigma_\varepsilon^2 < \sigma_0^2 + \sigma_\varepsilon^2 \quad (3-133)$$

根据上述两个条件可以得到如下结论:

命题 1　在创业投资基金薪酬合同可观察的情况下,早期创业投资家建立声誉的隐性激励可以作为显性薪酬的替代并且 $\beta_1^* < \beta_2^*$ 。

这个结论是本部分的核心结论。该命题表明创业投资家早期建立声誉的激励可以降低创业投资家早期的显性激励的要求,因为创业投资家建立声誉的隐性激励可以作为显性薪酬的替代激励机制。对创业投资第一期的最佳激励合约参数进行分析如下:

---

① 这是因为 b_2 是创业投资家获得整个剩余的比例,而 β_2^* 则仅仅是创业投资家的利润提成部分。所以必然有 $b_2 > \beta_2^*$ 成立。

(1) β_1^* 第一项相对 β_2^* 小，这主要是由创业投资家能力的条件方差随着创业投资家业绩的积累，能力的条件方差逐步降低导致的。第二期投资者通过创业投资家第一期业绩更新了对创业投资家能力的预期，降低了对创业投资家能力变化范围的判断，这表现为创业投资家能力方差的降低，即

$$\frac{\sigma_\varepsilon^2}{\sigma_0^2+\sigma_\varepsilon^2}\sigma_0^2<\sigma_0^2 \tag{3-134}$$

并且随机噪声方差相对创业投资家能力方差越小，对创业投资家能力的条件误差会越小，投资者对创业投资家能力的判断会越准确。这是因为在噪声方差很小的情况，在第二期投资者可以通过创业投资家第一期的业绩的观察，第一期创业投资家努力的理性判断，更准确地得到关于创业投资家能力的判断。所以随着创业投资家能力条件方差的逐步降低，第一期时创业投资家要求的激励薪酬相对第二期要求更低。

(2) β_1^* 的第二项反映的是声誉效应对显性激励的替代作用。并且声誉效应的替代作用由如下因素影决定：

① 创业投资家的谈判力 b 越大，第一期创业投资家的建立声誉效应的动机对显性薪酬激励的替代效应越强。因为在创业投资家谈判力越强的情况，早期建立的声誉在第二期能获得更多收益。

② 噪声能力方差比 $\left(\frac{\sigma_\varepsilon^2}{\sigma_0^2}\right)$ 越小，建立声誉动机的激励对显性薪酬激励的替代效应就越强；从 $E(\eta\mid y_1)=\frac{\sigma_\varepsilon^2}{\sigma_0^2+\sigma_\varepsilon^2}m_0+\frac{\sigma_0^2}{\sigma_0^2+\sigma_\varepsilon^2}(y_1-\tau e_1^*)$ 可以看出，在噪声能力方差比越小的情况下，投资者对创业投资家能力的修正越大，创业投资家越能通过早期的努力传递高能力的信息，这将更好地激励创业投资家努力工作。

③ 从贴现因子 δ 可以看出，如果创业投资家贴现利率越高，建立声誉的动机对显性薪酬的替代效应就越弱。这是因为即便建立了高的声誉，但

高声誉带来的未来收益在较高的贴现利率下现值效用也不大，这当然会降低创业投资家在早期阶段建立声誉的激励效应。

四、合同不可观察下创业投资声誉激励模型

下面的部分我们进一步在上述模型的基础上，考虑创业投资私募股权交易信息的非公开性的特点。考虑在创业投资的后期，与创业投资家合作成立创业投资基金的新投资者对第一期创业投资家和第一期投资者合同的不可观察性特点。并分析这种不可观察性，对第一期创业投资家建立声誉激励对显性薪酬激励替代作用的影响。在开始模型分析前，先给出一个关键性的假设，这也是区别于第 2 部分的关键性假设。

假设 6　创业投资家在结束第一期的基金后，可能以 ν 的概率与新的投资者成立第二轮的创业投资基金。并且假定新的投资者不知道创业投资家第一期签订的交易合同 (α_1, β_1)，但新投资者可以观察到创业投资家的收入。

这个假设对有限合伙制的创业投资领域是成立的。因为创业投资经常又称私募股权投资，投资者和创业投资家双方签订的合同属于私下交易，很少对外披露。但外部投资者可以通过官方对个人收入的统计，比如可以从税务系统了解到创业投资家的薪酬总额 $\hat{w}_1=\hat{\alpha}_1+\hat{\beta}_1(\eta+\tau\hat{e}_1+\varepsilon_1)$。除了假设 6 外，其他的基本假设与第 2 部分相同。实际上，ν 同时也反映了合同的不可观察程度，即有多大比例的外部投资者不能观察到创业投资家早期的薪酬合同。

在合同不可观察的情况下，我们分析的博弈过程如下：第一期，在市场竞争程度 b 下，投资者提供一个满足创业投资家激励相容与参与约束的线性薪酬合同 $w_1=\alpha_1+\beta_1 y_1$；创业投资家则根据薪酬合同选择一个最大化两期收益总和的努力程度；在第二期，创业投资家更换合作的投资者的概率是 ν；如果是原来的投资者，则根据第一期签订的合同信息更新对创业投资家

能力的分布；如果是新的投资者则根据观察到创业投资家第一期的收入 $\hat{w}_1$ 以及预期的 $\hat{w}_1=\tilde{\alpha}_1+\tilde{\beta}_1(\eta+\tau\tilde{e}_1+\varepsilon_1)$ 来更新对创业投资家能力的分布。其中 $(\tilde{\alpha}_1, \tilde{\beta}_1)$ 为新投资者对创业投资家第一期薪酬的预期；$\tilde{e}_1$ 为对应 $(\tilde{\alpha}_1, \tilde{\beta}_1)$ 下创业投资家最优努力程度。

在给定创业投资家选择新的投资者的概率为 ν，并且新的投资者不能观察到创业投资家第一期的薪酬合同 $(\hat{\alpha}_1, \hat{\beta}_1)$，仅能观察到创业投资家第一期的收入 $\hat{w}_1$ 时，给定 $\hat{w}_1$，η 的条件分布服从

$$N\left(\left(\frac{\sigma_\varepsilon^2}{\sigma_0^2+\sigma_\varepsilon^2}+1\right)m_0+\frac{1}{\tilde{\beta}_1}\left[\frac{\sigma_0^2\hat{w}_1+\sigma_\varepsilon^2(\tilde{\alpha}_1+\tau\tilde{\beta}_1\tilde{e}_1)}{(\sigma_0^2+\sigma_\varepsilon^2)}-(\tilde{\alpha}_1+\tau\tilde{\beta}_1\tilde{e}_1)\right],\ \frac{\sigma_\varepsilon^2\sigma_0^2}{\sigma_0^2+\sigma_\varepsilon^2}\right)$$

而对于原来的投资者由于其知道第一期创业投资家的薪酬合同 $(\hat{\alpha}_1, \hat{\beta}_1)$ 及创业投资家对应的最优努力 $\hat{e}_1$，此时给定 $\hat{w}_1$，创业投资家能力 η 的条件分布为

$$N\left(\left(\frac{\sigma_\varepsilon^2}{\sigma_0^2+\sigma_\varepsilon^2}+1\right)m_0+\frac{1}{\hat{\beta}_1}\left[\frac{\sigma_0^2\hat{w}_1+\sigma_\varepsilon^2(\hat{\alpha}_1+\tau\hat{\beta}_1\hat{e}_1)}{(\sigma_0^2+\sigma_\varepsilon^2)}-(\hat{\alpha}_1+\tau\hat{\beta}_1\hat{e}_1)\right],\ \frac{\sigma_\varepsilon^2\sigma_0^2}{\sigma_0^2+\sigma_\varepsilon^2}\right)$$ 。①

在第二期投资者根据创业投资家第一期的薪酬对创业投资家的能力信息进行修正后，在满足创业投资家激励—相容约束下，制定最大化自身期望效用的激励薪酬：

$$\max_{\alpha_2,\beta_2} E[(y_2-w_2)\mid\hat{w}_1] \tag{3-135}$$

$s.t.$

① 上面两种情形下的条件分布的计算详细过程参考本节附录 2。

$$IR: \quad E[w_2 \mid \hat{w}_1] - \frac{1}{2}ce_2^2 - \frac{1}{2}\rho\mathrm{var}(w_2 \mid \hat{w}_1)$$

$$\geqslant b\left\{E[y_2 \mid \hat{w}_1] - \frac{1}{2}ce_2^2 - \frac{1}{2}\rho\mathrm{var}(w_2 \mid \hat{w}_1)\right\}$$

$$IC: \max_{e_2} E[w_2 \mid \hat{w}_1] - \frac{1}{2}ce_2^2 - \frac{1}{2}\rho\mathrm{var}(w_2 \mid \hat{w}_1) \tag{3-136}$$

创业投资家的激励相容约束（IC）变为：

$$\max_{e_2}\{\alpha_2 + \beta_2[E(\eta \mid \hat{w}_1) + \tau e_2]\} - \frac{1}{2}ce_2^2 - \frac{1}{2}\rho\beta_2^2[\mathrm{var}(\eta \mid \hat{w}_1) + \sigma_\varepsilon^2] \tag{3-137}$$

求解创业投资家的激励约束得到：

$$\hat{e}_2 = \frac{\tau\beta_2}{c} \tag{3-138}$$

由于固定工资 α_2 与投资者收益反向变化，所以在上面的带约束的问题中，创业投资家的参与约束是紧的，即参与约束 IR 以等式成立：

$$E\{w_2 \mid \hat{w}_1\} = bE[y_2 \mid \hat{w}_1] + (1-b)\left[\frac{1}{2}ce_2^2 + \frac{1}{2}\rho\mathrm{var}(w_2 \mid \hat{w}_1)\right] \tag{3-139}$$

上述优化问题转换为：

$$\max_{\beta_2}(1-b)\left\{E[y_2 \mid \hat{w}_1] - \frac{1}{2}ce_2^2 - \frac{1}{2}\rho\beta_2^2[\mathrm{var}(\eta \mid \hat{w}_1) + \sigma_\varepsilon^2]\right\}$$

$$= \max_{\beta_2}(1-b)\left\{E[\eta \mid \hat{w}_1] + \frac{\tau^2\beta_2}{c} - \frac{1}{2}c\left(\frac{\tau\beta_2}{c}\right)^2 - \frac{1}{2}\rho\beta_2^2[\mathrm{var}(\eta \mid \hat{w}_1) + \mathrm{var}(\varepsilon_2)]\right\} \tag{3-140}$$

求解上述优化问题得到：

$$\hat{\beta}_2 = \frac{1}{1+\rho c[\text{var}(\eta \mid \hat{w}_1)+\sigma_\varepsilon^2]/\tau^2} \tag{3-141}$$

$$\hat{e}_2 = \frac{\tau}{c}\frac{1}{1+\rho c[\text{var}(\eta \mid \hat{w}_1)+\sigma_\varepsilon^2]/\tau^2} \tag{3-142}$$

其中，$\text{var}(\eta \mid \hat{w}_1)=\dfrac{\sigma_\varepsilon^2\sigma_0^2}{\sigma_0^2+\sigma_\varepsilon^2}$。

从附录 2 的证明中我们发现：不论是原来的投资者，还是新的投资者，对创业投资家能力的方差的修正是一样的。同时，第二期创业投资家的最优努力、投资者设计的最优激励强度与创业投资家能力的后验分布的期望是没有关系的。所以创业投资家与两类投资者合作时，仅仅是获得的固定薪酬不同。以 $1-\nu$ 的概率与原来的投资者继续合作，获得的固定薪酬为

$$\begin{aligned}\alpha_2^1 = & b(1-\hat{\beta}_2)\left\{\left(\frac{\sigma_\varepsilon^2}{\sigma_0^2+\sigma_\varepsilon^2}+1\right)m_0\right.\\ & \left.+\frac{1}{\hat{\beta}_1}\left[\frac{\sigma_0^2\hat{w}_1+\sigma_\varepsilon^2(\hat{\alpha}_1+\tau\hat{\beta}_1\hat{e}_1)}{(\sigma_0^2+\sigma_\varepsilon^2)}-(\hat{\alpha}_1+\tau\hat{\beta}_1\hat{e}_1)\right]+\tau\hat{e}_2\right\}\\ & +(1-b)\left\{\frac{1}{2}ce_2^2+\frac{1}{2}\rho[\text{var}(\eta \mid \hat{w}_1)+\sigma_\varepsilon^2]\right\}\end{aligned} \tag{3-143}$$

以 ν 的概率与新的投资者合作，此时创业投资家获得固定薪酬

$$\begin{aligned}\alpha_2^2 = & b(1-\hat{\beta}_2)\left\{\left(\frac{\sigma_\varepsilon^2}{\sigma_0^2+\sigma_\varepsilon^2}+1\right)m_0\right.\\ & \left.+\frac{1}{\tilde{\beta}_1}\left[\frac{\sigma_0^2\hat{w}_1+\sigma_\varepsilon^2(\tilde{\alpha}_1+\tau\tilde{\beta}_1\tilde{e}_1)}{(\sigma_0^2+\sigma_\varepsilon^2)}-(\tilde{\alpha}_1+\tau\tilde{\beta}_1\tilde{e}_1)\right]+\tau\hat{e}_2\right\}\\ & +(1-b)\left\{\frac{1}{2}ce_2^2+\frac{1}{2}\rho[\text{var}(\eta \mid \hat{w}_1)+\sigma_\varepsilon^2]\right\}\end{aligned} \tag{3-144}$$

所以对存在投资轮换的情况下，创业投资家第二期的固定薪酬是一个

两点分布。

在第一期创业投资家的预期效用为：

$$U_1 = E(\alpha_1 + \beta_1 y_1) - \frac{1}{2}ce_1^2 - \frac{\rho}{2}\beta_1^2 \text{var}(y_1)$$
$$+ \delta\left[E(\alpha_2 + \hat{\beta}_2 y_2) - \frac{1}{2}c\hat{e}_2^2 - \frac{\rho}{2}\hat{\beta}_2^2 \text{var}(y_2)\right] \quad (3-145)$$

注意 α_2 以概率 $1-\nu$ 取 α_2^1，以概率 ν 取 α_2^2，所以在第一期投资者在创业投资市场谈判力外生给定的情况下，向创业投资家提供最大化自身收益的薪酬合同 $(\hat{\alpha}_1, \hat{\beta}_1)$，主要是求解如下带约束的优化问题：

$$\max_{\alpha_1, \beta_1}[E(y_1 - w_1)] \quad (3-146)$$

$s.t.$

$$IR: Ew_1 - \frac{1}{2}ce_1^2 - \frac{\rho}{2}\text{var}(w_1) \geqslant b\left[Ey_1 - \frac{1}{2}ce_1^2 - \frac{\rho}{2}\text{var}(w_1)\right]$$

$$IC: \quad \max_{e_1} E(\alpha_1 + \beta_1 y_1) - \frac{1}{2}ce_1^2 - \frac{\rho}{2}\beta_1^2 \text{var}(y_1)$$
$$+ \delta\left[E(\alpha_2 + \hat{\beta}_2 y_2) - \frac{1}{2}c\hat{e}_2^2 - \frac{\rho}{2}\hat{\beta}_2^2 \text{var}(y_2)\right] \quad (3-147)$$

求解创业投资家的激励相容约束：

$$\beta_1 \tau - ce_1 + b(1-\hat{\beta}_2)\frac{\sigma_0^2 \tau \delta}{(\sigma_0^2 + \sigma_\varepsilon^2)}\left[\nu \frac{\beta_1}{\widetilde{\beta}_1} + (1-\nu)\right] = 0 \quad (3-148)$$

$$e_1 = \frac{\tau \beta_1}{c} + b(1-\hat{\beta}_2)\frac{\sigma_0^2 \tau \delta}{c(\sigma_0^2 + \sigma_\varepsilon^2)}\left[\nu \frac{\beta_1}{\widetilde{\beta}_1} + (1-\nu)\right] \quad (3-149)$$

同样地，创业投资家的参与约束会以等式成立：

$$\alpha_1 = (b - \beta_1)Ey_1 + (1-b)\left[\frac{1}{2}ce_1^2 + \frac{\rho}{2}\text{var}(w_1)\right] \quad (3-150)$$

投资者的优化问题就简化为：

$$\max_{\beta_1}(1-\beta_1)(m_0+\tau e_1)-\alpha_1$$

$$s.t.\quad e_1=\frac{\tau\beta_1}{c}+b(1-\hat{\beta}_2)\frac{\sigma_0^2\tau\delta}{c(\sigma_0^2+\sigma_\varepsilon^2)}\left[\nu\frac{\beta_1}{\tilde{\beta}_1}+(1-\nu)\right]\tag{3-151}$$

优化问题的一阶条件为：

$$-(m_0+\tau e_1)+(1-\beta_1)\tau\left[\frac{\tau}{c}+b(1-\hat{\beta}_2)\frac{\sigma_0^2\tau\delta}{c(\sigma_0^2+\sigma_\varepsilon^2)}\frac{\nu}{\tilde{\beta}_1}\right]$$

$$-\left\{-(m_0+\tau e_1)+(b-\beta_1)\tau\left[\frac{\tau}{c}+b(1-\hat{\beta}_2)\frac{\sigma_0^2\tau\delta}{c(\sigma_0^2+\sigma_\varepsilon^2)}\frac{\nu}{\tilde{\beta}_1}\right]\right.$$

$$\left.+(1-b)ce_1\left[\frac{\tau}{c}+b(1-\hat{\beta}_2)\frac{\sigma_0^2\tau\delta}{c(\sigma_0^2+\sigma_\varepsilon^2)}\frac{\nu}{\tilde{\beta}_1}\right]+(1-b)\rho\beta_1(\sigma_0^2+\sigma_\varepsilon^2)\right\}=0$$

$$\tag{3-152}$$

即

$$\tau\left[\frac{\tau}{c}+b(1-\hat{\beta}_2)\frac{\sigma_0^2\tau\delta}{c(\sigma_0^2+\sigma_\varepsilon^2)}\frac{\nu}{\tilde{\beta}_1}\right]-$$

$$\left\{ce_1\left[\frac{\tau}{c}+b(1-\hat{\beta}_2)\frac{\sigma_0^2\tau\delta}{c(\sigma_0^2+\sigma_\varepsilon^2)}\frac{\nu}{\tilde{\beta}_1}\right]+\rho\beta_1(\sigma_0^2+\sigma_\varepsilon^2)\right\}=0\tag{3-153}$$

令 $h=1+b(1-\hat{\beta}_2)\dfrac{\sigma_0^2\delta}{(\sigma_0^2+\sigma_\varepsilon^2)}\dfrac{\nu}{\tilde{\beta}_1}$，一阶条件就简化为：

$$\frac{\tau^2}{c}h-\frac{\tau^2}{c}h\left\{\beta_1+b(1-\hat{\beta}_2)\frac{\delta\sigma_0^2}{(\sigma_0^2+\sigma_\varepsilon^2)}\left[\nu\frac{\beta_1}{\tilde{\beta}_1}+(1-\nu)\right]\right\}-\rho\beta_1(\sigma_0^2+\sigma_\varepsilon^2)=0$$

$$\tag{3-154}$$

$$\hat{\beta}_1=\frac{\dfrac{\tau^2}{c}h-\dfrac{\tau^2}{c}hb(1-\hat{\beta}_2)\dfrac{\sigma_0^2}{\sigma_0^2+\sigma_\varepsilon^2}(1-\nu)}{\dfrac{\tau^2}{c}h+\dfrac{\tau^2}{c}hb(1-\hat{\beta}_2)\dfrac{\delta\sigma_0^2}{\sigma_0^2+\sigma_\varepsilon^2}\dfrac{\nu}{\tilde{\beta}_1}+\rho(\sigma_0^2+\sigma_\varepsilon^2)}\tag{3-155}$$

$$\hat{\beta}_1=\frac{1}{1+b(1-\hat{\beta}_2)\dfrac{\sigma_0^2}{\sigma_0^2+\sigma_\varepsilon^2}\dfrac{\nu}{\tau\widetilde{\beta}_1}+\dfrac{\rho c}{\tau^2 h}(\sigma_0^2+\sigma_\varepsilon^2)}-\frac{(1-\nu)\dfrac{b}{\tau}(1-\hat{\beta}_2)\dfrac{\sigma_0^2}{\sigma_0^2+\sigma_\varepsilon^2}}{1+b(1-\hat{\beta}_2)\dfrac{\sigma_0^2}{\sigma_0^2+\sigma_\varepsilon^2}\dfrac{\nu}{\tau\widetilde{\beta}_1}+\dfrac{\rho c}{\tau^2 h}(\sigma_0^2+\sigma_\varepsilon^2)} \tag{3-156}$$

这里采用合同观察的情况下，直接比较存在声誉激励和不存在声誉激励下创业投资激励薪酬的强度 $\hat{\beta}_1$，$\hat{\beta}_2$ 的方法来考察声誉机制对显性激励的替代作用是比较困难的。因为在 $\hat{\beta}_1$ 的第一项的分母中出现了项 $\frac{1}{h}$，如果 h 足够小的情况下，一定有 $\hat{\beta}_1<\hat{\beta}_2$。但我们从两个阶段激励薪酬的边际努力贡献[①]来对比分析建立声誉的激励对创业投资家努力激励的影响。

命题 2　存在投资者轮流更换，并且薪酬合同外部不可观察的情况下，在第一期，创业投资家建立声誉的隐性激励可以提高薪酬的边际努力程度，并且建立声誉动机导致的激励强度与投资者更换的概率 ν 呈正相关。

证明：在第二期，创业投资家没有建立声誉的激励下，显性薪酬的边际努力为：

$$\frac{d\hat{e}_2}{d\hat{\beta}_2}=\frac{\tau}{c} \tag{3-157}$$

在第一期，创业投资家存在建立声誉的激励下，显性薪酬的边际努力为：

$$\frac{d\hat{e}_1}{d\hat{\beta}_1}=\frac{\tau}{c}+b(1-\hat{\beta}_2)\frac{\sigma_0^2\tau\delta}{c\widetilde{\beta}_1(\sigma_0^2+\sigma_\varepsilon^2)}\nu>\frac{d\hat{e}_2}{d\hat{\beta}_2} \tag{3-158}$$

① 薪酬的边际努力贡献指单位薪酬的增加带来的努力增加。

从上边薪酬的边际努力激励 $\frac{d\hat{e}_1}{d\hat{\beta}_1}$ 可以看出 $\frac{d\hat{e}_1}{d\hat{\beta}_1}$ 由两项构成：第一项 $\frac{\tau}{c}$ 是没有声誉效应下的单位薪酬的边际努力贡献；第二项则为声誉效应对边际努力的贡献，并且声誉效应对边际努力的贡献 $b(1-\hat{\beta}_2)\frac{\sigma_0^2\tau\delta}{c\widetilde{\beta}_1(\sigma_0^2+\sigma_\varepsilon^2)}\nu$ 与如下因素相关：

（1）创业投资家的谈判力 b 越强，声誉效应对创业投资家的激励越强；

（2）噪声相对方差 $\frac{\sigma_\varepsilon^2}{\sigma_0^2}$ 越小，声誉效应对创业投资家的激励越强；

（3）投资项目管理中，努力对能力的替代效应 τ 越强，声誉效应对创业投资家的激励越强；

（4）创业投资家对未来收益的贴现利率越低（δ 越大），声誉效应对创业投资家的激励越强；

（5）创业投资合同的不可观察性 ν 越高，声誉效应对创业投资家的激励越强。

上面 4 种因素以及创业投资家和新投资者合作的概率 ν 都是能增强声誉机制对创业投资家显性薪酬的替代。这里的结论与合同可观察下的情形大体是一致的。但我们发现了合同的不可观察程度 ν 对声誉机制的替代作用有正向影响的。这表明有限合伙制的创业投资基金循环性的投资管理模式以及基金投资者的更换对发挥创业投资家声誉的隐性激励是有积极作用的。

五、结论与研究展望

本节将 Fama(1980)，Harris & Holmstorm(1982)，Holmstorm(1987) Gibbons & Murph(1992)建立的声誉理论引入创业投资基金的动态薪酬分

析中。在创业投资家和投资者双方谈判力一般化的背景下，通过激励相容的合同经济学模型发现：在合同可观察的情况下，早期创业投资家建立声誉的激励可以作为显性的薪酬激励的替代；随着创业投资家建立声誉动机的降低，创业投资家需要更高的薪酬激励强度。通过声誉理论，我们很好地解释了创业投资实践中，创业投资家的利润提成比例与创业投资家声誉（建立时间/募集资金的规模）成正比的典型事实（Gompers & Lerner，1999；Litvak，2004）。

同时，我们结合创业投资私募股权交易的特征，在假定创业投资家后期投资中存在投资者轮换，并且新投资者对创业投资家早期的投资合同不可观察的情况下，我们分析了声誉机制的作用。通过模型分析，我们发现：在新投资者不能观察到创业投资家早期投资合同，但可观察到创业投资家收入的情况下，创业投资家早期建立声誉的激励仍然可作为显性薪酬激励的替代，并且替代强度与创业投资家替换投资者的概率成正比。

创业投资基金一般运作会经过10年左右的时间。通过长时间的锻炼，创业投资家可以提高自身筛选和管理风险项目的能力；但目前为止的声誉理论中，一般都只注重委托人通过代理人早期的业绩（收入）来调整对代理人能力认识的学习过程，很少有考虑代理人在早期通过努力提高自身能力的学习效应以及该学习效应对显性薪酬的影响。分析创业投资家在早期的学习效应对创业投资基金薪酬的动态影响，对研究创业投资家的声誉品牌的积累以及创业投资基金薪酬设计将具重要的现实意义和理论价值。

第五节　本章小结

本章我们从静态和动态的角度，利用合同经济学规范分析了创业投资家的激励薪酬，并得到如下结论：

(1) 从静态的角度,创业投资基金的激励薪酬是在创业投资家达到一定的事前基准后才能参与利润提成的包含看涨期权的线性薪酬。我们的研究在以往将创业投资基金薪酬简单作为线性薪酬的基础上,通过强调创业投资基金利润分配方式的重要性,我们将创业投资基金的薪酬归纳为一个包含看涨期权的线性薪酬。在风险中性的情况下,我们发现:与纯粹线性薪酬合约相比,包含看涨期权的线性薪酬合同能有效地提高创业投资家的努力程度并选择合理的基金组合风险水平。进一步,在风险厌恶的情况下,我们分析了最优的纯粹线性合约,并且发现:通过引入创业板市场景气状况作为衡量创业投资家管理基金业绩的基准,可以有效地提高纯粹的线性薪酬合约的效率。同时通过合理设计创业投资家参与利润分配所需要达到的业绩基准能激励相容地使风险厌恶的创业投资家适当地承担并控制投资组合的风险;我们的研究表明:包含看涨期权的线性合同相对纯粹的线性薪酬合同,不但是一种更有效的激励机制,同时也是一种有效的风险控制机制。

(2) 从动态的角度,我们将 Fama(1980),Harris & Holmstorm(1982),Gibbons & Murph(1992),Holmstorm(1999)等人建立的声誉理论引入创业投资基金动态薪酬模型,发现创业投资家早期建立声誉的激励是显性薪酬的有效替代;但随着创业投资家建立声誉激励的消失,要有效激励创业投资家必须提高显性的薪酬激励强度。通过在创业投资家的动态薪酬研究中引入声誉理论,我们较好地解释了创业投资家利润提成比例与创业投资家的声誉(建立时间,募集资金的规模)成正比的典型事实。并且发现创业投资市场的竞争状况、噪声能力方差比、基金管理中能力与努力的替代效应、创业投资家收益的贴现率都是影响声誉机制激励替代效应的关键因素。

(3) 在创业投资激励薪酬的声誉分析中,我们在新投资者无法观察创业投资家早期合同的更宽松的假设下,仍然发现了声誉在创业投资家早期阶段对显性薪酬激励的替代作用,并且替代作用与投资者轮换的概率成正比。这个结论在另一个角度解释了创业投资基金有限生命期运作以及投资者轮换的重要性。

附录 1　关于确定性等价的证明

对于 x 服从 $N(\mu, \sigma^2)$，效用函数为 $U(w)=-e^{-\rho w}(\rho>0)$

$$EU(x)=\int_{-\infty}^{+\infty}-e^{-\rho x}\frac{1}{\sqrt{2\pi}\sigma}e^{-\frac{1}{2\sigma^2}(x-\mu)^2}dx$$

$$=-\int_{-\infty}^{+\infty}\frac{1}{\sqrt{2\pi}\sigma}e^{-\frac{1}{2\sigma^2}[x-(\mu-\rho\sigma^2)]^2-\rho\mu+\frac{1}{2}\rho^2\sigma^2}dx=-e^{-\rho\left(\mu-\frac{1}{2}\rho\sigma^2\right)} \tag{3-159}$$

所以

$$EU(x)=U\left(Ex-\frac{1}{2}\rho Var(x)\right) \tag{3-160}$$

所以将消费者从确定性收益 $Ex-\frac{1}{2}\rho Var(x)$ 获得与不确定性收益 x 相同的效用，所以将 $Ex-\frac{1}{2}\rho Var(x)$ 成为 x 的确定性等价收益。

根据效用的增函数的性质，我们可以得到确定性收益的如下性质：

$$\max EU(x)=\max U\left(Ex-\frac{1}{2}\rho Var(x)\right)\Leftrightarrow\max Ex-\frac{1}{2}\rho Var(x)\qquad \text{QED}$$

附录 2　给定第一期收益可观察的情况下，创业投资家能力的条件分布

η，ε 相互独立，且 $\eta\sim N(m_0, \sigma_0^2)\varepsilon\sim N(0, \sigma_\varepsilon^2)$，则要确定在给定 $y_1=\eta+\tau e_1+\varepsilon$ 的条件下，η 的条件分布需要先计算，y_1，η 的联合分布，并且

$$\begin{pmatrix} y_1 \\ \eta \end{pmatrix} = \begin{pmatrix} 1 & 1 \\ 1 & 0 \end{pmatrix} \begin{pmatrix} \eta \\ \varepsilon \end{pmatrix} + \begin{pmatrix} \tau e_1 \\ 0 \end{pmatrix} \sim N_2(C\mu + b, C\Sigma C')$$

其中，$\mu = E\begin{pmatrix} \eta \\ \varepsilon \end{pmatrix} = \begin{pmatrix} m_0 + \tau e_1 \\ m_0 \end{pmatrix}$，$\Sigma = \begin{pmatrix} \sigma_0^2 & 0 \\ 0 & \sigma_\varepsilon^2 \end{pmatrix}$，$b = \begin{pmatrix} \tau e_1 \\ 0 \end{pmatrix}$。

所以，$\begin{pmatrix} y_1 \\ \eta \end{pmatrix} \sim N_2(C\mu + b, C\Sigma C')$

$$C\mu + b = \begin{pmatrix} m_0 + \tau e_1 \\ m_0 \end{pmatrix},$$

$$C\Sigma C' = \begin{pmatrix} 1 & 1 \\ 1 & 0 \end{pmatrix} \begin{pmatrix} \sigma_0^2 & 0 \\ 0 & \sigma_\varepsilon^2 \end{pmatrix} \begin{pmatrix} 1 & 1 \\ 1 & 0 \end{pmatrix} = \begin{pmatrix} \sigma_0^2 & \sigma_\varepsilon^2 \\ \sigma_0^2 & 0 \end{pmatrix} \begin{pmatrix} 1 & 1 \\ 1 & 0 \end{pmatrix} = \begin{pmatrix} \sigma_0^2 + \sigma_\varepsilon^2 & \sigma_0^2 \\ \sigma_0^2 \quad 0 & \sigma_0^2 \end{pmatrix}$$

$$\rho = \frac{\sigma_0^2}{\sqrt{(\sigma_0^2 + \sigma_\varepsilon^2)\sigma_0^2}} = \sqrt{\sigma_0^2 / \sigma_0^2 + \sigma_\varepsilon^2}$$

所以，$\begin{pmatrix} y_1 \\ \eta \end{pmatrix}$ 的联合分布为二元正态分布且联合密度函数为：

$$f(y_1, \eta) = \frac{1}{2\pi\sqrt{(\sigma_0^2 + \sigma_\varepsilon^2)\sigma_0^2}\sqrt{\dfrac{\sigma_\varepsilon^2}{\sigma_0^2 + \sigma_\varepsilon^2}}} \exp\left\{ -\frac{1}{2\dfrac{\sigma_\varepsilon^2}{\sigma_0^2 + \sigma_\varepsilon^2}} \left[\left(\frac{\eta - m_0}{\sigma_0} \right)^2 - 2\sqrt{\frac{\sigma_0^2}{\sigma_0^2 + \sigma_\varepsilon^2}} \left(\frac{\eta - m_0}{\sigma_0} \right) \left(\frac{y_1 - m_0 - \tau e_1}{\sqrt{\sigma_0^2 + \sigma_\varepsilon^2}} \right) + \left(\frac{y_1 - m_0 - \tau e_1}{\sqrt{\sigma_0^2 + \sigma_\varepsilon^2}} \right)^2 \right] \right\} \quad (3-161)$$

$$f(y_1) = \frac{1}{\sqrt{2\pi(\sigma_0^2 + \sigma_\varepsilon^2)}} \exp\left[-\frac{1}{2} \left(\frac{y_1 - m_0 - \tau e_1}{\sqrt{\sigma_0^2 + \sigma_\varepsilon^2}} \right)^2 \right] \quad (3-162)$$

所以

$$
\begin{aligned}
& f(\eta \mid y_1) \\
& = \frac{f(y_1, \eta)}{f(y_1)} = \frac{1}{\sqrt{2\pi}\sqrt{\dfrac{\sigma_0^2\sigma_\varepsilon^2}{\sigma_0^2+\sigma_\varepsilon^2}}} \exp\left\{-\frac{1}{2\dfrac{\sigma_\varepsilon^2}{\sigma_0^2+\sigma_\varepsilon^2}}\left[\left(\frac{\eta-m_0}{\sigma_0}\right)^2 - \right.\right. \\
& \left.\left. 2\sqrt{\frac{\sigma_0^2}{\sigma_0^2+\sigma_\varepsilon^2}}\left(\frac{\eta-m_0}{\sigma_0}\right)\left(\frac{y_1-m_0-\tau e_1}{\sqrt{\sigma_0^2+\sigma_\varepsilon^2}}\right) + \left(\sqrt{\frac{\sigma_0^2}{\sigma_0^2+\sigma_\varepsilon^2}}\frac{y_1-m_0-\tau e_1}{\sqrt{\sigma_0^2+\sigma_\varepsilon^2}}\right)^2\right]\right\} \\
& = \frac{1}{\sqrt{2\pi}\sqrt{\dfrac{\sigma_0^2\sigma_\varepsilon^2}{\sigma_0^2+\sigma_\varepsilon^2}}} \exp\left\{-\frac{1}{2\dfrac{\sigma_\varepsilon^2}{\sigma_0^2+\sigma_\varepsilon^2}}\left[\left(\frac{\eta-m_0}{\sigma_0}\right)^2 - \left(\sqrt{\frac{\sigma_0^2}{\sigma_0^2+\sigma_\varepsilon^2}}\frac{y_1-m_0-\tau e_1}{\sqrt{\sigma_0^2+\sigma_\varepsilon^2}}\right)\right]^2\right\} \\
& = \frac{1}{\sqrt{2\pi}\sqrt{\dfrac{\sigma_0^2\sigma_\varepsilon^2}{\sigma_0^2+\sigma_\varepsilon^2}}} \exp\left\{-\frac{1}{2\dfrac{\sigma_0^2\sigma_\varepsilon^2}{\sigma_0^2+\sigma_\varepsilon^2}}\left\{\eta-\left[m_0+\frac{\sigma_0^2}{\sigma_0^2+\sigma_\varepsilon^2}(y_1-m_0-\tau e_1)\right]\right\}^2\right\}
\end{aligned}
\tag{3-163}
$$

所以，给定 y，η 的条件分布为 $N\left(\dfrac{\sigma_\varepsilon^2}{\sigma_0^2+\sigma_\varepsilon^2}m_0+\dfrac{\sigma_0^2}{\sigma_0^2+\sigma_\varepsilon^2}(y_1-\tau e_1), \dfrac{\sigma_\varepsilon^2\sigma_0^2}{\sigma_0^2+\sigma_\varepsilon^2}\right)$。QED

附录 3　给定第一期创业投资家收入可观察的情况下，创业投资家能力的条件分布

在私募股权交易中，创业投资基金的收益一般是很少公开的，因为创业投资交易是私募交易。现在假定在第二期，新的投资者只能观察到创业投资家在第一期的收入(因为税收的缘故，投资可以通过税务系统调查到创业投资家的工资)，并根据创业投资家的薪酬来调整对创业投资家能力的认识，并以此为基础制定最优的激励薪酬。

η, ε_1 相互独立，且 $\eta \sim N(m_0, \sigma_0^2)\varepsilon_1 \sim N(0, \sigma_\varepsilon^2)$，由于新投资者不能观察到创业投资家第一期的薪酬合同 $(\hat{\alpha}_1, \hat{\beta}_1)$，仅能观察到创业投资家第一期的收入 $\hat{w}_1$，并预期其收入是 $\hat{w}_1 = \widetilde{\alpha}_1 + \widetilde{\beta}_1(\eta + \tau\widetilde{e}_1 + \varepsilon_1)$ 在此基础上计算 η 的条件分布需要先计算，$\hat{w}_1$，η 的联合分布，并且

$$\begin{pmatrix} \hat{w}_1 \\ \eta \end{pmatrix} = \begin{pmatrix} \widetilde{\beta}_1 & \widetilde{\beta}_1 \\ 1 & 0 \end{pmatrix} \begin{pmatrix} \eta \\ \varepsilon_1 \end{pmatrix} + \begin{pmatrix} \widetilde{\alpha}_1 + \tau\widetilde{\beta}_1\widetilde{e}_1 \\ 0 \end{pmatrix} \sim N_2(C\mu + b, C\Sigma C')$$

其中，$\mu = E\begin{pmatrix} \eta \\ \varepsilon_1 \end{pmatrix} = \begin{pmatrix} m_0 \\ 0 \end{pmatrix}$，$C = \begin{pmatrix} \widetilde{\beta}_1 & \widetilde{\beta}_1 \\ 1 & 0 \end{pmatrix}$ $\Sigma = \begin{pmatrix} \sigma_0^2 & 0 \\ 0 & \sigma_\varepsilon^2 \end{pmatrix}$，$b = \begin{pmatrix} \widetilde{\alpha}_1 + \tau\widetilde{\beta}_1\widetilde{e}_1 \\ 0 \end{pmatrix}$

所以，$\begin{pmatrix} \hat{w}_1 \\ \eta \end{pmatrix} \sim N_2(C\mu + b, C\Sigma C')$

$$C\mu + b = \begin{pmatrix} \widetilde{\beta}_1 m_0 + \widetilde{\alpha}_1 + \tau\widetilde{\beta}_1\widetilde{e}_1 \\ m_0 \end{pmatrix},$$

$$C\Sigma C' = \begin{pmatrix} \widetilde{\beta}_1 & \widetilde{\beta}_1 \\ 1 & 0 \end{pmatrix} \begin{pmatrix} \sigma_0^2 & 0 \\ 0 & \sigma_\varepsilon^2 \end{pmatrix} \begin{pmatrix} \widetilde{\beta}_1 & 1 \\ \widetilde{\beta}_1 & 0 \end{pmatrix} = \begin{pmatrix} \widetilde{\beta}_1\sigma_0^2 & \widetilde{\beta}_1\sigma_\varepsilon^2 \\ \sigma_0^2 & 0 \end{pmatrix} \begin{pmatrix} \widetilde{\beta}_1 & 1 \\ \widetilde{\beta}_1 & 0 \end{pmatrix}$$

$$= \begin{pmatrix} \widetilde{\beta}_1^2(\sigma_0^2 + \sigma_\varepsilon^2) & \widetilde{\beta}_1\sigma_0^2 \\ \widetilde{\beta}_1\sigma_0^2 \quad 0 & \sigma_0^2 \end{pmatrix}$$

相关系数为：

$$\rho = \frac{\widetilde{\beta}_1\sigma_0^2}{\sqrt{\widetilde{\beta}_1^2(\sigma_0^2 + \sigma_\varepsilon^2)\sigma_0^2}} = \sqrt{\frac{\sigma_0^2}{\sigma_0^2 + \sigma_\varepsilon^2}}$$

所以 $\begin{pmatrix} \hat{w}_1 \\ \eta \end{pmatrix}$ 的联合分布为二元正态分布且联合密度函数为：

$$f(\hat{w}_1, \eta)=\frac{1}{2\pi\sqrt{\widetilde{\beta}_1^2(\sigma_0^2+\sigma_\varepsilon^2)\sigma_0^2}\sqrt{\frac{\sigma_\varepsilon^2}{\sigma_0^2+\sigma_\varepsilon^2}}}\exp\left\{-\frac{1}{2\frac{\sigma_\varepsilon^2}{\sigma_0^2+\sigma_\varepsilon^2}}\left[\left(\frac{\eta-m_0}{\sigma_0}\right)^2-\right.\right.$$

$$2\sqrt{\frac{\sigma_0^2}{\sigma_0^2+\sigma_\varepsilon^2}}\left(\frac{\eta-m_0}{\sigma_0}\right)\left(\frac{\hat{w}_1-\widetilde{\beta}_1 m_0-\widetilde{\alpha}_1-\tau\widetilde{\beta}_1\widetilde{e}_1}{\sqrt{\widetilde{\beta}_1^2(\sigma_0^2+\sigma_\varepsilon^2)}}\right)+$$

$$\left.\left.\left(\frac{\hat{w}_1-\widetilde{\beta}_1 m_0-\widetilde{\alpha}_1-\tau\widetilde{\beta}_1\widetilde{e}_1}{\sqrt{\widetilde{\beta}_1^2(\sigma_0^2+\sigma_\varepsilon^2)}}\right)^2\right]\right\} \tag{3-164}$$

$$f(\hat{w}_1)=\frac{1}{\sqrt{2\pi\widetilde{\beta}_1^2(\sigma_0^2+\sigma_\varepsilon^2)}}\exp\left[-\frac{1}{2}\left(\frac{\hat{w}_1-\widetilde{\beta}_1 m_0-\widetilde{\alpha}_1-\tau\widetilde{\beta}_1\widetilde{e}_1}{\sqrt{\widetilde{\beta}_1^2(\sigma_0^2+\sigma_\varepsilon^2)}}\right)^2\right] \tag{3-165}$$

所以，

$$f(\eta \mid \hat{w}_1)=\frac{f(\hat{w}_1, \eta)}{f(y_1)}=\frac{1}{\sqrt{2\pi}\sqrt{\frac{\sigma_0^2\sigma_\varepsilon^2}{\sigma_0^2+\sigma_\varepsilon^2}}}\exp\left\{-\frac{1}{2\frac{\sigma_\varepsilon^2}{\sigma_0^2+\sigma_\varepsilon^2}}\left[\left(\frac{\eta-m_0}{\sigma_0}\right)^2-\right.\right.$$

$$2\sqrt{\frac{\sigma_0^2}{\sigma_0^2+\sigma_\varepsilon^2}}\left(\frac{\eta-m_0}{\sigma_0}\right)\left(\frac{\hat{w}_1-\widetilde{\beta}_1 m_0-\widetilde{\alpha}_1-\tau\widetilde{\beta}_1\widetilde{e}_1}{\sqrt{\widetilde{\beta}_1^2(\sigma_0^2+\sigma_\varepsilon^2)}}\right)+$$

$$\left.\left.\left(\sqrt{\frac{\sigma_0^2}{\sigma_0^2+\sigma_\varepsilon^2}}\frac{\hat{w}_1-\widetilde{\beta}_1 m_0-\widetilde{\alpha}_1-\tau\widetilde{\beta}_1\widetilde{e}_1}{\sqrt{\widetilde{\beta}_1^2(\sigma_0^2+\sigma_\varepsilon^2)}}\right)^2\right]\right\}$$

$$=\frac{1}{\sqrt{2\pi}\sqrt{\frac{\sigma_0^2\sigma_\varepsilon^2}{\sigma_0^2+\sigma_\varepsilon^2}}}\exp\left\{-\frac{1}{2\frac{\sigma_\varepsilon^2}{\sigma_0^2+\sigma_\varepsilon^2}}\left[\left(\frac{\eta-m_0}{\sigma_0}\right)-\right.\right.$$

$$\left.\left.\left.\left(\sqrt{\frac{\sigma_0^2}{\sigma_0^2+\sigma_\varepsilon^2}}\ \frac{\hat{w}_1-\widetilde{\beta}_1 m_0-\widetilde{\alpha}_1-\tau\widetilde{\beta}_1\widetilde{e}_1}{\sqrt{\widetilde{\beta}_1^2(\sigma_0^2+\sigma_\varepsilon^2)}}\right)\right]\right]^2\right\}$$

$$=\frac{1}{\sqrt{2\pi}\sqrt{\frac{\sigma_0^2\sigma_\varepsilon^2}{\sigma_0^2+\sigma_\varepsilon^2}}}\exp\left\{-\frac{1}{2\frac{\sigma_0^2\sigma_\varepsilon^2}{\sigma_0^2+\sigma_\varepsilon^2}}\left\{\eta-\right.\right.$$

$$\left.\left.\left[m_0+\frac{\sigma_0^2(\hat{w}_1-\widetilde{\beta}_1 m_0-\widetilde{\alpha}_1-\tau\widetilde{\beta}_1\widetilde{e}_1)}{\widetilde{\beta}_1(\sigma_0^2+\sigma_\varepsilon^2)}\right]\right\}^2\right\} \tag{3-166}$$

所以，给定 $\hat{w}_1$，η 的条件分布为

$$N\left(\left(\frac{\sigma_\varepsilon^2}{\sigma_0^2+\sigma_\varepsilon^2}+1\right)m_0+\right.$$

$$\left.\frac{1}{\widetilde{\beta}_1}\left[\frac{\sigma_0^2\hat{w}_1+\sigma_\varepsilon^2(\widetilde{\alpha}_1+\tau\widetilde{\beta}_1\widetilde{e}_1)}{(\sigma_0^2+\sigma_\varepsilon^2)}-(\widetilde{\alpha}_1+\tau\widetilde{\beta}_1\widetilde{e}_1)\right],\ \frac{\sigma_\varepsilon^2\sigma_0^2}{\sigma_0^2+\sigma_\varepsilon^2}\right)$$ 。QED

第四章
创业投资基金治理结构研究

这里，创业投资基金治理结构定义为：一种包含内部组织机制与创业投资基金运作的市场，政策以及法律环境相结合的一个广义的治理结构。具体地讲，本章研究的治理机制是包含创业投资基金组织结构、组织机制以及与创业投资基金运作相关的市场环境、政策环境、法律环境。而一般的治理结构，主要指企业的股权结构以及企业权力的运作机制。本章把创业投资基金作为一个与其生存环境相互作用的有机组织，对其组织架构进行一个系统的梳理，其目的主要是为了归纳一个创业投资基金有效运作的组织机制和创业投资基金有效生存的组织空间（市场、政策、法律）。

在我们做本章分析时候，与创业投资基金治理结构相关的资本市场因素以及政策法规正在发生关键性转变。首先，我国近年创业投资迅猛发展，创业投资项目的平均融资规模达到500多万美元，中国已成为国际创业资本追逐的热土——金砖四国之一。其次，中国主板市场股权分置改革基本结束。但个人认为以国有控股以及政府主管的上市企业为主体的主板市场，公司治理结构效率低下，企业运作代理成本较高；中国股市在筹划推出深圳创业板市场。再次，修订后并于2007年6月1日正式实行的我国《有限合伙企业法》将允许有限合伙和法人合伙。这将为创业投资基金以法人合伙以及有限合伙的形式设立扫清了障碍。最后，我国正在深化资本市场改革,包含对券商进行创业投资业务管制的放松,中国金融国际有限公司、中信证券有限责任公司、招商证券有限责任公司等获得了获得直接股权投资的创业企业投资资格。这将推动我国券商投资银行买方业务的迅猛发展,因为进行创业投资可以使具有资金优势和投资管理优势的券商向企业提供一条龙的服务,可以使其投资银行业务向前端延伸,同时为其承销业务储备更多的优质资源。

从我国创业资本市场发生的变化中可以看出:(1)我国创业投资初具规模,并成为国际投资热点。(2)我国在严格遵守WTO金融开放规则的情况,对国内金融机构以及国际金融机构进行创业投资资金募集和投资的资本管制将逐步放松。(3)我国正在出台创业投资相关的法律法规,这将为创业投资基金的运行提供更多的选择空间。

在创业投资迅猛发展的宏观背景下,对国内理论和实务界都还比较陌生的创业投资基金治理结构进行系统性的梳理是非常符合资本市场发展需要并且具有如下意义:(1)本章所分析的广义的创业投资基金治理结构是对传统治理结构研究的一种合理拓展。(2)创业投资基金有效治理结构的归纳能促进我国创业投资的有效有序发展。这对我国中小创新型企业的融资和发展、创新体制的建立以及向创新经济转型都具有深刻的意义。

第一节　创业投资基金组织模式选择

在对创业投资基金的内部组织形式进行具体分析之前,先对国内外创业投资基金常见的组织形式进行简单介绍;随后结合创业投资的特点,解释为什么有限合伙制才能与创业投资的特点相匹配,并成为美国等发达资本主义国家创业投资基金最常见的组织形式。

一、常见的创业投资基金组织模式

国内外创业投资基金最常见的组织形式有公司制、信托制、有限合伙制等 3 种形式。我们下面先介绍这 3 种形式的组织方式以及特点。但无论创业投资基金采取哪种形式，创业投资基金中必然包含创业投资基金投资者与创业投资家。因为创业投资资金是金融资本和专业的投资管理人力资本在创新型企业上游的有效汇集和结合。

(一) 公司制创业投资基金

投资者和创业投资家都以股东的形式出资组建股份制或有限责任公司。但无论是哪种形式，都存在股东以出资比例分享股份并获取公司制创业投资基金收益的投资利润的公司制特点。创业投资家一般都是具有丰富投资银行、企业管理甚至创业成功经历的投资管理专家，他们所具有和擅长的主要是投资管理创新型项目的经验，自有资金相对大型的机构投资者(养老基金、保险公司以及政府)有限。如果按投资比例分享创业投资基金的投资收益将极大地限制他们投资管理项目的积极性。负责基金管理但却仅能获得微薄利润的创业投资家会转向控制创业投资基金并获得大量的控制权收益。控制权收益往往会以降低创业投资基金最终的现金收益为代价。同时，公司制要求股东一次性投入全部的资金作为股本。这将削弱投资者根据创业投资家管理创业投资基金的状况分批逐次注入资金来约束和激励创业投资家的作用，因而公司制创业投资基金不能形成创业投资基金中分离的金融资本和投资管理人力资本有机结合的激励约束机制。

(二) 信托制创业投资基金

信托制创业投资基金是指以信托方式发行，并由单独的机构分别托管和经营管理的信托发行计划来募集和管理的创业投资基金。当然，创业投资基金的投资者一般是作为信托人，并指定专门的银行作为托管机构，而专业的创业投资家则作为基金的经营和管理机构。不过这种模式在我国现行的证券监管体系下是很难存在的。在金融的分业监管体系下，尽管银监会鼓励信托公司从事私募股权投资业务，而由于证监会要求信托公司按照《上市公司信息披露管理办法》披露股权代持关系和《信托法》对受益人信息的规范存在冲突，信托公司在私募股权投资信托业务中作为上市公司的发起人尚存在制度障碍。但我们与创业投资家的访谈中发现：绝大多数的创业投资家投资创新型企业时都希望通过 IPO 退出，因为只有这样通过资本市场更多投资者的竞价才能为创业投资家带来较高的回报。

（三）有限合伙制创业投资基金

有限合伙制最初产生于 20 世纪 80 年代的美国，是为了适应创业投资金融资本和投资管理人力资本有机结合时代需要，在普通的合伙制基础上进行的企业制度创新。从整体上来讲，实行有限合伙制的企业与普通合伙制企业都作为一个整体对外承担无限责任，但不具备法人资格。所以在美国有限合伙制的实体不用交纳企业所得税，而合伙人仅仅根据税法规定交纳个人所得税，避免了公司制企业的双重税收。但有限合伙制创业投资基金与普通合伙制所不同的是内部合伙人性质的分为两类：一类是出资占很小比重①的普通合伙人（general partner），对创业投资基金的债务承担无限责任并负责创业投资基金的日常管理工作；另一类则是投入创业投资基金绝大部分资金的投资者，其作为有限合伙人（limited partner），仅以投入资金承担有限责任，但不能干预创业投资家对基金的日常管理工作。相对前两种企业制度而言，有限合伙制基金最大的优点是可以通过有限合伙协议以合约的形式将投入资金的所有权与基金最终收益的索取权进行分离式规定。虽然创业投资家投入的大量金融资本是创业投资基金的根本元素，但专业的投资管理人力资本相对金融资本更稀缺，尤其在流动性过剩的中国

① 一般为 1%或者占创业投资家自有资金的相当比重的资金。让创业投资家出资，实际上已经超越了股份公司中股东资本投资者的意义，主要为了约束创业投资家的过度冒险行为，尽量使创业投资家和投资者利益一致化的目的。所以，这里对创业投资家投入资金看中的是其相对比重而非绝对数量。

资本市场。所以有限合伙制可以通过可谈判灵活地在事前规定创业投资家每年可获得的管理费用[①]和创业投资基金最终收益的相当比例的提成。关键是创业投资家的提成比例不是由创业投资家事前投入创业投资基金的资金比例决定，而是为激励创业投资家管理创业投资基金，充分发挥创业投资家专业投资管理技能的有效补偿。所以，有限合伙协议具有对参与者进行债务责任分类以及资金投入权和基金收益索取权分离机制两种创新。这两种创新能更好的匹配创业投资发展中金融资本和专业管理人力资本分离的现状。这也是有限合伙制在美国等创业投资发达国家能成为主流组织形式的主要原因。

二、创业投资基金组织模式选择的机制原理

目前国内外主要的企业制度有个人企业、合伙企业、公司制企业。个人企业融资基金的能力有限，所以创业投资不可能使用这种模式组织。下面，我们将从公司制创业投资基金与有限合伙制创业投资基金的比较来说明有限合伙制是现有所有可能模式中与创业投资基金运作最匹配的企业模式。

（一）有限合伙制实行投资所有权与现金收益权分离机制

有限合伙制灵活的契约安排可以将基金的投资所有权和现金收益的索取权分离，以实现对创业投资基金管理的人力资本的充分激励。这种投资所有权和现金收益权相分离的机制摆脱了公司制同股同权的刚性规定。因为创业投资家一般都是专业的投资者出身，其拥有的主要是丰富的创新型企业项目筛选、管理运作的经验，本身没有大量的资金。仅仅通过创业投资家在创业投资基金中所出资金的比例作为最终基金收益的分享比例显然不能充分调动其积极性。由于创业投资项目筛选需要涉及的项目技术先进性以及市场成熟性，基会通过委托专业的创业投资家负责项目的管理能够减

① 详细情况可参阅本书第三章，创业投资基金薪酬合约的结构化部分。

低项目逆向选择风险，这是风险投资成功的基本前提。在美国，一般创业投资公司在每年申请到的800～1 000个项目中，一般通过严格的筛选程序最终被选择的项目也仅仅10个左右。即便经过严格的筛选，最终创业投资家投资组合中失败的项目也占到2/3。同时，有限合伙制基金的管理控制权是由创业投资家控制的，在创业投资基金有效的薪酬激励下，创业投资家会帮助创新项目增加管理价值。创业投资本质上是创新性的技术和商业模式与有效管理技术，资源整合能力，资本运作水平的有效整合。但创业者一般都是技术出身，在有效管理、资源整合，以及专业的资本运作方面是有所欠缺的，但这些正是具有丰富的项目管理和资本运作的创业投资家所擅长的能力。所以创业投资基金通过专业的创业投资家对创新项目的投资，增加的不仅仅是中小创新型企业急需的资金，更重要的是有效的管理增值服务。所以，有限合伙制通过灵活的合伙协议，以灵活的契约事前就规定了创业投资家除了每年可以获得管理资金7%～17%比例的管理费同时，一般还能获得基金净利润的24%作为对其人力资本投资的补偿（Litvak，2004）。创业投资家获得超过其投入资金比例的基金利润提成是为了降低创业投资项目逆向选择风险，并有效的增加创业项目管理价值的必然选择。有限合伙制创业投资基金投资比例与收益分享比例的分离则很好地适应创业投资管理中调动创业投资家积极性的需要。

（二）有限合伙制债务责任的区别对待机制

有限合伙协议创新性地规定了普通合伙人对基金债务承担无限责任，而有限合伙人则仅以投资资金承担有限责任。这是无限责任制普通合伙制和有限责任公司制的有机结合。在创业投资中，作为普通合伙人的创业投资家一般仅仅投资1%左右的资金，而真正的投资者则投资99%的资金；并且在使用完创业投资家投入的资金后才使用投资者的资金，基金的管理运作主要由普通合伙人负责。这种投入资金和管理权限的非对称性使得创业投资家存在过度冒险的道德风险。所以，有限合伙制规定投入大量资金又不能参与创业投资基金日常管理的有限合伙人仅以所投资资金作为偿还债务的上限，是在有限合伙制度下对处于信息劣势的投资者的一种保护；而要求创业投资家对创业投资基金债务承担无限责任则是对其投资组合管理过程中的一种风险约束。当然，创业投资基金的风险约束还可以在合伙协议中加入其他常见条款[①]。

（三）有限合伙制资本结构刚性是创业投资创业管理人力资本稳定的有效保证

公司制中管理团队的替换是具有很大灵活性的。当然，经理人市场的竞争是公司必要的外部治理结构。但是，创业投资基金投资者往往是出于对作为发起人的创业投资家团队能力，品格的信任而进行的投资。或者可以说，创业投资基金投资的是特定的投资对象——创业投资家管理创新型项目的人力资本。所以创业基金投资者希望基金管理团队——创业投资家团队具有很好的稳定性。而有限合伙制相对公司制管理团队是具有一定刚性的。首先，有限合伙协议会在事前的合同中用合约的方式指定创业投资基金的管理团队，并且管理团队的关键人员投入相当数量[②]的资金成为一般合伙人。在事后，创业投资团队更换主要的创业投资家必须经过作为一般合伙人的投资者的同意。如果创业投资家团队中关键成员离职或死亡，投资者可以要求清算创业投资基金，退出投资。其次，作为普通合伙人的创业投资家要转让其事前投资的金额，退出创业投资必须经过有限合伙人（投资者）同意。这在很大程度上限制了创业投资家在创业投资基金设立后的流动，因为创业投资家会投入占其财富相当比例的资金。

（四）有限合伙制具有规避公司制双重税制的税收优势

公司制企业一般要求公司作为法人机构在进行利润分配前交纳 33%

---

① 详细分析，请阅读后文创业投资基金的风险控制机制部分。

② 在美国的有限合伙创业投资基金中，一般合伙人投入的资金一般占到基金总额的 1%，但对于一只 2 亿美元以上的基金而言，1%的投资份额的资金规模也达到 200 万美元以上。这个规模的资金对个人而言很可能占其个人财富的相当比例。

的企业所得税；同时投资者从公司投资中获得的收益还要求其交纳个人所得税。有限合伙制企业则不具备法人资格，所以不需要交纳企业所得税，投资者仅仅需要根据其收益交纳个人所得税。我们可以从下面美国的税收制度对比有限合伙企业相对公司制企业的税收优势。实际上，正是美国税收法案的调整，极大地促进了投资者使用有限合伙制进行创业投资基金管理的激情，并使得有限合伙制成为美国创业投资运作的主流方式。

表 4－1 美国有限合伙制相对公司制的税收对照表

对比变量	有限合伙企业	股份有限公司
应税年	通常是公历年，其他日期也可以	开始时可以是任一年的年终
所有者利润分配	合伙协议对收益作具体分配。即使收益没有立即被分配，但合伙人都按预定比例以个人所得名义纳税	收益一般很少分配给股东
所得股利	企业股利给个人	80％或更多的股利可免税。（1986年12月31日以后）
资本所得	企业资本所得按合伙人资本所得纳税	按公司水平加纳企业所得纳税。1987年7月1日后最大纳税率为34％
资本亏损	资本亏损可冲销其他收入 无限结转	可回转3年，结转5年，短期资本亏损只能冲销资本所得
初始组织	对合伙企业的资产捐赠不用纳税	以现金收购股票不用立即纳税。用财产转让方式来换取股票，若股票价值超过出让财产，则应纳税
对所有者损失的减免优惠的限制	合伙企业的投资和负连带责任的份额（如果有的话），可运用风险条款，房地产合伙企业除外	除了出售公司股票或清算的损失外，其他亏损都没有减免
医疗福利	合伙人福利的成本不能作为企业的费用而减免。可能在合伙人水平有减免	雇员持股人的福利成本如果是为雇员福利而设置的话，可以减免税收
退休福利	同股份有限公司	对福利计划中福利限制——少于9万美元或100％的工资；对捐赠计划里的限制——少于3万美元或25％的工资（利润分享计划总额的15％）

创业投资基金之所以在创业投资发达的国家采用有限合伙制模式，主要是有限合伙制能有效满足创业投资家激励以及保持稳定管理团队的资金管理需求，并具有避免双重税制的特点。有效合伙制灵活的契约安排克服了公司制同股同权的缺点，充分重视在知识型经济中专业投资人力资本的价值并通过有效的风险保护机制充分保护处于信息劣势的投资者利益。而这两个方面都是科技驱动型经济所必需的投资元素。本质上，有限合伙制企业更具柔性的合同治理为更具风险的创业投资治理提供了更大的治理空间和金融创新空间。美国正是通过有限合伙制创业投资的有效发展模式，经过 50 年左右的发展，实现了从制造经济向以技术创新为核心驱动力的知识经济转型。

第二节　有限合伙制创业投资基金内部治理结构研究

本节我们将对有限合伙制创业投资基金的内部治理机制进行深入分析，以期构建一个清晰而完整的创业投资基金治理框架。

一、有限合伙制创业投资基金的激励机制

有限合伙制风险投资基金的激励机制主要显性的薪酬激励和隐性的建立声誉的激励，或者可以把创业投资基金的激励机制看作短期激励和长期激励的有机结合。下面我们将对这两种建立机制进行详细的阐述。

1. 短期激励机制

（1）创业投资家超越投资比例的利润分成制度

投资资金与现金索取权分离的契约安排是创业投资基金充分调动创业投资家专业的投资管理人力资本关键的激励安排。前面已经提到由于创业

投资中创业投资家管理增值技能的不可替代性以及创业投资家资金的有限性使得创业投资基金必须突破公司制同股同权(现金索取权)的制度刚性，而使用双方可以谈判的灵活契约给予创业投资家足够的激励强度。这就是超越其投入资金比例的基金利润分配方式。在第三章，创业投资基金薪酬合约的结构化研究中，我们已经总结了创业投资家的收入由两部分构成：第一部分是管理费，这部分是固定收入，与基金运行业绩无关。第二部分是利润提成，这部分收入与基金运行的业绩挂钩，一般为基金总利润的15%～30%。管理者的内部激励主要由第二部分收入产生。这部分收入在一般合伙人收入中占主要成分，远高于年工资加奖金收入。由于管理者的主要收入与基金的最终价值挂钩，委托代理双方的利益保持高度一致，因此这种报酬制度具有激励相容的特征，是一种良好的激励机制。

(2) 包含看涨期权的线性薪酬制度

创业投资基金包含看涨期权的线性薪酬模式也是创业投资家有效的激励安排。如果说仅仅考虑(1)中的安排的话，实际上我们只注意到了创业投资激励薪酬的前两个激励要素——创业投资家每年以管理资金规模作为计算基础的固定管理费和最终基金组合收益的提成比例。我们在第三章的分析中还发现创业投资基金激励薪酬的第三个关键要素——基金利润的分配方式，也就是创业投资家什么时候才能参与创业投资基金投资组合中实现收益的分配。利润分配影响创业投资家管理创业投资组合的逻辑是利润分配方式影响创业投资家参与分配的时间，从而影响创业投资家收益的现值并最终影响创业投资家管理创业投资基金的行为。在第三章，我们通过严谨的合同经济学模型分析发现包含看涨期权的线性薪酬合约相对纯粹的线性薪酬合约能使创业投资家提供有效努力，承担并适当控制基金组合的风险。所以，在有限合伙协议中一般要求创业投资家在其管理的基金收益达到一定的目标后才能参与项目收益分配。在现实的创业投资实践中表现为创业投资家一般要归还投资者全部投资资金以及一个事前假设的利润比例

(一般为 8%)后才能按事前规定的提成比例参与项目利润分配。

2. 长期激励机制

(1) 长期激励的前提——循环式的创业投资经济。创业投资是典型的循环投资。这是因为：第一，创业投资是追求管理增值的金融资本。创业资本作为金融资本必须有一个投资、管理以及风险资金的退出机制。当创业资本投资的创新型项目管理增值边际值达到最大并且有了较好的退出途径的情况，创业投资资本将从创业企业退出，并重新寻找新项目。创业投资本质上是一种金融资本，不是以实现产业布局，产业战略的产业资本，其追求的是在承担风险的情况边际现金流收益的最大化。第二，创业投资基金需要有一个衡量创业投资家业绩的标准。创业投资基金管理中最重要的元素是创业投资家管理创新型项目的人力资本。在创业投资基金投资者和创业投资家开始的合作中，双方对创业投资家管理项目的能力未必清楚。所以，创业投资管理需要一个创业投资家能力的有效衡量机制，并形成一个循环模式下的创业投资家选拔机制。通过对项目退出，比如通过创新项目的IPO 可以有效而客观地衡量创业投资家管理项目的能力。所以，创业投资基金一般规定 10 年左右的基金管理期。创业投资基金投资的创新型项目从投资到具备上市规模所需时间一般为 3～7 年。同时创业投资基金为了分散投资风险一般会进行组合式投资。创业投资家会分别在开始的 1～3 年内将创业投资基金投资到若干个项目中，以实现创业投资基金投资组合的分散化。从创业投资基金实践状况来看，国内外创业投资基金经营周期刚好是投资组合从投资到具备上市规模从而有效退出所需时间。

在创业资本金融资本驱动以及对创业投资家能力衡量的要求下，创业投资成为一种典型的循环经济。在这种循环的创业投资运作模式下，创业投资家前期的业绩就成为投资者是否对其投资的最重要的指标。而创业投资家的融资规模直接决定了在创业投资管理职业生涯中后期创业投资家获得的现金收益。更重要的是创业投资家可以从控制更大的基金运作获得社会的认可，实现其投资家的梦想。所以在这种循环模式下，创业投资家在早期的基金管理模式中，都有建立自己良好业绩以实现以后募集更大规模的资金。在第三章第五节的分析中，我们研究了在基金管理的早期创业投资家存在建立良好业绩声誉的激励，这种隐性激励可以成为创业投资家显性薪酬的替代。也就是说在创业投资家管理基金的早期激励薪酬相对后期可以更低；但随着创业投资家声誉的建立，这种隐性激励将逐步消失。我们的研究拓展到了市场外部对创业投资合同不可观察的情形，并发现在合同不可观察的情况下，创业投资家在后期更换投资者可以提高早期声誉机制的替代作用。这个研究结果也证明了创业投资循环经济以及投资者更换的必要性。

(2) 声誉机制实施。创业投资家建立声誉的动机要成为显性激励薪酬的有效替代还需要相关配套机制。下面就创业投资家建立声誉动机的产生，创业投资家业绩的有效披露以及相关配套法规的建立给出笔者的一些建议：

第一，促进创业投资家形成声誉品牌的动机。声誉机制要成为有效的激励机制的根本前提是创业投资家要有建立声誉机制的强烈动机。否则，创业投资家与投资者的合作仅仅是一次性的短期投机行为。要使得创业投资家形成收益长期化预期的前提是使其充分认识到其现在的行为在很大程度上影响到以后的收益，这样就使创业投资家将现在的行为纳入一个长期的博弈框架中。只有在这种情形下，创业投资家才会重视自己的声誉，主动约束自己的行为，避免短期化行为。从上面的思路，创业投资基金可以采取如下措施：① 实行循环式基金运作模式，表现为采用10年左右的有限期封闭式基金管理模式。由于创业投资家要继续进行创业投资管理，在基金清盘后必须再次募集资金，而前期的经营业绩，前期的经营行为就成为其募集资金能力的根本前提。在有限期创业投资基金运作模式下，创业投资家业绩和信用等核心的声誉品牌就成为其继续募集资金，发展其职业生涯的核心竞争力。② 承诺分阶段注入创业资本。通过分期注入承诺资本，既可以充分利用闲置资金，又可以有效激励创业投资家在基金管理的早期阶段为了获得资金而建立自己的声誉品牌，包括建立与创业投资家的沟通、信任机制，努力工作并避免挪用资金，将其投资到一些牟取私利项目中。通过多期的分期注资增加了投资者与创业投资家博弈的次数，这有助于投资者调整对创业投资家的能力预期，并使需要获得后期资金的创业投资家在早期的基金管理中就逐步建立声誉。然而我国目前是采取实收资本制，这是不利于声誉机制在创业投资中发挥作用的。③ 培育具有竞争的创业投资家市场。在充分竞争的创业投资家市场中，只有具有好的业绩，好信用的创业投资家才能在竞争激烈的创业投资市场中募集到资金。并且创业投资家为了降低其投资组合的风险，必然与其他的创业投资家进行联合投资。同样，在竞争激烈的创业投资市场也只有声誉好的创业投资家才能从与别的创业投资家的联合投资中发掘好的投资项目，享受强强联合的资源互补、风险分担优势。

第二，建立创业投资业绩有效披露机制。在促进创业投资家建立声誉机制动机的基础上，提高投资者对创业投资家声誉的认知能力也是有效促进创业投资家建立声誉的重要推动力。只有创业投资家经营创业投资企业的能力被充分重视的情况下，创业投资家才有努力工作，建立良好声誉的动机。没有观众的演员是没有动机把戏表演得更精彩的。形成公正、公开的创业投资家信用评级体系是建立有效的创业投资业绩披露体系的根本途径。信用评级体系可以帮助投资者了解创业投资家能力，并且信用的信息来源可靠。尤其在中国目前个人信用危机泛滥的情况下，要使投资者了解创业投资企业的声誉状况，建立个人信用体系和覆盖全社会的信用查询网络系统，通过信息网络使信息共享已成为必要。目前可以通过一个政府扶持但通过市场化运作的模式建立一个专门针对国内创业投资信息披露、创业投资家业绩披露、创业投资家资信评估的创业投资信息平台企业。该企业可以学习标准普尔和穆迪的评估和披露模式。创业投资家在建立声誉品牌的动机驱动下会积极加入该平台,发布自身创业投资业绩的可靠信息。

二、有限合伙制创业投资基金的约束机制

在创业投资基金对创业投资家激励的基础上,一般还会通过若干关键的限制性条款来约束创业投资家的行为,达到降低代理成本的目的。下面我们给出有限合伙创业投资基金中常见的对创业投资家的约束性条款。

(一) 投资者通过分期注资建立预算约束机制

创业投资基金的投资者一般会通过事前的合伙协议规定一个承诺投资资金的分期注入的条款。这样,创业投资家一次所能动用的资金是十分有限的,从而在一定程度上降低了由于创业投资家的决策失误或“内部人控制”致使有限合伙人遭受重大损失的可能性。

(二) 强制分配条款

有限合伙创业投资基金与一般的公司制投资方式不同,其投资从受资企业退出后,除去创业投资家应得的部分以外必须全部分配给投资者,创业投资家不能将其进行再投资,这实际上也是预算约束的一部分。

(三) 限制行为条款

为了限制创业投资家的投机性行为,通常在合伙协议中明确规定创业投资家不能从事的一些可能损害投资者利益的活动,如不能购买与基金投资企业有竞争关系的企业的股票,不能以低于基金购买价格购买基金投资企业的股份等。此外,还包括创业投资家不能用本基金的资金投资其他创业投资家管理的基金,也就是禁止创业投资基金的交叉性投资。

(四) 提前终止合伙关系或更换一般合伙人机制

在合伙协议中通常还规定,如果创业投资家以牺牲投资者的利益为代价牟取私利或从事不友好交易,或由创业投资家的行为造成投资者重大损失等,经 2/3 有限合伙人的同意,可提前终止合伙协议。而且一旦合伙协议

提前终止,创业投资家就不能参与利润分配。显然,这也是通过可置信威胁来达到制约创业投资家行为的目的。

以上 4 种制度安排构成了比较完整的约束机制,对管理者的投资决策和管理行为产生强有力的制约作用,促使管理者以投资者利益最大化为行动目标。

三、有限合伙制创业投资基金风险控制机制

创业投资涉及的是高风险的产业与投资。从美国创业投资的情况来看,创业投资即便通过严格的筛选程序选择的项目,最终的失败率也是很高的,仅仅 1/3 的项目能实现盈利。并且创业投资风险充满整个项目过程,我们按照创业投资基金运作的过程将创业投资基金面临的风险分为创业投资项目选择的风险、创业投资项目管理风险。针对不同的风险,创业投资基金主要通过如下机制进行化解。

(一) 项目选择风险的化解机制

项目选择的风险主要是为了降低创业投资项目选择过程中出现的逆向选择,这主要包含两个方面:(1) 项目本身的逆向选择。主要指选择到技术先进性,技术成熟性,技术市场容量都比较差的项目。(2) 创业团队的逆向选择。创业投资企业中要实现创新,关键还是依靠创业团队。所以如果选择的创业团队无法实现创业项目创新的要求,那么即便创业投资家投入再多的资金、再多的精力,也很难实现创业项目的成功。所以,对于高风险性质的创业投资项目事前的逆向选择的缓解,是创业投资成功的第一要素。一般创业投资基金通过如下机制来选择更可能成功的创新型项目和创业团队。

1. 设计科学严谨的项目筛选流程

创业投资基金投资项目的筛选一般会经过一个严格程序:专家咨询—挑选部分项目—尽职调查—投资决策委员会—确定部分投资项目。首先,由创业投资家和投资者共同选择的专家咨询委员会对收到的 300～1 000 个

项目进行技术论证,通过行业专家来确定创新性项目的技术先进性和技术成熟性,亦即创新模式是否可商业化操作的论证。技术先进性和技术的成熟性是创新型项目增值的基本前提,通过专家论证后从备选项目中选择大致10%的技术先进性和技术成熟性相对较高的项目进行尽职调查。尽职调查主要包括对项目的财务状况、管理状况、产权状况以及是否受到产业管制限制等关键状况进行实地调查。其次,在进行尽职调查的基础上,采纳投资者和创业投资家共同邀请组建的投资决策委员会给出项目投资建议。投资决策委员会主要包括投资专家、市场专家、财务专家。投资专家主要给出投资方案,市场专家主要确定项目的市场容量分析,而财务专家则对项目的现金流状况给出估计。最后,创业投资家自己对专家的意见进行综合,并最终决定是否进行投资。所以,无论是咨询委员会还是投资决策委员会都仅仅是创业投资家管理项目的辅助机构,但创业投资家要进行科学决策是离不开这些专家给出的专业意见。

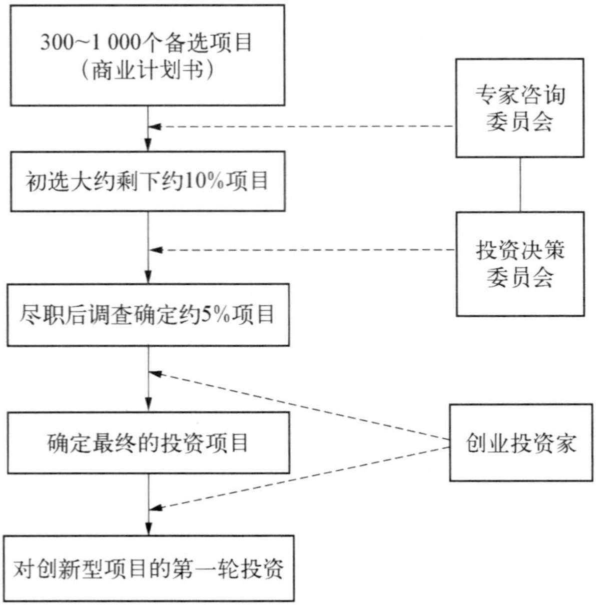

图4-1 创业投资项目筛选决策流程图

2. 联合投资

已经有严格的理论分析证实了创业投资家联合投资进行项目筛选可降低创业投资逆向选择风险(Lerner,2005)。联合投资能降低项目筛选逆向选择风险的理由有两个:(1) 创业投资家通过邀请具有经验的创业投资家进行联合筛选项目,其他创业投资家是否愿意投资项目成为发起联合投资的创业投资家判断被邀请创业投资家对项目评价的可靠信号。被大家都能接受的项目的逆向选择风险会更低。(2) 邀请另外的创业投资家进行联合投资的创业投资家在后期也会被别的创业投资家邀请投资比较好的项目。所以,联合投资增加了创业投资家进入创业投资圈的关系网络的机会并能更好地分享到好的投资资源。毕竟,在创业投资领域真正好的项目是少数。所以创业投资家进行项目的联合投资,不仅能分担投资风险,进行资源互补,本身还是一种对项目共同论证,共享优秀投资资源从而有效降低创业投资项目筛选逆向选择风险的有效手段。联合投资已经成为国内外的创业投资中常见的投资手段。

(二) 项目管理风险的控制机制

通过严格筛选程序后选择的项目一般只占备选项目的 5%。即便如此,被选择的 2/3 的项目最终仍然以失败而告终。所以,创业投资是真正高风险的投资,不但需要严格的项目筛选机制以尽量降低逆向选择风险,还需要进一步的风险控制机制,降低创业投资家管理项目过程中出现的道德风险以及项目本身的风险。

1. 分期注资形成的投资者退出期权

分期注资条款是投资者退出的一种看跌期权(put option),类似于创业投资企业投资中的分阶段投资(Saged-financing)。在创业投资基金有限合伙协议中,一般会规定投资者在 2～5 年内分期投入事前承诺的资金。这种方式其实对资金流动性极为重要的创业投资基金是很重要的。设计这样的条款是为了给投资者一个退出期权(Walk away Option)。因为在创业投资基金的前 2～5 年投资者可以逐步获得如下重要的信息：(1) 创业投资家以前募集的基金的收益状况。一般来说，创业投资家在前面募集的基金快要结束的时刻就会考虑募集下一期的基金，以保持投资的持续性。所以，当新基金管理时间持续 2～5 年后，创业投资家以往募集基金大多到了清算结束的时候。投资者可以通过创业板市场[①]观察到创业投资家管理基金的经营状况。(2) 投资者可以观察到创业投资家管理本基金的前期项目的经营状况。在经过 2～5 年后，创业投资家利用本基金投资的前期项目即便还没有退出，投资者也可以根据投资项目后期投资者购买股份的价格来估计创业投资家前期投资项目的业绩。(3) 投资者可以得到创业投资家计划投资新项目的更具体的信息。通过这三方面重要信息的观察，投资者可以更好地推断创业投资家筛选项目、管理项目的能力和工作努力程度，从而决定是否注入事前承诺的资金。创业投资家为了能获得后期资金的注入并完成该基金的运作，必然会选择努力工作。所以，投资者分期注入资金虽然会降低创业投资基金的流动性，但却是一种有效的化解创业投资家道德风险的治理机制。

2. 包含看涨期权的线性薪酬激励机制

我们在第三章的研究中已经发现，风险厌恶的创业投资家在纯粹的线性薪酬下会尽量规避风险，无法实现创业资本风险承担载体的功能，也就无法实现高风险所带来的高回报。而包含看涨期权的线性薪酬可以在事前的合伙协议中规定适当的执行价格[②]，使得创业投资家能承担一定的风险，但又不过度冒险。这种薪酬机制对创业投资家在事后投资组合的投资阶段，投资产业的选择中具有很好的风险控制作用。因为作为有限合伙人的投资者在事后是很难具体参与到创业投资项目的选择中的。同时投资项目阶段

---

① 创业投资家一般更倾向于通过能充分竞价、具有强大价格发现机制的创业板市场退出，以实现基金管理收益的最大化。

② 这里的期权执行价格实际上表现为创业投资家参与利润分配前必须达到的收益基准。

的选择，投资产业的选择所带来的风险是很难证实的，这些都需要激励相容的机制使创业投资家有效地控制投资组合的风险。我们在第三章的研究表明：事前对创业投资家设置一个收益基准，在创业投资家达到了这个收益基准后才能参与基金利润的分配的机制可以在激励相容条件下使创业投资家选择事前设计的投资者能承受的投资组合风险。

3. 创业投资家注资并承担无限责任

在有限合伙制创业投资基金中，一般也要求创业投资家对项目进行一定的融资。虽然管理者投入的资本所占比例很小，但一旦基金破产清算，创业投资家将承担无限责任，这使得创业投资家利益与投资利益一致化，从而在一定程度上缓解了其过度冒险的冲动。

4. 限制单项投资的最大金额

为了尽可能消除非系统风险，风险基金必须进行组合投资。一般在合伙协议中都要对投资于单个项目的最大投资额作出明确规定，从而避免由创业投资家对某一项目的过度投资或投资过分集中所引起的非系统风险。在最大单项投资限制下，创业投资家一般通过联合其他创业投资公司（家）对创业项目进行融资，以达到分散投资组合非系统风险的目的。

5. 分阶段投资下再投资的风险审计

由于一切投资按照投资计划进行，风险控制委员会随时跟踪项目投资的进展情况，当一笔资本金投入后，他们根据该阶段的投资目标、财务情况、管理情况、市场情况等进行综合，给出该阶段投资的风险判断，当与投资目标相距甚远时，即可建议是否考虑暂缓或是停止下一轮投资的意见。经过论证，下一轮投资需要暂缓或是停止，如此这般运作的风险控制机制，使得风险投资基金的资本金损失降低到最小的范围。（具体的操作流程见图 4－2）

6. 无过错“离婚”条款

无过错“离婚”条款是指即使创业投资家没有犯原则性错误，只要投资者对其失去信心，他们就会停止投资。这是一种限制创业投资家滥用权利

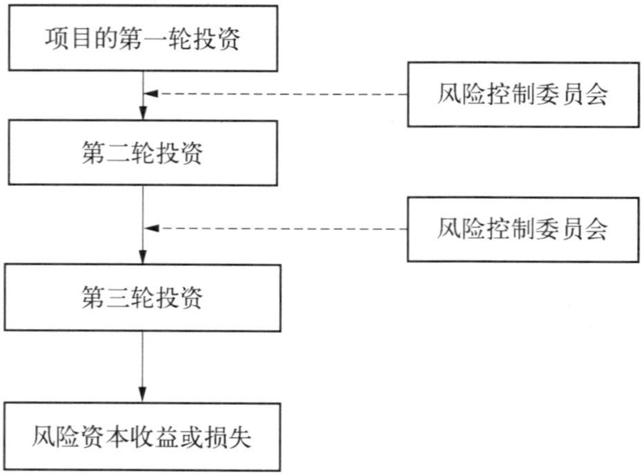

图 4-2 创业投资运作过程中的风险控制图

的设计。美国的有限合伙创业投资机构组建时，一般只要求投资者缴纳其承诺资本的25%～30%，剩下的投资可以到未来某一时间再缴纳。但投资者对创业投资家不满意，也可以援用“无过错离婚”条款，拒绝继续出资。建议在以后的司法解释或法律修改时对缴纳出资最长期限作出规定并采纳限制创业投资家滥用权利的分期出资与“无过错离婚”制度。当然，有限合伙人已投入资金会被做减半处理，所拥有股份也相应减半。

四、有限合伙制风险投资组织的监督机制

激励机制、约束机制以及风险控制机制的实施需要关于创业投资基金经营信息的有效反馈，创业投资基金还需要相应的监督机制，以使各种有效机制能够有效实施。创业投资基金的监督机制主要通过赋予有限合伙人收集创业投资家经营信息，对涉及有限合伙人关键利益的问题进行讨论和集体决策的机制。

（一）关键问题控制机构的设置

有限合伙创业投资基金主要通过4个机构对创业投资家的决策及其管理活动进行监督和评估。一是有限合伙人委员会，然后是三类决策咨询机

构：专家咨询委员会、投资决策咨询委员会、风险控制委员会。有限合伙人委员会相当于公司制组织中的董事会，作用主要是对诸如合伙协议的修改、提前解除合伙关系、延长风险投资基金的存续期、创业投资家的解雇等重大问题进行决策，以及审核创业投资家提供的报告，对三类决策咨询委员会的工作进行监督。专家咨询委员会，是由科技专家为主导力量构成的，主要是就科技项目的先进性给出判断和咨询。投资决策委员，是由投资专家、工程专家、市场专家、财务专家等构成的，主要就尽职调查的科技项目，给出可否投资的决策咨询意见，工程专家给出该科技项目的成熟性的判断，市场专家给出该科技项目的市场前景分析，投资专家给出该科技项目投资方案的分析，财务专家给出该科技项目财务的基本分析；而风险控制委员会，是由市场专家、财务专家、管理专家等构成的，他们主要就已投资的项目企业的进展情况，进行跟踪分析，并给出是否继续进行下一轮投资的咨询意见，从而起到投资风险最小化的"止损机制"的作用。当然，3 个专家委员会，可以合并为一个委员会，只要他们的功能充分发挥即可。

（二）信息披露制度

在合伙协议中，通常都明确规定创业投资家应定期向作为有限合伙人的投资者提供有关创业投资基金运行的财务状况以及受资企业的发展情况、发展前景等重大信息。信息披露周期可以采取半年报和年报相结合的形式进行。

（三）定期评估报告制度

由于风险投资基金的存续期比较长（一般在 10 年左右），为了及时掌握基金的运作情况，评价管理者的业绩，对基金运行实施动态控制，一般由咨询委员会定期对基金的组合投资价值进行评估。

由于创业投资基金资金拥有者和专业管理者人力资本的分离，创业投资基金本质上实施所有权和经营权的分离。但投资者由于没有掌握经营控制权，在信息上处于劣势，所以为了减少不对称信息，保护投资者利益，创业投资基金必须设置相应的监督机制，以保证投资者对关键问题的决策控制权，对创业投资家经营基金的监督权。

上述分析表明一个有效的创业投资基金治理结构就是要设计一套激励机制、约束机制、风险控制机制以及监督机制，使创业投资家在一个既有激励，又有限制的经营氛围中努力工作；对创业投资关键风险进行适当控制，使创业投资基金真正发挥高风险创业资本的风险承载作用。

五、有限合伙制创业投资基金的运作程序

综上，创业投资基金的完整运作过程主要包含如下程序。

(一) 基金发起

在政府批准的前提下，经过创业投资家发起，投资者投资组建有限合伙制创业投资基金；一般投资者出资 1%，投资家出资 99%；并且通过有限合伙协议规定创业投资家为普通合伙人承担无限责任；投资者作为有限合伙人人仅以投资资金承担有限责任。双方就事后创业投资家每年收取的管理费，最终基金利益的提成比例以及创业投资家参与分配必须达到的标准等薪酬元素进行规定。对创业投资基金的合伙人变更，投资者分期注入承诺资金的期限进行规定。

(二) 组建创业投资基金的最高权力机构

组建有限合伙人委员会，并由有限合伙人委员会来代表投资者利益，对创业投资家的经营管理，以及对决策咨询委员会进行监督。

(三) 资金托管

创业投资资金一旦组建后，会规定指定银行进行托管。银行在收到创业投资家投资指令后才能将资金投入具体项目中。

(四) 创业投资公司(家)的经营控制

创业投资家处在整个创业投资金运作的中间环节。所以，创业投资家成为整个创业资本运作的核心，成为决定创业投资成败的决定性因素。创

业投资家一般拥有有限合伙制创业投资基金的绝大部分的经营控制权，由其负责筛选，评估项目，并在专家咨询委员会，投资决策委员的专家帮助下决定是否投资项目。而在对项目的继续投资前，一般会整合风险控制委员会关于该项目风险状况的评估，从而决定是否继续下一轮投资。所以，创业投资基金经营控制权与投资资金所有权的分离，势必导致投资者和创业投资家的利益冲突。

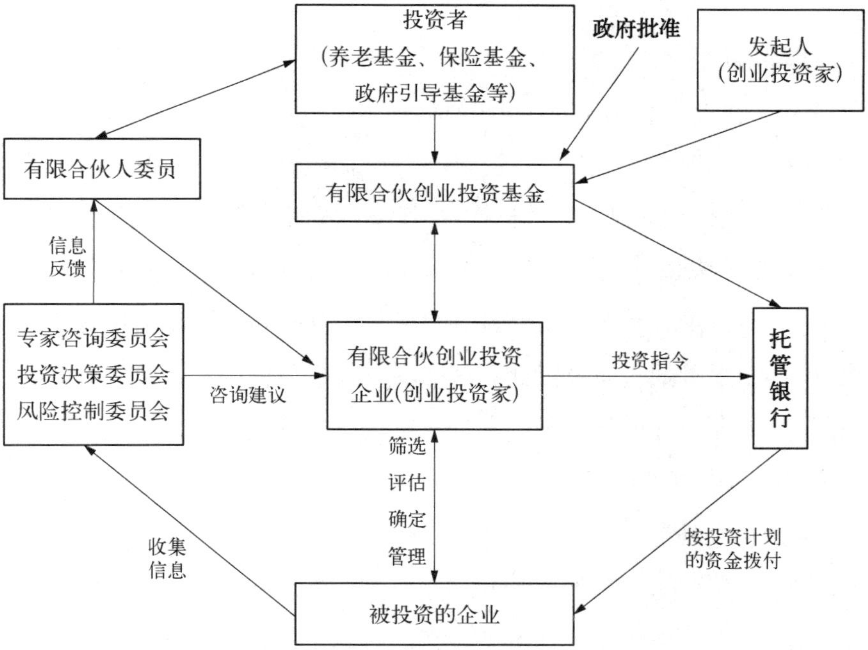

图 4－3　创业投资基金运作模式图

第三节　创业投资基金的外部治理研究

我们认为创业投资基金的外部治理主要有 4 个方面：(1) 有序引导资金进入创业投资领域；(2) 加强对有限合伙制创业投资基金的税收优惠；

(3) 加强创业投资家声誉评估体系的建立;(4) 加速创业板市场的发展。上述4个方面制度的完善主要为了促进创业投资基金能有效流入和退出创业资本市场,并从税收上鼓励投资者使用有限合伙制这种经过成功检验的创业投资有效运作机制。

一、创业投资资金的进入通道的疏通

(一) 政府资金的引导

美国创新型企业的发展离不开政府从资金上的直接扶持。其中非常关键的是中小企业管理局项目(Small Business Association)。该机构主要是通过政府以国家信用为担保发行国债,然后将融资得到的资金托管给经过政府严格审批的创业投资管理机构,由其作为发起人,同时吸引其他私人资本组建有限合伙制的创业投资基金。政府一般投资1/3的资金,却仅仅要求10%的利润并以此支付发行国债的利息。政府利用国家信用为基础进行杠杆性融资,并通过高投资低利润分享方式吸引民间资本流入创业资本市场,最后交给专业的创业投资家进行市场化的基金运作。在美国大约有430家创业投资管理公司得到政府资助的资金发展创业投资。美国的实践证明,政府的这种资金扶持政策是非常有效的。

借鉴美国小企业管理局(SBA)通过政府操作和市场操作相结合的经验,我国可建立政府创业投资引导体系,加强对创新型企业的扶持,促进我国创新技术的发展,尽早实现粗放型的制造型经济向自主创新的知识经济转化。

我国政府对创业投资的资金扶持现在主要是通过向国有创业投资公司注资直接进行创新型企业投资。其中最好的代表是深圳市创新投资集团有限公司。虽然像深圳市创新投资集团有限公司等国有创业投资管理公司在中国早期的创业投资发展中发挥了不可忽视的作用,但像其他国有企业一样存在治理结构的问题。在国有企业的治理模式下,由于产权结构的完全国有化，很难做到像一般创业投资管理公司一样以专业的创业投资家以其声誉作为发起设立创业投资基金的资本投入，并且创业投资管理者获得超过其投资资金份额的利润分成；并通过创业投资家的资金投入以及担负无限责任作为创业投资基金的风险控制机制。我们认为，我国政府在对创业投资基金的扶持上可以进行如下改革：

1. 创新型企业管理局改革

建立创新型企业管理局，直接向国务院负责，并主要负责如下事项：(1) 从我国建立创新型大国的战略高度，对我国未来中长期内所需要的关键性技术进行预测；并以此作为政府扶持的重点。(2) 委托银行发行创新型项目债券，为政府扶持创新项目募集社会资金，并出部分资金弥补债券资金投资创新项目可能的损失风险。比如往年投资资金中失败的比例为10%，而今年政府对创新项目的预算为 4 000 亿元，则政府只用拨款 400 亿元，剩余的资金通过发行债券募集。(3) 对创业投资公司审批和监督。

2. 我国国有风险投资管理公司的转型

使国有创业投资管理公司完全市场化，投资经理完全从市场中选择；使创业投资管理公司作为普通合伙人募集资金，按有限合伙制的形式注入少量自有资金，分享相当比例基金利润，并且承担无限责任。这样的改革将创业投资家推向市场，充分地激励创业投资家发挥其投资才干，并适当控制风险。只有将国有创业公司的产权以及治理机制彻底打破并按有限合伙制的要求进行重建，才能充分发挥创业投资家专业投资管理才能。正如三山公司的合伙人李山所说——金融业最重要的资产是人才。那么在创业投资的高风险环境下，专业投资人才作用的发挥才是创业投资成功的关键。而人才发挥作用的前提是人才发挥作用的空气和土壤——创业投资公司的产权结构以及由此决定的治理结构。市场在绝大多数时候是有效配置资源的工具，所以专业的创业投资家也应该由市场来提供。

从下面政府对创业投资基金的扶持流程设计图可以看出：政府通过这

种方式注入创业资金，是政府化募集资金与创业投资管理公司市场化的运作相结合的；并且政府通过债券发行以及高投入低利润分享要求放大了政府投入对创业投资基金资金的投入。

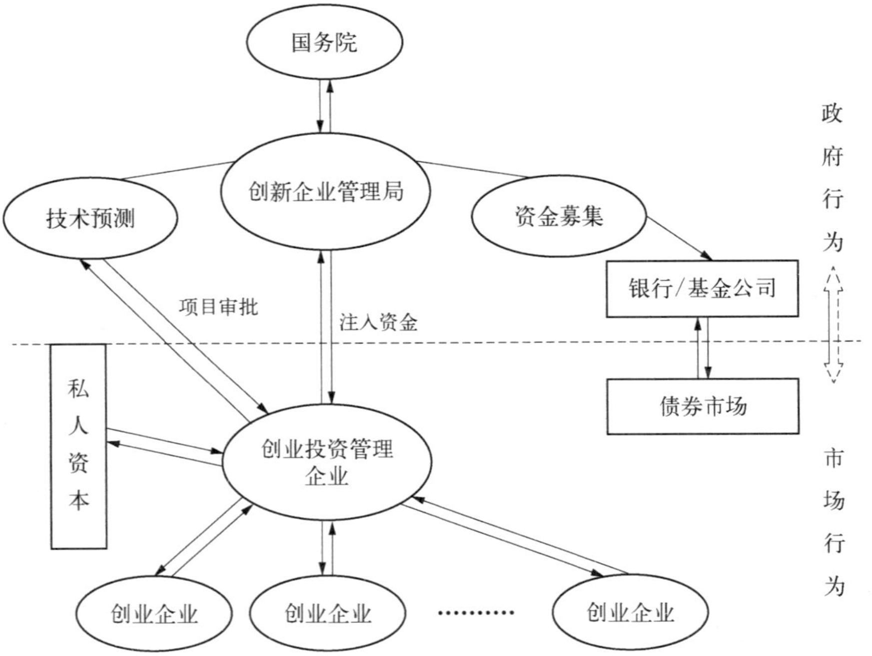

图 4-4　政府对创业投资基金的扶持流程图

(二) 放松对创业投资资本管制

要让更多的资金流入创业投资领域，光靠政府的扶持是远远不够的。尽管 2007 年 7 月 1 日实施的《合伙企业法》允许法人合伙在一定程度上确定了国内机构投资者对创业投资基金的投资基本定位；但我国的绝大部分机构的投资范围仍然在政府的严格管制下。从中国创业投资基金投资者构成与美国创业投资基金投资者的对比不难发现：我国创业投资基金资金主要还是来自政府、国外资金以及国有企业资金。我国缺乏美国创业投资基金的机构投资者——养老基金(社保基金)、保险公司等，这主要是由我国政府对这些机构投资者资本管制的结果。在我国目前流动性过剩，社保基金以及保险等缺乏投资机会的情况下，可以逐步地放开对这些机构投资创业投资基金的管制，同时要求这些机构投资者加强投资风险控制也是非常必要的。还有就是放松国内证券公司对创业投资领域的管制，逐步批准一些风险控制机制比较完善的投资银行（证券公司）进行创业投资的直投领域，也能增加创业投资市场的资金。总之，在我国加入 WTO 迟早要向国外投资者放松投资管制的前提下，先放松国内资金充裕的机构对创业资本市场的投资将能提高我国创业资本市场的资金安全，减少外部资本市场的不稳定性对我国创新事业的不利影响。

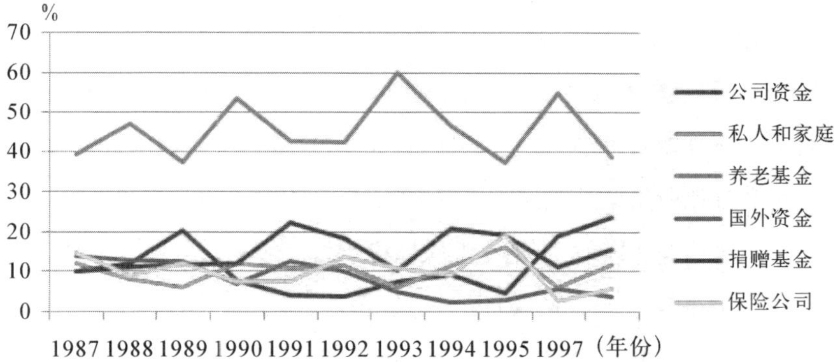

图 4－5　美国创业投资基金组成的动态变化图

资料来源：根据《美国风险投资业发展历史、现状及趋势——基于现代产业组织理论 SCP 框架分析》，《上海管理科学》2002 年第 6 期整理。

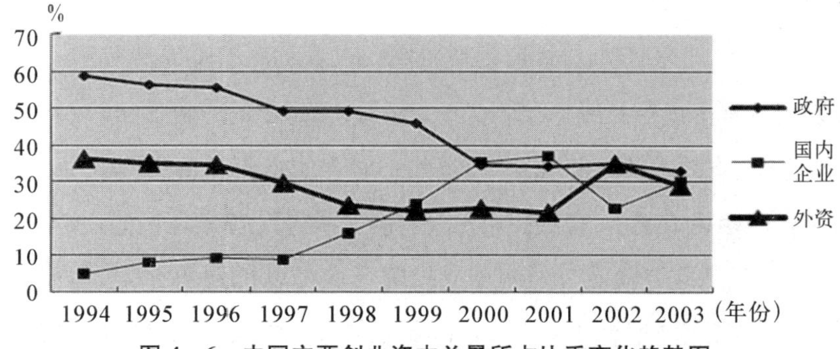

图 4－6　中国主要创业资本总量所占比重变化趋势图

资料来源：根据《中国创业投资发展报告 2003》和《中国创业投资发展报告 2004》整理。

二、加强与有限合伙制企业相关的配套法律规范建设

有限合伙创业投资基金的运作在国内还存一定的法律障碍。首先,我国《合伙企业法》刚颁布实施,企业注册时经常会遇到有关管理部门的审查障碍。其次,合伙人的诚信问题无法得到保障。我国目前尚未建立自然人的破产制度,逃废债务的情况相当普遍,所谓的承担无限责任,在实践中根本无从落实。因此,一般合伙人侵害投资者利益的问题难以得到保障。再次,税收法规配套不全,实施难度大。同时,有限合伙创业投资基金相对公司制创业投资基金并没有税收上的优惠。为了更好地促进有限合伙制模式在创业投资基金中的运用,政府必须解决好如下问题。

(一) 加强我国有限合伙制企业相对公司制企业的税收优惠政策

现行税法规定,合伙制企业不缴纳企业所得税,针对其合伙人取得的生产经营所得和其他所得缴纳个人所得税,适用个人所得税的五级超额累进税率。公司制企业缴纳企业所得税,税率按应纳税所得额的不同分为 3 个档次,对年应纳税所得额在 3 万元(含 3 万元)以下的企业,按 18%的税率征收企业所得税;年应纳税所得额超过 3 万元不足 10 万元(含 10 万元)的企业,按 27%的税率征收企业所得税;年应纳税所得额超过 10 万元的企业,按 33%的税率征收企业所得税。按照现行个人所得税的规定,我们可以计算得到:年应纳税所得额大于 50 万元时,合伙制(个人所得税)税率 35%,速算扣除数 6 750,临界点税负率 35%。公司制(企业所得税)税率 33%,临界点税负率 33%。但创业投资基金的募集规模一般都在 1 亿～2 亿元,其每年的应税额很容易超过 50 万元,这表明在现行的税法规定下,虽然不对合伙企业征企业所得税,但在合伙人所得较多的情况下,合伙制相对公司制在所得税的交纳下处于劣势。

同时,我国政府规定公司制创业投资企业可以抵扣 70%利润所得再交纳所得税。在这种情况下,公司制创业投资基金的税收优势就更加明显。这在短期内将加强我国投资者组建公司制创业投资基金进行股权投资以实

现有效的税收规避，但这是只重视短期利益的短视行为。因为我们前面已经充分阐述了只有有限合伙制才能使创业投资所需要的管理人才和投资资金最好结合。欧洲和美国大量而长期的创业投资实践已经论证了这个命题的成立。所以，我国应该进一步的调整关于有限合伙企业的所得税率，使其相对公司制的所得税有真正的优势，引导投资者利用有限合伙制这种有效机制进行创业企业投资基金的运作模式，并加快和完善有关有限合伙企业的税收登记和办理具体操作流程。

（二）完善关于个人破产制度的建立，真正落实无限责任制度

前面在风险控制环节中，我们已经强调了创业投资家承担无限责任对投资者投资风险的重要作用。如果这个制度不能很好地实施，投资将惧怕创业投资家的“烧钱”行为，这在一定程度上会抑制在创业投资基金管理中处于信息和控制劣势的投资者的资金投入。为此，必须建立我国目前所缺乏的个人破产制度，使得创业投资家的无限责任制度得以真正落实，并有效地化解创业投资家在基金管理过程中的滥用资金的道德风险。

三、加速创业投资退出通道的建立

由于创业投资基金是通过帮助企业进行价值增加服务而获取现金收益的金融资本，退出是必然的。毕竟每只创业投资基金都会在事前的合伙协议中规定 10 年左右的基金经营周期，即便要延长基金运作时间一般也不会超过 2 年。所以，创业投资基金的投资者和创业投资家在事前就会考虑到是否有通畅的退出通道。退出方式不仅影响到创业投资基金收益的实现，而且直接影响到创业投资基金的利润率，因为通过不同的退出方式投资企业股权的出售价格可能会有比较大的区别。一般退出主要有创业企业的管理层回购创业投资基金股份，将创业投资基金投资股份转让给竞争对手，在 IPO 后锁定期后将股份在证券交易所出让给公众投资者。对我国来说，现在急需建立和完善的是以下退出的途径：

(一) 继续探索建立区域性的中小企业股权交易市场

在我国中小创新型企业整体上市通道比较有限的情况下，我们应该积极探索一个有效率的区域(省)股权转让市场，增加中小企业股权的流动性。这将进一步加强我国中小企业股权价格的市场发现机制，增加创业投资基金的有效退出渠道。我们建议各个省和直辖市在原有产权交易市场的基础上建立自己的中小企业股权交易市场。在短期内，我国的创业投资可能更多的通过区域性的中小企业股权交易市场而退出投资企业。因为即便是我国马上退出创业板市场，每年能通过 IPO 退出的企业的数量也在 100 家以内，这对我国大量的创业投资的退出是非常有限的。大量的创业投资还必须通过区域性的中小企业股权交易市场通过股份转让而退出投资的项目。所以，加快建设区域性的中小企业股权转让市场对我国创业投资发展的意义并不亚于创业板市场的建立。

(二) 尽快推出我国创业企业板交易市场

从 1998 年开始，我国就已经开始了创业板市场的筹划工作，但政府决策层出于股市稳健发展的考虑，到目前为止都还没有推出创业板。我们相信在近期内创业板势必会推出，但是政府应该花尽可能多的经历好好研究，如何运作才能尽快的建立一个快速、稳健而有效的创业板融资市场，使其成为创业投资基金的主要通道。同时，创业板市场对创业企业的进一步的资金募集以及创业企业的公司治理都发挥重要的作用。这对我国目前面临的创业投资企业资金紧缺，急需从工业制造大国向创新型国家迈进以及经济的持续繁荣都具有非常重大的战略意义。

第四节　本 章 小 结

本章首先从企业制度特征与创业投资基金管理的激励和风险控制相匹

配的角度对创业投资基金的组织模式进行深入分析。有限合伙制灵活运用合约的柔性企业治理模式为创业投资基金的管理提供了广阔的金融创新空间，同时能更好地对关键性的人力资本——创业投资家提供超越出资比例的高强度的激励，并利用有限合伙制的债务区分机制形成强有力的风险控制机制。

其次，构建了一个以激励机制、风险控制机制、约束机制和监督机制的相组合的创业投资基金内部治理环境。最后我们从创业资本的流入、税收优惠以及创业资本的退出 3 个方面阐述了政府应该加强创业资金引导，放松创业投资管制，加强对有限合伙创业投资基金的税收优惠，并建立以区域股权转让和创业板融资为主的创业投资退出通道。

但我国目前的税收制度以及国家发展改革委员会对公司型创业投资基金的政策支持可以看出政府目前更倾向于支持公司型创业投资基金的发展模式。其理由是公司制的法人治理模式能更有效地完善创业投资基金的治理结构，但笔者还是坚持认为：只有有限合伙制才能激励资金缺乏但在创业企业的价值增加服务中起到决定性作用的创业投资家充分发挥其投资和管理才干，并且有限合伙制的差异化的债务约束能更好地控制创业投资基金的运作风险。

第五章 创业投资企业治理：一个二维产权视角

第一节　引　　言

一、创业投资企业治理的关键治理机制

由于创业投资高度的不确定性导致的合同不完全性、创业投资人力资本投资的重要性以及创业投资家投资过程参与的投资者内部化使得现代创业投资具有鲜明的治理特征。这主要表现在投资双方现金索取权的分配以及关键决策(控制)权的分配与公众公司治理具有显著的差异。在已经公开上市的公众性公司中投资者对公司关键决策的控制权和现金索取权是同向变化的，以股份为基础的产权确定了同比例的控制权和剩余索取权。这体现了现代公司制中的同股同权(控制权)的基本原则。但在创业企业的融资合同中现金索取权和对项目的关键决策(比如在项目后期对管理层替换的决策)的控制权是分别规定的(Gompers，1998；Kaplan & Stromberg，2003)，甚至在创业企业发展过程中会出现现金索取权和控制权反向变化的普遍情形。正如 Gompers(1998)，Hellman(1995)，Kaplan & Stromberg(2003)等实证研究指出的一样：创业投资企业治理中最关键两种机制是对项目事后关键决策的控制权与最终现金的索取权。

二、创业投资企业治理中关键性问题

目前创业投资治理的文献主要集中在：(1) 可转换证券对创业投资家和创业企业家项目投入道德风险的激励作用，如 Bergemann & Hege (1998)，Schmidt(2003)，Repullo(2003)，Casamatta(2003)；(2) 控制权分配对创业投资关键中决策效率的影响，如 Aghion & Bolton(1992)，Hellman(1998)，Dessein(2005)，燕志雄，费方域(2007)。从前文对创业投资治理研究的简单总结可以发现：目前关于创业投资治理的研究一般都将对项目收益的现金索取权和对项目关键决策的控制权两种机制先固定一个，然后分析另一种机制对创业投资治理效率的影响；同时，创业投资合同中，对创业投资家分配的各种控制权是比较具体的，比如事后对项目管理层替换的控制权，对项目事后进行干预(重组)的控制权；以及创业资本退出的决策控制权。同时，投资双方还会在事前的投资合同中普遍使用可转换优先股向创业投资家分配现金收益(Schmidt, 2003; Kaplan & Stromberg, 2003)。但以往的研究都只片面地强调其中一种机制的作用。

第二节　创业企业家替换与融资工具、控制权选择

一、研究的问题

在创业企业发展过程中，创业企业家(高层管理人员)起着至关重要的作用。因为创业企业创新模式的建立是离不开创业企业家充分发挥其创新型人力资本的；但绝大部分的创业企业家是技术出身，他们往往缺乏管理项目的经验，所以在创业企业发展到中后期，往往会出现职业经理人对创业企

业家的替换[①]。创业企业家被替换意味着其控制权收益的丧失,这包括在职消费、创业企业家声誉以及利用控制权为创业企业家亲朋谋取福利等。并且 Moskowitz & Jorgensen(2002)的实证研究表明,创业企业家通过控制权获得的私人得益(控制权收益)占其每年获得收益的相当部分。而对创业投资家来说,创业企业家消费的私人得益可能会降低其最终获得的项目现金收益。所以,在项目进展到中期时,创业投资家和创业企业家在是否替换创业企业家上往往存在利益冲突。

同时,Kaplan & Stromberg(2003)对美国创业投资的经典实证研究发现:(1) 创业投资中普遍使用可转换优先股作为创业投资家的主要投资工具。(2) 创业企业中对管理层的替换控制实行的是条件控制。(3) 创业投资家对项目的现金索取权和控制权反向变化。当项目状态变差,创业企业家一般不会转换可转换优先股,并对创业企业家进行替换;而当项目状态变好时,创业投资家往往会将优先股转换为普通股,同时创业企业家继续管理创业企业。

那么,创业投资实践中可转换优先股和条件控制相搭配的治理机制是否能实现创业企业家在替换决定前选择有效的私人得益,并在项目状态确定后实现创业企业家的有效替换呢?我们将从剩余索取权和剩余控制权的二维产权治理视角对上述关键问题进行分析。

二、研究意义

从二维产权治理的视角对事前融资工具选择以及创业企业家替换的控制权分配进行研究是非常有意义的。主要因为:(1) 对创业企业家替换的控制权分配和融资工具的选择是创业投资双方签订投资合同时必须考虑的关键性问题。项目中后期是否替换创业企业家直接决定着创业企业家的控

---

① 国内创业企业家在创业项目发展后期被替换的典型案例主要有新浪王志东被炒,美商网的童家成挂冠,方正祝剑秋下台。

制权收益(私人得益)。而创业企业家的控制权收益往往会对创业项目的现金收益产生负面影响。所以,事前的合同中必须包含事后对创业企业家替换控制决定的关键条款。由于创业企业事后状态①的不确定性和复杂性导致第三方(尤其法院)对项目状态不可核实。所以,事前不可能签订一个根据项目进展状态来决定是否替换创业企业家的合同。事前合同的不完全性使得在事前分配一个事后决定是否替换创业企业家的控制权显得非常重要。另一方面,不同的融资工具(债权,股权,可转换优先股)必然导致不同的收益分配,并导致不同的控制激励;所以,事前投资双方签订的关于项目剩余索取权和管理层替换控制权的安排直接影响到投资双方的利益,并影响到创业投资的效率。(2) 从剩余索取权和剩余控制权视角对创业投资治理的研究是对仅仅重视剩余索取权产权理论的有力拓展。目前关于创业投资治理的理论研究大部分将剩余索取权和剩余控制权分开进行研究,而我们的研究则考虑了创业投资中两种产权元素搭配下对创业企业家替换效率的影响。可见,本书的研究是以往创业投资企业治理的合理拓展,也是更符合创业投资治理实践的理论分析。

三、相关研究综述

本书研究的剩余索取权和剩余控制权配置本质上属于 20 世纪 70 年代兴起的企业理论研究范畴。企业理论主要包含 3 种理论:(1) 交易费用理论;该理论从企业内部交易相对市场交易节省交易费用的角度来解释企业存在的理由以及企业的边界问题。Coase(1937)认为企业权威可以替代市场价格机制来进行资源的配置,企业边界由企业管理(官僚)成本的上升与通过企业进行交易节省的交易费用相当时的规模确定。Steven N. S.

① 创业投资企业中的"状态"既可以是财务指标,如创业企业未来现金流量、利润、净资产等;也可以是非财务指标,如专利、新产品投放市场等企业发展过程中的一些重要成果或业绩,在创业初期,非财务指标可能更显重要。而项目状态的不确定性和第三方的不可证实性导致事前合同的不完全,可参考不完全合同的经典文献 Grossman & Hart(1986),Hart & Moore(1990)。

Cheung(1983)认为企业是对中间产品进行“间接定价”的装置。企业的边界由企业内部的“间接定价”成本(监督者或者经理的代理成本)与节省的市场交易费用相当来确定。Cheung 并没有研究管理的劳动价值问题,以及对企业控制权的安排问题。Yang 等(1995)的研究则弥补了上述重大空白。Yang 和 Wang 认为企业是对管理或决策劳动进行“间接定价”的装置。因为管理或决策劳动的不可触摸导致这些中间产品的数量和质量很难通过市场交易合约进行规定。而分工的高效性意味着将管理、决策以及某些专业性技能纳入生产是可以提高生产效率。而解决问题的办法就是组建企业,通过“间接定价”装置将这些很难通过市场进行交易的中间产品(管理或决策)纳入生产中,并让这些资产的所有者拥有对企业的剩余索取权。Yang 和 Wang 的理论解释了企业家不通过市场出卖知识和建议,而是直接介入企业生产中指挥这些活动的完成的典型事实。(2) 委托—代理理论。委托—代理的企业理论主要由 Alchian & Demestz(1972),Holmstrom(1979,1982)形成。由于企业的管理者和生产者一般都不是企业的剩余索取者,所以他们支付完全的成本却只分享很少比例的剩余,所以他们可能更倾向于捞取个人利益。所以,委托—代理理论强调通过契约的合理设计解决企业代理人的激励问题。Alchian & Demestz(1972)将企业作为一个生产团队,由于单独计量劳动成果的困难,需要授予监督者相应的剩余索取权和剩余控制权以使其有效地监督企业的其他团队成员。Holmstrom(1979,1982)的“预算平衡约束”理论则强调“委托人”的剩余索取权对企业效率的作用。(3) 基于不完全合同的产权理论(G-H-M)。本质上,Coase(1937)已经关注了交易的不确定性,但 Coase 并未从不确定性导致交易合同的不完全性角度去分析企业存在的原因。此后 Williamson(1979)、Klein(1980)、Shavell(1980)以及 Dye(1985)也都明确提到了合同的不完全性,但真正从合同不完全的视角来规范的讨论企业产权安排的是 Grossman & Hart(1986),Hart & Moore(1990)。GHM 认为企业是一组产权主体通过交易形成的不完全合同集合。并且企业内部交易合同的不完全性，意味着企业“产权”的存在，而且意味着二维产权元素——剩余控制权和剩余控制权分配方式的重要性。由于市场的不确定性必然导致企业收入的不确定性，这表明必须有人承担不确定的收入，所以初始的合同必须规定有人获得的是剩余收益，这就是所谓的剩余索取权。由于企业产权交易的长期性以及市场的不确定性，导致企业产权交易的不完全合同存在决策的“漏洞”。当实际状况确定时，必须有人决定如何填补合同中的“漏洞”，这就是剩余控制权的由来。现代企业理论将剩余索取权和剩余控制权二维元素的分配称为企业的所有权安排。近期企业治理的研究重点转移到什么样的剩余索取权和剩余控制权分配是最优的。

尽管产权理论和创业投资的实证研究都表明剩余索取权和剩余控制权的搭配是很重要的。但创业投资中关于企业的剩余索取权和剩余控制权的研究在很多情形下会忽略其中一个元素，单独分析另一种产权元素对创业投资效率的影响。一方面，将剩余控制权忽略，存在大量研究可转换证券对创业企业家或创业投资家道德风险的文献，如 Bascha & Walz(2001)，Souza(2001)，Cornelli & Yosha(2003)，Schmidt(2003)，Casamatta(2003)，Repullo & Suarez(2004)，Hellman(2006)，李建军，费方域(2009)。另一方面，Berglof(1994)，Hellman(1998)，Cestone(2001)，Kirilenko(2001)，Dessein(2005)，燕支雄，费方域(2007)等文献将剩余索取权形式一般化的前提下，研究事前控制权的合理分配来解决创业投资双方在事后进行有效决策。

上市公司普遍实行“一股一票”制，因此剩余控制权与剩余索取权是相互对应的，至少在形式上是对应的。而创业投资中的产权安排是一种错位的二维产权治理结构——投资方拥有的剩余索取权和剩余控制权存在反向变化的特征。而创业投资中创业投资家不仅拥有所占股份应有的投票权或董事会席位(创业投资家拥有的可转换优先股具有普通股一样的投票权)，还具有合同中规定的其他控制权，如超级投票权，未来融资权以及退出方式决策权等[①]。也就是说，如果创业投资家不能通过多数投票权或董事席位来行使控制权，也可以通过合同赋予的特别权利来行使控制权。因此，创业资本家拥有的剩余控制权与剩余索取权是不完全对应的。我们将剩余控制权和剩余索取权视为二维产权元素，不同的二维产权元素的组合确定不同的治理结构。本书集中分析不同的剩余索取权与不同的剩余控制权组合对创业投资中事后的创业企业家替换以及事前创业投资家控制权收益选择的效率影响，其分析结果弥补了创业投资中二元的产权治理结构分析的空白，并且很好地解释了创业投资中可转换优先股和条件控制权搭配的典型事实。

四、基本模型

（一）博弈过程

创业投资家和创业企业家在时刻 0 签订关于事后创业企业家（管理层）替换决定的控制权分配与最终项目现金收益分配规则（剩余索取权）的合同，同时创业投资家投资资金 K。在时刻 1 项目的经营状态 θ[②] 确定，θ 投资双方可观察但第三方（比如法院）不可证实。我们采用 Sahlman（1990），Hellmann & Pruri（2002），Schmidt（2003）的做法将状态设置为三个状态 $\theta \in \{\theta_g, \theta_m, \theta_b\}$，目的主要是为了反映项目状态的连续变化，并且具有分布

$$\Pr o\{\theta=\theta_g\}=p,\ \Pr o\{\theta=\theta_m\}=q,\ \Pr o\{\theta=\theta_b\}=1-p-q<1$$

状态 $\theta=\theta_b$ 表明创业投资项目的收益是非常差的，项目不应该再由创业企业家负责，应该利用职业经理人替换创业企业家；状态 $\theta=\theta_g$ 则表明创业企业正处于高速发展，创业投资家不应该替换创业企业家；当状态 $\theta=\theta_m$，表明项目由双方控制没有效率差异。如果企业家在时刻 $t=2$ 继续控制项

---

① 通过合同授予创业投资家控制权的实证文献，请参考 Sahlman，1990，Gompers，1995。
② 关于状态 θ 的描述，见下文。

目，项目在时刻 $t=3$ 成功的概率为 p^{EN}；如果在时刻 $t=2$ 项目由职业经理人控制，则项目在时刻 $t=3$ 成功的概率为 p^{PM}。并且项目最终如果成功，则最终的收益是由创业企业家事前选择的私人收益（控制权收益）和状态共同决定的，即 $R=R(\theta,\ l)$。

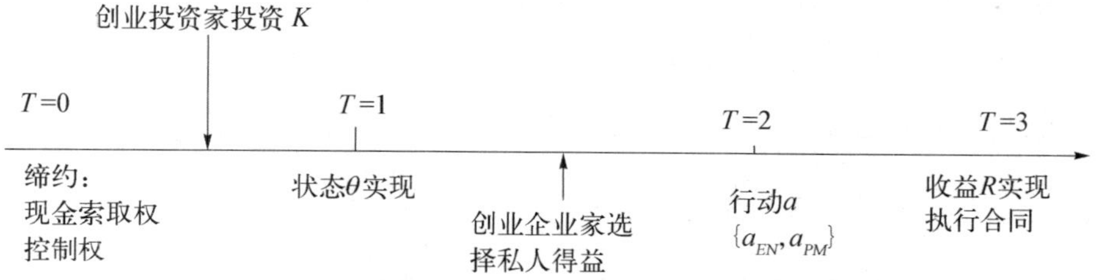

图 5－1　创业投资项目时间进程图

（二）基本假设

假设 1　创业投资家和创业企业家对收益均为风险中性。

这是与绝大部分公司金融文献相一致的假设，可假定创业投资家和创业企业家的效用函数分别为 $u(x)=x$，$v(w)=w$。

假设 2　职业经理人经营项目成功的概率超过创业企业家经营项目成功的概率，即

$$p^{PM}>p^{EN}$$

创业企业家大部分都是技术类专家出身，大部分都没有管理项目的经验，随着创业投资项目的发展和规模的扩大，职业经理人在项目后期的管理中具有更明显的经验优势。

假设 3　创业企业家事前选择的私人得益 l 会降低创业投资项目的现金收益并且现金收益是私人得益的严格凸函数，即

$$\frac{\partial R(\theta,\ l)}{\partial l}<0,\ \frac{\partial^2 R(\theta,\ l)}{\partial l^2}<0$$

这里的私人得益指创业企业家在经营项目过程中获取的控制权收益，

主要有在职消费，或者聘用并不适合创业项目职位的管理者亲属和朋友；以及创业企业家投资开发有利于提高自己学术地位但净现值为负的项目。这些私人得益具有不可转移以及对项目现金收益有反向作用的特点。并且创业投资中创业企业家获得私人得益具有相当的规模①。所以，创业企业家私人得益的占有是创业投资企业管理中创业企业家的主要道德风险之一。

假设 4 假定在创业企业家管理项目时，给定状态 θ，社会最有效的私人收益占有为

$$l^*(\theta)=\arg\max\{p^{EN}R(\theta,\ l)+l\},\ \ \forall\theta\in\{\theta_g,\ \theta_m,\ \theta_b\}$$

在职业经理人管理项目时，创业企业家事先应该选择的最有效私人得益水平为 $l^{PM}=0$，并且在 $\forall\theta\in\{\theta_g,\ \theta_m,\ \theta_b\}$，$l\in[0,\ \bar{l}]$，$l^*(\theta)$ 是唯一的。并且

$$p^{EN}R(l^*(\theta_g),\ \theta_g)+l^*(\theta_g)>p^{PM}R(0,\ \theta_g)$$

$$p^{EN}R(l^*(\theta_m),\ \theta_m)+l^*(\theta_m)=p^{PM}R(0,\ \theta_m)p^{EN}R(l^*(\theta_b),\ \theta_b)+l^*(\theta_b)$$
$$<p^{PM}R(0,\ \theta_g)$$

上述假设表明：在创业企业家事前选择最优的私人得益的情况下，在 $\theta=\theta_g$ 下，由创业企业家决定事后企业家替换社会最优；在 $\theta=\theta_m$ 下，创业投资家和创业企业家控制无效率差异；在状况 $\theta=\theta_b$，由创业投资家决定事后企业家的替换是社会有效的。

假设 5 投资双方都采取有效行动时，项目的预期收益是能回收投资成本的，即

$$pp^{EN}R(l^*(\theta_g),\ \theta_g)+qp^{PM}R(0,\ \theta_m)+(1-p-q)p^{PM}R(0,\ \theta_b)>K$$

并且

---

① Moskowitz & Jorgensen(2002)通过实证发现创业企业家的私人收益总额可达到其现金收益的143%。我们在与上海部分创业投资企业管理层的座谈中也发现创业企业家每月的报账开销可能达到与其薪水相当的水平。

$$p^{PM}R(0,\ \theta_b) \leqslant p^{PM}R(0,\ \theta_m) \leqslant p^{EN}R(l^*(\theta_g),\ \theta_g)$$

表明随着状态变好，采取有效行动的现金收益单调增加。

假设 6　创业企业家具有完全的谈判力

这个假设表明好的投资项目很少，而创业投资家之间充分竞争并导致创业投资家零利润。同时，这样假设是为了突出创业企业家的道德风险。在该假设下，合同设计只要保证创业投资家参与约束以等式成立即可。

由于创业投资家只重视现金收益，我们用 $u(x(R,\ S))$ 表示其效用；$x(R,\ S)$ 表示在项目现金收益 R 以及现金分配方式为 S 下创业投资家的现金收益 S 主要有债权分配、股权分配以及可转换优先股分配 3 种方式。而创业企业家的效用则是现金收益和货币化私人得益总和，即 $v(R)=R-u(x(R,\ S))+l$。

（三）事前投资双方签订的合同

由于状态 θ 足够复杂，导致第三方（尤其法院）不可核实，所以事前不能签订依据状态来分配事后创业企业家是否替换的决策权（控制权）。事前创业投资双方的合同必须规定两个重要内容：(1) 剩余索取权：规定事后在项目成功的情况的现金收益 R 的分配方式；(2) 剩余控制权：对状态确定后，谁决定是否替换创业企业家。所以，本书的研究是基于不完全合同(Hart，1986，1990；Aghion & Bolton，1992)的创业投资分析框架，这是近年来公司金融理论主要发展方向之一。同时，我们将对比不同的剩余索取权和不同的剩余控制权的搭配对事前创业企业家控制权收益的选择以及事后对创业企业家替换的效率影响。

五、股权融资下控制权分配研究

在股权融资下，创业投资家的效用函数可表示为 $u(x(s,\ R))=\beta R$，其中 $0<\beta\leqslant 1$ 是创业投资家投资后获得的项目的股份。创业企业家效用为 $v(R)=(1-\beta)R+l$。下面讨论在股权融资下 3 种控制权安排的效率。

(一) 创业企业家控制

在该控制模式下，在时刻 $t=2$ 由创业企业家决定是否替换创业企业家。下面分别分析在 3 种状态下，创业企业家事前私人收益选择和事后替换决策的效率。

在 $\theta=\theta_g$ 下，如果在时刻 $t=2$，由创业企业家继续控制创业投资项目，创业企业家的效用为 $v(R)=(1-\beta)p^{EN}R(l,\theta_g)+l$，并且事前的私人得益的选择为

$$\begin{aligned}\tilde{l}(\beta,\theta_g)&=\arg\max\{(1-\beta)p^{EN}R(l,\theta_g)+l\}>l^*(\theta_g)\\&=\arg\max\{p^{EN}R(l,\theta_g)+l\}\end{aligned}\tag{5-1}$$

所以在创业企业家继续管理项目的情况下，创业企业家收益为

$$v(R)=(1-\beta)p^{EN}R(\tilde{l}(\beta,\theta_g),\theta_g)+\tilde{l}(\beta,\theta_g)\tag{5-2}$$

在职业经理人替换下创业企业家的效用为 $v(R)=(1-\beta)p^{PM}R(0,\theta_g)$，并且由于 $\tilde{l}(\beta,\theta_g)$ 最大化创业企业家的效用，所以

$$\begin{aligned}(1-\beta)p^{EN}R(\tilde{l}(\beta,\theta_g),\theta_g)+\tilde{l}(\beta,\theta_g)&>(1-\beta)p^{EN}R(l^*(\theta_g),\theta_g)+l^*(\theta_g)\\&>(1-\beta)p^{PM}R(0,\theta_g)\end{aligned}\tag{5-3}$$

所以在状态 $\theta=\theta_g$ 下，创业企业家不会替换自己，并且会在事前选择超过最佳水平的私人得益。

在状态 $\theta=\theta_m$ 下，如果创业企业家控制则其效用为：

$$v(R)=(1-\beta)p^{EN}R(l,\theta_m)+l\tag{5-4}$$

事前创业企业家家选择的私人得益水平则为：

$$\begin{aligned}\tilde{l}(\beta,\theta_m)&=\arg\max\{(1-\beta)p^{EN}R(l,\theta_m)+l\}>l^*(\theta_g)\\&=\arg\max\{p^{EN}R(l,\theta_m)+l\}\end{aligned}\tag{5-5}$$

所以在创业企业家控制下其效用为：

$$v(R)=(1-\beta)p^{EN}R(\tilde{l}(\beta,\theta_m),\theta_m)+\tilde{l}(\beta,\theta_m) \tag{5-6}$$

而如果由职业经理人控制，则创业企业家的效用为：

$$v(R)=(1-\beta)p^{PM}R(0,\theta_m) \tag{5-7}$$

同样地，

$$(1-\beta)p^{EN}R(\tilde{l}(\beta,\theta_m),\theta_m)+\tilde{l}(\beta,\theta_m)>(1-\beta)p^{EN}R(l^*(\theta_m),\theta_m)+l^*(\theta_m)$$
$$=(1-\beta)p^{PM}R(0,\theta_m) \tag{5-8}$$

所以在状态 $\theta=\vartheta_m$ 的情况下，创业企业家同样不会替换自己，并且事前同样会选择过多的私人得益。

在状态 $\theta=\theta_b$ 下，如果创业企业家继续管理项目，则其效用为：

$$v(R)=(1-\beta)p^{EN}R(l,\theta_b)+l \tag{5-9}$$

事前，创业企业家选择的私人得益为：

$$\tilde{l}(\beta,\theta_b)=\arg\max\{(1-\beta)p^{EN}R(l,\theta_b)+l\}>l^*(\theta_g)$$
$$=\arg\max\{p^{EN}R(l,\theta_b)+l\} \tag{5-10}$$

所以创业企业家家控制下效用为：

$$v(R)=(1-\beta)p^{EN}R(\tilde{l}(\beta,\theta_b),\theta_b)+\tilde{l}(\beta,\theta_b) \tag{5-11}$$

此时创业企业家的效用是 β 的减函数并且总是超过 $\bar{l}$。而职业经理人控制下的创业企业家的效用为：

$$v(R)=(1-\beta)p^{PM}R(0,\theta_b) \tag{5-12}$$

而

$$(1-\beta)p^{EN}R(\tilde{l}(\beta,\theta_b),\theta_b)+\tilde{l}(\beta,\theta_b)>(1-\beta)p^{EN}R(l^*(\theta_b),\theta_b)+l^*(\theta_b) \tag{5-13}$$

同时要保证：

$$(1-\beta)p^{EN}R(l^*(\theta_b),\ \theta_b)+l^*(\theta_b)>(1-\beta)p^{PM}R(0,\ \theta_b) \tag{5-14}$$

只需要

$$\beta>1-\frac{l^*(\theta_b)}{p^{PM}R(0,\ \theta_b)-p^{EN}R(l^*(\theta_b),\ \theta_b)}=\hat{\beta} \tag{5-15}$$

由于 $p^{PM}R(0,\ \theta_g)>p^{EN}R(l^*(\theta_b),\ \theta_b)+l^*(\theta_b)$，所以

$$0<\frac{l^*(\theta_b)}{p^{PM}R(0,\ \theta_b)-p^{EN}R(l^*(\theta_b),\ \theta_b)}<1 \tag{5-16}$$

这表明：

$$0<\hat{\beta}=1-\frac{l^*(\theta_b)}{p^{PM}R(0,\ \theta_b)-p^{EN}R(l^*(\theta_b),\ \theta_b)}<1 \tag{5-17}$$

所以在状态 $\theta=\theta_b$ 下，存在 $0<\hat{\beta}<1$，当 $\beta>\hat{\beta}$ 时，创业企业家事后不会替换自己，并且会在事前选择超过有效水平的私人得益。

(二) 创业投资家控制

在时刻 $t=2$ 由创业投资家决定是否利用职业经理人替换创业企业家。由于

$$\beta p^{PM}R(0,\ \theta)\geqslant\beta p^{EN}R(l,\ \theta),\ \forall\theta\in\{\theta_g,\ \theta_m,\ \theta_b\},\ l\in[0,\ \bar{l}] \tag{5-18}$$

所以创业投资家控制下，在三种状态下，创业投资家都会选择在时刻 $t=2$ 选择替换创业企业家。

(三) 共同控制

我们遵循 Vauhkonen(2003)，先定义一种新的控制结构——共同控制。假定在投资双方共同控制的情况下，如果投资双方不能达成一致协议，则其中一方以 1/2 的概率进行单独控制，这可以理解为双方在董事会具有相同

的投票权，同时还存在中立的第三方（比如独立董事），如果投资双方不能达成协议，则由中立的第三方以 1/2 的概率选择有利于创业投资家的决定，以 1/2 的概率选择有利于创业企业家的决定。

在状态 $\theta=\theta_g$，根据前面的分析，创业投资家和创业企业家无法达成一致协议，所以双方共同控制的情况下，创业投资项目的总体预期收益为：

$$\frac{1}{2}[p^{EN}R(\tilde{l}(\beta,\theta_m),\theta_m)+\tilde{l}(\beta,\theta_m)]+\frac{1}{2}p^{PM}R(0,\theta_m)$$
$$<p^{EN}R(l^*(\theta_m),\theta_m)+l^*(\theta_m) \qquad (5-19)$$

同样地，在状态 $\theta=\theta_m$ 下创业投资项目总体的预期效用为：

$$\frac{1}{2}[p^{EN}R(\tilde{l}(\beta,\theta_m),\theta_m)+\tilde{l}(\beta,\theta_m)]+\frac{1}{2}p^{PM}R(0,\theta_m)<p^{PM}R(0,\theta_m) \qquad (5-20)$$

同样地，在状态 $\theta=\theta_b$ 下创业投资项目总体的预期效用为：

$$\frac{1}{2}[p^{EN}R(\tilde{l}(\beta,\theta_b),\theta_b)+\tilde{l}(\beta,\theta_b)]+\frac{1}{2}p^{PM}R(0,\theta_b)<p^{PM}R(0,\theta_b) \qquad (5-21)$$

综合上述的分析，我们可以得到如下命题：

命题 1　在股权融资下，创业投资家控制、创业企业家控制以及共同控制都不能在所有状态下实现事前创业企业家私人得益的有效选择和事后创业企业家的有效替换，并且

（1）在创业企业家控制下，创业企业家在三种状态下都会在事前选择过多的私人得益；并且在状态 θ_g，θ_m 下都不会替换自己；并且存在 $0<\hat{\beta}<1$，当 $\beta>\hat{\beta}$ 时，即便在状态 $\theta=\theta_b$ 下，创业企业家也不会替换自己。

（2）在创业投资家控制下，在三种状态下创业投资家都会利用职业经理人替换创业企业家。

(3) 共同控制在三种状态下都不能使创业企业家事前选择有效的私人得益并实现事后创业企业家的有效替换。

命题1表明在股权融资下，创业企业家控制会使得创业企业家事前选择过多的私人得益，并出现过少的替换；而在创业投资家控制下，由于创业投资家仅重视现金收益，所以会出现对创业企业家的过多的替换。而在共同控制下，由于在三种状态下双方都不能达成一致协议，所以最后的效率总是有效选择和无效选择的平均，仍然不能达到事前创业企业家私人得益的有效选择和事后创业企业家的有效替换。所以在股权融资下，创业企业家控制、创业投资者控制以及共同控制都不能实现事前创业企业家私人得益的有效选择和事后创业企业家的有效替换。

六、债权融资下控制权分配研究

在债务融资下，创业投资家事后在项目成功的情况下获得固定支付 $D > K$，所以在项目成功的情况下，创业投资家的现金收益为 D；创业企业家的收益为 $R(l, \theta) - D + l$。

(一) 创业投资家控制

在职业经理人管理项目的情况下，$\forall \theta \in \{\theta_b, \theta_m, \theta_g\}$ 创业投资家的期望效用都是 $v(R) = p^{PM}D$；而在创业企业家继续管理项目的情况下，$\forall \theta \in \{\theta_b, \theta_m, \theta_g\}$，创业投资家的期望效用为 $v(R) = p^{EN}D$。因此在债务融资的情况下，在时刻 $t = 2$，$\forall \theta \in \{\theta_b, \theta_m, \theta_g\}$，创业投资家都会选择替换创业企业家以最大化自己获得债权偿还的概率。

(二) 创业企业家控制

在状态 $\theta = \theta_g$ 下，在时刻 $t = 2$ 如果创业企业家继续管理项目，则创业企业家的效用为：

$$v(R) = p^{EN}[R(l, \theta_g) - D] + l \qquad (5-22)$$

创业企业家事前选择的私人得益为：

$$\hat{l}(\theta_g, D) = \arg\max\{p^{EN}[R(l, \theta_g) - D] + l\} = l^*(\theta_g)$$
$$= \arg\max\{p^{EN}R(l, \theta_g) + l\} \tag{5-23}$$

所以，创业企业家继续管理项目情况下的效用为：

$$v(R) = p^{EN}[R(l^*(\theta_g), \theta_g) - D] + l^*(\theta_g) \tag{5-24}$$

如果在时刻 $t=2$，职业经理人替换创业企业家管理项目，创业企业家的效用为：

$$v(R) = p^{PM}[R(0, \theta_g) - D] \tag{5-25}$$

根据假设 4，显然有：

$$p^{EN}[R(l^*(\theta_g), \theta_g) - D] + l^*(\theta_g) > p^{PM}[R(0, \theta_g) - D] \tag{5-26}$$

所以在状态 $\theta = \theta_g$ 下，创业企业家不会替换自己，并且事前选择有效的私人得益。

在状态 $\theta = \theta_m$ 下，创业企业家如果不替换自己，则其效用为：

$$v(R) = p^{EN}[R(l, \theta_m) - D] + l \tag{5-27}$$

事前，创业企业家选择的私人得益为：

$$\hat{l}(\theta_m, D) = \arg\max\{p^{EN}[R(l, \theta_m) - D] + l\} = l^*(\theta_m)$$
$$= \arg\max\{p^{EN}R(l, \theta_m) + l\} \tag{5-28}$$

所以在创业企业家继续管理项目的情况下，创业企业家的效用为：

$$v(R) = p^{EN}[R(l^*(\theta_m), \theta_m) - D] + l^*(\theta_m) \tag{5-29}$$

而在时刻 $t=2$，利用职业经理人替换创业企业家管理项目，创业企业家的效用为：

$$v(R)=p^{PM}[R(0,\theta_m)-D] \tag{5-30}$$

根据前面的假设 4，我们有：

$$v(R)=p^{EN}[R(l^*(\theta_m),\theta_m)-D]+l^*(\theta_m)>p^{PM}[R(0,\theta_m)-D] \tag{5-31}$$

所以，在状态 $\theta=\theta_m$ 下，如果是债权融资，创业企业家在时刻 $t=2$ 仍然不会替换自己。

在状态 $\theta=\theta_b$ 下，如果创业企业家控制，则创业企业家事前选择的私人得益为：

$$\begin{aligned}\hat{l}(\theta_b,D)&=\arg\max\{p^{EN}[R(l,\theta_b)-D]+l\}=l^*(\theta_b)\\&=\arg\max\{p^{EN}R(l,\theta_b)+l\}\end{aligned} \tag{5-32}$$

在创业企业家控制下，创业企业家的效用为：

$$v(R)=p^{EN}[R(l^*(\theta_b),\theta_b)-D]+l^*(\theta_b) \tag{5-33}$$

在职业经理人替换创业企业家管理项目的情况下，创业企业家的效用为：

$$v(R)=p^{PM}[R(0,\theta_b)-D] \tag{5-34}$$

如果

$$p^{EN}[R(l^*(\theta_b),\theta_b)-D]+l^*(\theta_b)>p^{PM}[R(0,\theta_b)-D] \tag{5-35}$$

$$D>\frac{p^{PM}R(0,\theta_b)-[p^{EN}R(l^*(\theta_b),\theta_b)+l^*(\theta_b)]}{p^{PM}-p^{EN}}\triangleq\widetilde{D} \tag{5-36}$$

所以只要 $D>\widetilde{D}$，在时刻 $t=2$，创业企业家仍然不会选择替换自己。

(三) 共同控制

在状态 $\theta=\theta_g$ 下，共同控制下创业投资双方不可能达成一致协议，所以以 1/2 的概率创业企业家继续管理项目，创业投资项目总收益为 $p^{EN}R(l^*(\theta_g),\theta_g)+l^*(\theta_g)$；以 1/2 的概率为职业经理人继续管理项目，创业投资项目总收益为 $p^{PM}R(0,\theta_g)$。所以投资项目的预期总效用为：

$$\frac{1}{2}[p^{EN}R(l^*(\theta_g),\theta_g)+l^*(\theta_g)]+\frac{1}{2}p^{PM}R(0,\theta_g)$$
$$<p^{EN}R(l^*(\theta_g),\theta_g)+l^*(\theta_g) \tag{5-37}$$

同样地，在状态 $\theta=\theta_m$ 下创业投资项目总体的预期效用为：

$$\frac{1}{2}p^{PM}R(0,\theta_m)+\frac{1}{2}[p^{EN}R(l^*(\theta_m),\theta_m)+l^*(\theta_m)]$$
$$=p^{EN}R(l^*(\theta_m),\theta_m)+l^*(\theta_m)$$
$$=p^{PM}R(0,\theta_m) \tag{5-38}$$

同理，在状态 $\theta=\theta_b$ 下，创业投资项目的预期效用为：

$$\frac{1}{2}p^{EN}[R(l^*(\theta_b),\theta_b)+l^*(\theta_b)]+\frac{1}{2}p^{PM}R(0,\theta_b)<p^{PM}R(0,\theta_b) \tag{5-39}$$

命题 2　在债权融资下，创业投资家控制、创业企业家控制以及共同控制都不能在所有状态下实现事前创业企业家私人得益的有效选择和事后创业企业家的有效替换，并且有：

(1) 创业投资家控制下，创业投资家总是选择在时刻 $t=2$ 替换创业企业家。

(2) 创业企业家控制下，创业企业家事前会选择有效的私人得益，但存在 $\tilde{D}$，在 $D>\tilde{D}$ 时，即便在状态 $\theta=\theta_b$ 下，创业企业家仍然不会选择在时刻 $t=2$ 替换自己。

（3）在共同控制下：只有在状态 $\theta=\theta_m$ 下是有效率的；在状态 $\theta=\theta_g$ 下，共同控制的效率比创业企业家控制低；在状态 $\theta=\theta_b$ 下共同控制的效率比创业投资家控制低。

上述两部分的分析表明：无论在股权融资还是债权融资下，创业投资家控制、创业企业家控制以及共同控制都不能保证在每一种状态下都达到事前创业企业家私人得益的有效选择和事后创业企业家的有效替换。所以我们下面考虑创业投资中使用非常频繁的可转换证券以及条件控制（contingency control）搭配的二维产权治理结构的效率。

七、条件剩余索取权与条件控制权二维产权模型

下面我们讨论一种可转换优先股与条件控制相搭配的治理结构在创业企业管理层替换中的治理效率。现在设计创业投资中剩余索取权和对创业企业家替换决定相搭配的控制权转移结构：考虑一个可转换证券的设计，在创业投资家开始投资风险项目的时候双方就签订一个剩余索取权和控制结构搭配组成的合同：$\{(D, VC), (\beta, EN)\}$，该合同规定：在状态 $\theta \in \{\theta_b, \theta_m, \theta_g\}$ 实现后，创业投资家可以在上面的合同中任意选择一个现金索取权和控制权的组合。其中 (D, VC) 表示：如果创业投资家选择在时刻 $t=2$ 控制，那么创业投资家在项目成功的情况下获得固定债权支付 D；(β, EN) 则表示如果创业投资家选择让创业企业家在时刻 $t=2$ 控制则其投资在最终可以获得比例为 β 的股权。下面我们来分析不同的状态下，要实现事前创业企业家私人得益的有效选择和事后创业企业家的有效替换，相应的参数应该如何设计。

下面我们先给定创业企业家事前选择的私人得益 l，然后分析在 3 种状态下，创业投资家的均衡选择以及在均衡选择下替换创业企业家的效率；然后再分析在各种状态下，事后创业企业家替换均衡确定后，创业企业家事前私人得益选择的效率。

在状态 $\theta=\theta_b$ 下，如果创业投资家选择 (D, VC)，那么创业投资家在时刻 $t=2$ 一定会为了最大化债权回收的概率而替换创业企业家，且其预期效用为 $u(R)=p^{PM}D$；如果创业投资家选择 (β, EN)，那么创业企业家在

$$p^{PM}(1-\beta)R(l, \theta_b)>p^{EN}(1-\beta)R(l, \theta_b)+l \tag{5-40}$$

亦即

$$\beta<1-\frac{l}{(p^{PM}-p^{EN})R(l, \theta_b)}<1 \tag{5-41}$$

时，创业企业家才会选择替换自己；在 $\beta>1-\dfrac{l}{(p^{PM}-p^{EN})R(l, \theta_b)}$ 时，创业企业家则不会替换自己，并且此时创业投资家的预期效用为：

$$u(R)=p^{EN}\beta R(l, \theta_b)<p^{PM}\beta R(l, \theta_b) \tag{5-42}$$

所以，只要

$$p^{PM}D\geqslant p^{PM}\beta R(l, \theta_b) \tag{5-43}$$

式(5-43)成立必然保证创业投资家在状态 $\theta=\theta_b$ 下会选择 (D, VC) 而不是 (β, EN)。

在状态 $\theta=\theta_m$ 下，如果创业投资家选择 (D, VC)，则创业投资家控制并且一定会在时刻 $t=2$ 替换创业企业家，其预期效用为 $p^{PM}D$；如果创业投资家选择 (β, EN)，则在时刻 $t=2$ 由创业企业家决定是否替换自己。如果创业企业家不替换自己，其预期效用为 $p^{EN}(1-\beta)R(l, \theta_m)+l$；如果创业企业家替换自己，则其预期效用为 $p^{PM}(1-\beta)R(l, \theta_m)$；但无论创业企业家是否替换自己，只要

$$p^{PM}D\geqslant p^{PM}\beta R(l, \theta_m)>p^{EN}\beta R(l, \theta_m) \tag{5-44}$$

创业投资家都会在选择 (D, VC)，而不是 (β, EN)。并且，由项目收

益对状态的单调性，(5-44)式成立一定能保证(5-43)式成立。

在状态 $\theta=\theta_g$，我们先证明：只要 $l \leqslant l^*(\theta_g)$，创业投资家的均衡选择为 (β, EN)。如果创业投资家选择 (D, VC)，那么创业投资家会选择替换创业企业家且其预期效用为 $p^{PM}D$。如果创业投资家选择 (β, EN)，那么由创业企业家在时刻 $t=2$ 决定是否替换自己。如果创业企业家不替换自己其预期效用为 $p^{EN}(1-\beta)R(l, \theta_g)+l$；如果创业企业家利用职业经理人替换自己，则其预期效用为 $p^{PM}(1-\beta)R(l, \theta_g)$，要创业企业家不替换自己，只需要

$$p^{EN}(1-\beta)R(l, \theta_g)+l \geqslant p^{PM}(1-\beta)R(l, \theta_g) \tag{5-45}$$

上面的式子成立的条件是

$$1 \geqslant (1-\beta)R(l, \theta_g)(p^{PM}-p^{EN}) \tag{5-46}$$

在创业企业家不替换自己的情况下，创业投资家的预期效用为：

$$u(R)=p^{EN}\beta R(l, \theta_g) \tag{5-47}$$

所以，在

$$p^{EN}\beta R(l, \theta_g) \geqslant p^{PM}D \tag{5-48}$$

下，创业投资家会选择 (β, EN) 而不是 (D, VC)。

事前创业投资家和创业企业家投资双方设计的可转换证券和控制权相搭配的融资合同要达到事后创业企业家的有效替换，只需要满足如下条件：

$$p^{EN}\beta R(l, \theta_g) \geqslant p^{PM}D \geqslant p^{PM}\beta R(l, \theta_m) \geqslant p^{PM}\beta R(l, \theta_b) \tag{5-49}$$

最后一个不等式在假设 4 中的项目收益是状态单调函数的假设下自然成立。前面两个不等式等价于：

$$\beta R(l,\ \theta_m) \leqslant D \leqslant \frac{p^{EN}}{p^{PM}}\beta R(l,\ \theta_g) \tag{5-50}$$

取

$$\beta = \frac{p^{PM}D}{p^{EN}R(l^*(\theta_g),\ \theta_g)} \tag{5-51}$$

则不等式(5-50)等价于：

$$\frac{p^{PM}}{p^{EN}}R(l,\ \theta_m) \leqslant R(l^*(\theta_g),\ \theta_g) \leqslant R(l,\ \theta_g) \tag{5-52}$$

由于 $\frac{\partial R(l,\ \theta_g)}{\partial l} < 0$，上面的不等式成立，等价于：

$$l^*(\theta_m,\ \theta_g) \leqslant l \leqslant l^*(\theta_g) \tag{5-53}$$

其中，$l^*(\theta_m,\ \theta_g)$ 满足：$\frac{p^{PM}}{p^{EN}}R(l^*(\theta_m,\ \theta_g),\ \theta_m) = R(l^*(\theta_g),\ \theta_g)$。

所以，在 $\beta = \frac{p^{PM}D}{p^{EN}R(l^*(\theta_g),\ \theta_g)}$，并且 $l^*(\theta_m,\ \theta_g) \leqslant l \leqslant l^*(\theta_g)$ 下就能保证可转换证券和控制权的搭配结构 $\{(D,\ VC),\ (\beta,\ EN)\}$ 实现事后创业企业家的有效替换。

下面再分析事前创业企业家私人得益的选择。在状态 $\theta = \theta_b$ 与 $\theta = \theta_m$ 下，创业企业家预期到创业投资家会选择 $(D,\ VC)$，并会利用职业经理人替换创业企业家，所以创业企业家事前私人得益的均衡选择都是 $l = 0$。

在状态 $\theta = \theta_g$ 下，创业企业家预期到：在 $l^*(\theta_m,\ \theta_g) \leqslant l \leqslant l^*(\theta_g)$ 的情况下，创业投资家会选择 $(\beta,\ EN)$，并且创业企业家会选择不替换自己并消费私人得益，此时其预期收益为：

$$p^{EN}(1-\beta)R(l,\ \theta_g) + l \tag{5-54}$$

如果创业企业家选择 $l > l^*(\theta_g)$，创业投资家将选择 (D, VC)，并且一定会替换创业企业家。此时，创业企业家的收益为 $p^{PM}(R(l, \theta_g) - D)$，此时创业企业家的收益的上界是

$$\sup_{l > l^*(\theta_g)} p^{PM}(R(l, \theta_g) - D) = p^{PM}(R(l^*(\theta_g), \theta_g) - D) \quad (5-55)$$

而在 $l^*(\theta_m, \theta_g) \leqslant l \leqslant l^*(\theta_g)$ 的情况下，创业企业家的最大预期收益为：

$$\max_{l^*(\theta_m, \theta_g) \leqslant l \leqslant l^*(\theta_g)} p^{EN}(1-\beta)R(l, \theta_g) + l \quad (5-56)$$

前面的分析已经表明：在创业企业家控制的股权融资下，创业企业家倾向于选择

$$l = \tilde{l}(\theta_g, \beta) > l^*(\theta_g) \quad (5-57)$$

但在约束 $l^*(\theta_m, \theta_g) \leqslant l \leqslant l^*(\theta_g)$ 下，创业企业家的最佳选择是 $l = l^*(\theta_g)$，此时预期效用为：

$$p^{EN}(1-\beta)R(l^*(\theta_g), \theta_g) + l^*(\theta_g) \quad (5-58)$$

如果

$$p^{EN}(1-\beta)R(l^*(\theta_g), \theta_g) + l^*(\theta_g) \geqslant p^{PM}(R(l^*(\theta_g), \theta_g) - D) \quad (5-59)$$

则，创业企业家事前的均衡选择为 $l = l^*(\theta_g)$。上面不等式在 $\beta = \dfrac{p^{PM}D}{p^{EN}R(l^*(\theta_g), \theta_g)}$ 下，等价于：

$$p^{EN}\left(1 - \frac{p^{PM}D}{p^{EN}R(l^*(\theta_g), \theta_g)}\right)R(l^*(\theta_g), \theta_g) + l^*(\theta_g)$$
$$\geqslant p^{PM}(R(l^*(\theta_g), \theta_g) - D)$$

$$\Leftrightarrow p^{EN}R(l^*(\theta_g),\ \theta_g)+l^*(\theta_g)\geqslant p^{PM}R(l^*(\theta_g),\ \theta_g) \qquad (5-60)$$

根据上面的假设 4，上面的不等式成立。所以，在状态 $\theta=\theta_g$ 下，创业企业家事前的均衡选择为 $l=l^*(\theta_g)$。

最后，为了创业投资家的投资参与，还必须保证创业投资家的预期收益为

$$(1-p-q)p^{PM}D+qp^{PM}D+p\beta p^{EN}R(l^*(\theta_g),\ \theta_g)\geqslant K \qquad (5-61)$$

只要取 $D\geqslant\frac{K}{p^{PM}}$ 就能保证上面的不等式成立。不妨取 $D=\frac{K}{p^{PM}}$，此时

$$\beta=\frac{p^{PM}D}{p^{EN}R(l^*(\theta_g),\ \theta_g)}=\frac{K}{p^{EN}R(l^*(\theta_g),\ \theta_g)} \qquad (5-62)$$

综合上面分析，我们可以得到本节最主要的结论：

命题 3　如果事前的融资合同中选择

$$D=\frac{K}{p^{PM}},\ \beta=\frac{K}{p^{EN}R(l^*(\theta_g),\ \theta_g)} \qquad (5-63)$$

那么可转换证券和控制权搭配的融资安排 $\{(D,\ VC),\ (\beta,\ EN)\}$ 可保证创业企业家事前选择有效的私人得益并在事后实现有效的创业企业家替换。

八、本节结论及研究展望

(一) 主要结论

由于创业投资项目的高度不确定性，以及项目状态的不可证实性，导致创业投资中创业投资家和创业企业家签订合同具有明显的不完全性。创业

投资合同的不完全性使得对项目的剩余控制权和剩余索取权同等的重要。我们突破以往创业投资中仅仅从剩余索取权或者剩余控制权单一的产权维度的分析视角，在一个二维的产权治理框架下，将创业投资家的现金索取权和对项目的控制权相结合进行创业投资治理的分析。

在不完全合同的框架下，我们研究了债权融资、股权融资以及可转换优先股融资等 3 种现金分配方式与单边控制、共同控制以及条件控制相搭配的二维产权治理结构对创业企业家事前控制权收益的选择以及事后创业企业家替换的效率影响。通过研究，我们发现：在债权融资、股权融资两种现金分配模式下，创业投资家控制、创业企业家控制以及双方共同控制都不能保证在每一种状态下使创业企业家事前选择有效控制权收益，并在事后对创业企业家进行有效替换。但可转换优先股和条件控制相搭配的二维产权治理结构却能够保证创业企业家事前选择有效的控制权收益，并在事后对创业投资家进行有效替换。最优的创业投资合同是在事前给创业投资家合同 $\{(D, VC), (\beta, EN)\}$，待项目状态确定后，创业投资家在 $\{(D, VC), (\beta, EN)\}$ 中进行选择。创业投资家或者选择最后获得固定的收益 D 并决定在项目的后期是否替换创业企业家，或者最后选择获得项目剩余收益的固定份额 β，并将事后替换创业企业家的控制权交给创业企业家。在不完全合同框架下的剩余索取权和剩余控制权二维产权治理模型很好地解释了可转换优先股与条件控制治理结构在创业投资中普遍存在的原因以及创业投资家的现金索取权和对项目的控制权反向变化的典型事实。

（二）研究展望

本文主要研究通过在现金索取权和剩余控制权合理搭配的二维产权治理结构对创业投资家、创业企业家进行关键性决策的效率影响。而创业投资最终要成功，创业投资家和创业企业家双方付出有效的努力同样关键。这主要体现在创业项目发展前期，创业团队的研发努力以及项目后期创业投资家在协助企业进行产品的市场化以及资本运作的投入程度。在二维产权治理结构下，分析不同的现金索取权和控制权搭配结构，对创业投资家和创业企业家双方投入的双边道德风险的影响也是很有意义的课题。

创业投资一般都进行多轮投资。那么在不同轮次的创业投资家之间如何分配剩余索取权和剩余控制权，才能更好地提高不同融资轮次的创业投资家的努力激励呢？毕竟，不同轮次的创业投资家对创业企业的努力投入是创业投资家最终实现高额回报的关键因素。

第三节　创业投资家经营干预与融资工具选择研究*

不同于公众公司投资，创业投资中风险投资家的现金索取权和对项目经营干预的控制权一般分别规定(Kaplan & Stromberg, 2003)，并使用可转换证券尤其是可转换优先股作为创业投资家的主要融资工具(Sahlman, 1989; Josh Lerner, 2001)。经典的公司财务文献认为：投资者的控制权是通过融资工具来间接分配的[而创业投资中则通过事前授权(Aghion & Tirole, 1997)]向投资者分配对项目经营的控制权。创业投资事前单独规定控制权的方式，明显不同于传统意义上的产权决定控制权的公众公司治理方式。那么失去控制权分配作用的现金索取权在创业投资中与控制权是什么样的关系呢？为什么在创业投资中不像大多数的上市公司一样使用纯粹的债权或股权进行融资，而是普遍使用可转换优先股作为风险投资家的现金索取权分配方式呢？本书主要从融资工具分配的现金索取权和创业投资家干预经营(控制权实施)的关系去分析融资工具的选择。

创业投资中关于融资工具的研究，一方面主要是关于可转换证券在解

* 本节已被《管理科学学报》正式录用(编号：08-65)，于2009年刊出。

决创业企业家道德风险中的作用。Gompers(1998)从理论上证明创业投资家可以通过可转换证券中的激励特征来筛掉那些能力差的创业企业家,同时减少创业企业家冒过大风险的可能性。在分阶段融资条件下,Bergeman和Hege(1998)通过一个动态学习模型表明可转换债券能够激励创业企业家合理安排创业资本,从而使得创业投资家可以根据更正后的信息进行再投资决策。Souza(2001)则认为可转换证券则能够激励企业家向创业资本家真实报告项目的当前状态。Corneli & Yosha(2003)认为在分阶段投资下创业企业家为了能使项目得到继续融资过分注重并窗饰短期业绩,而通过可转换证券的合理设计能够防止企业家操纵绩效信号的道德风险行为。在一次性融资条件下,Casamatta(2003)建立了一个创业投资家与创业企业家同时存在投入的双边道德风险模型,通过模型研究发现:如果创业企业所需资本额度较大,那么最优契约是给予风险投资家可转换证券,给予企业家普通股;若创业企业所需资本额度较小,那么最优契约是给予创业投资家普通股,给予企业家优先股。这表明应该从投资双方激励需要与融资工具的激励强度匹配的角度来选择融资工具。Schmidt在创业企业家和创业投资家先后投入的序贯假设下,对比了各种纯粹的债权、纯粹的股权以及可转换证券对创业投资家和创业企业家双边道德风险问题的影响。通过模型分析发现:债券契约和股权契约均不能够在创业企业(项目)期间激励双方有效投入;而可转换证券则能够根据现实状态与企业家努力内生地安排现金流权利,从而防止事后的无效率。

另一方面,关于融资工具的研究,主要是讨论可转换证券与控制权的关系。Aghion & Bolton(1992)首次将不完全合同的思想利用到非公众公司的融资合同中,他们认为控制权是解决投资双方利益冲突,实现社会有效的关键因素;并且条件控制比单边控制在更多的情况下能实现有效的行动选择;而可转换证券正是分配条件控制权的有效方式。Cestone(2001)的研究模型权衡了对于企业家的早期激励和对于创业投资家的后期激励,认为现金索取权与控制权的合理设计可以确保企业家获得创业投资家的支持。Cestone 认为当创业投资家的支持相当重要时，给予创业投资家优先股与控制权；当创业投资家的支持成本较低或者其支持的重要性不高时，给予创业投资家优先股但不拥有控制权。Hellmann（2001）分析了创业投资家面临收购与 IPO 两种退出路径时可转换证券的应用，认为相机控制是实现有效退出的工具，其主要成果是：（1）当外部融资需求较低时，简单可转换优先股最优；当外部融资需求较高时，参与式可转换优先股最优。（2）当外部融资需求较低时，控制权的分配无关紧要；外部融资需求较高时，相机控制最优。（3）创业投资家的控制权越大，收购发生的频率越大，而 IPO 发生的频率越小。

综合上面的相关研究可以发现：目前创业投资中关于融资工具的研究绝大部分集中在可转换证券对事后投资双方项目投入道德风险的作用上；关于融资工具与控制权的研究也侧重现金索取权与控制权的有效搭配以解决创业投资家和创业企业家努力投入的激励问题，很少有研究关注创业投资家事后实施事前合同规定的项目干预控制权时存在的道德风险。本书在事前合同不能完全规定创业投资家事后干预实施，以及创业投资家激励相容的理性假设下，对比研究纯粹的债权融资、纯粹的股权融资以及可转换优先股融资下创业投资家事后实施项目干预的效率。通过模型分析，我们发现：债权融资使创业投资家事后过度控制（干预）项目；股权融资使得创业投资家对项目控制（干预）不足；而可转换优先股则使风险投资家实施社会最优的控制（干预）强度。从可转换优先股分配的现金索取权是创业投资家事前获得控制权的有效实施机制的角度，合理解释了创业投资中大量使用可转换优先股，并且在事前的创业投资合同中分别规定创业投资家现金索取权和控制权的普遍现象。

一、基本模型

（一）博弈过程

创业企业家有一个创新型的项目，但缺乏启动项目的资金 K，而创业投资家有资金但没项目。并假定在市场上好的项目不多,创业投资家处于完全竞争的情况,创业企业家具有完全的谈判力。如果创业投资家投资该项目,在中间时刻 1,会出现一个表明项目盈利能力的状态 $\omega \in [0, \bar{\omega}] = \Omega$ 并且其事前的概率密度函数为 $h(\omega)$;创业资本家根据状态以及事前的现金分配方式决定是否对项目实施控制。项目的收益主要取决于状态以及创业投资家对项目的控制(干预),在时刻 2 项目收益实现(项目进程见图 1)。项目收益 y 的概率密度函数和分布函数分别为 $f(y \mid \omega, u)$, $F(y \mid \omega, u)$, $u = 1$ 表示创业投资家实施控制, $u = 0$ 表示创业投资家不控制。

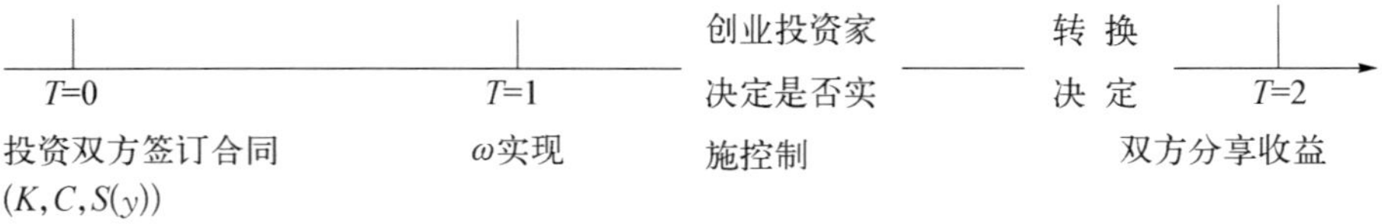

图 5-2 创业投资家干预项目时间进程图

创业投资家实施控制只能减少项目低收益的可能性,保证项目收益不低于 L。也就是说,创业投资家采取一系列的控制行动,使得项目的收益至少为 L,但超过 L 的收益出现的概率不变,这是因为在创新型项目中只有创业企业家才是创造项目高利润的主角。所以在控制的情形下 $F(y \mid \omega, 1) = 0$, $y < L$, $F(y \mid \omega, 1) = F(y \mid \omega, 0)$, $y \geqslant L$。创业投资家在付出成本 c 进行控制并使得项目收益不低于 L 的同时,会使得企业家损失一个控制权收益 h。控制权收益是企业家经营项目的不可转移的私人得益,主要指声誉、在职消费、专用性人力资本、个人成就感等。在不控制的情况下,创业企业家获得这个货币化的私人收益。由于风险投资家只考虑现金收益,而不会考虑企业家的私人得益,所以个体理性可能产生社会无效的控制。这里创业投资家控制可能导致社会无效的原因是创业投资控制权实施的不可完全合同性(Grossman & Hart, 1986; Hart & Moore, 1990; Hart, 2001)。本书假定实施控制行动是一个非常复杂的过程,对投资双方来说是

可以观察，但是第三方（主要指法院）是不可证实的，所以不可能通过签订依据控制活动的合同来将创业投资家实施控制的外部性内部化，以实现社会有效的干预。而本书主要讨论在创业投资家激励相容的理性假设下，债权融资、股权融资以及可转换优先股融资下，创业投资家事后实施事前获得控制权的效率。

（二）主要假设

首先，假定创业投资家为风险中性。因为相对创业企业家来说，创业投资家可通过联合其他的创业投资家投资多个项目以分散投资风险。此外，下面给出模型描述部分主要参数的其他主要假设，以及相关假设的经济学含义。

假设 1　$\forall \omega \in [0, \bar{\omega}]$，$F(y \mid \omega, 0)$，$f(y \mid \omega, 0)$ 都是 y 的连续函数。

假设 1 表明创业投资企业最终收益是随着事后项目状态 ω 变化的连续型随机变量。对创业企业最终收益分布的一般性假设将使本文的结论更具一般性。

假设 2　$\forall \omega \in [0, \bar{\omega}]$，$f(y \mid \omega, 0)$ 中 y 的取值区间为 $[0, \kappa^{\omega}]$，$\kappa > 0$，$\kappa^{\omega} > K$。

假设 2 表明创业投资企业最终实现收益的上限是状态 ω 的增函数，状态 ω 越好，可能的收益越高。同时项目有可能出现亏损，因为 $\int_0^K f(y \mid \omega, 0)dy > 0$。

假设 3　给定 ω 和 $y \in (0, \kappa^{\omega})$，$F(y \mid \omega, 0)$ 关于 ω 可导，并且 $\forall \omega, \omega' \in [0, \bar{\omega}]$，$\omega > \omega'$，$F(y \mid \omega, 0)$ 一阶随机占优于 $F(y \mid \omega', 0)$。

项目收益分布函数关于 ω 可导主要表明分布函数随状态 ω 连续变化并且可积；而一阶随机占优的假设主要表明在项目状态越好的情况下，项目收益出现低值的可能性越小：

$$\forall \omega,\ \omega' \in [0,\ \bar{\omega}],\ \omega > \omega',\ F(y \mid \omega,\ 0) < F(y \mid \omega',\ 0)$$

假设 4 $\int_{\omega \in \Omega} \int_0^{\kappa\omega} yf(y \mid w,\ 0) h(\omega) dy d\omega > K$

假设 4 表示如果创业投资家不干预，项目预期收益能回收成本。该假设表明项目投资的可行性。

假设 5 $K > L$

表示干预情况下最低的干预收入只能收回部分的投资。该假设主要为了排除创业投资家一定进行干预（控制）的特殊情形：$K < L$，此时创业投资家干预项目的收益总是超过不干预的收益。

（三）投资合同 c：$(K,\ C,\ S(y))$

合同主要规定 3 个内容：创业投资家对项目的投资额 K，事后风险投资家对项目现金索取权 $S(y)$，而企业家则获得剩余收益 $y - S(y)$。本文主要分析下面 3 种形式的现金索取权：

债权融资（D）：债权融资下，创业投资家的收益函数为 $S^D(y \mid D) = \min\{y,\ D\}$。

股权融资（β）：股权融资下，创业投资家的收益函数为 $S^E(y \mid \beta) = \beta y$，$\beta \in [0,\ 1]$。

可转换优先股融资（v，δ）：在可转换优先股融资下，创业投资家的收益函数为

$$s^{CPE}(y \mid v,\ \delta) = \begin{cases} y, & y < v \\ v & v \leqslant y < \dfrac{v}{\delta} \\ \delta y & \dfrac{v}{\delta} \leqslant y \end{cases}$$

其中，v 为可转换优先股在转换前的优先股的固定收益，δ 为可转换优先股转换成普通股后的股权比例，并且假定：

$$0 \leqslant S^{D}(y \mid D),\ S^{E}(y \mid \beta),\ S^{CPE}(y \mid v,\ \delta) \leqslant y$$

该假定主要考虑创业企业家的现金约束。在创业投资事前的合同中，一般还通过授权的方式规定创业投资家事后对创业投资进程中重大决策的控制权 C，控制权主要有对重大资产处置的审批权、对关键投资项目的否决权以及对项目的接管清算权。

二、社会最有效的控制水平：一个基本参考点

在状态实现后，社会有效的控制水平应该从最大化社会总收益（项目现金收益与企业家的控制权收益之和）的角度去确定最佳的控制区间。给定状态 ω，如果不实施控制，则预期总收益为 $h+\int_{0}^{\kappa\omega} yf(y \mid \omega,\ 0)dy$；如果控制则预期总收益为 $LF(L \mid \omega,\ 0)+\int_{L}^{\kappa\omega} yf(y \mid \omega,\ 0)dy-c$。所以实施控制的相对收益为：

$$\begin{aligned}
&LF(L \mid \omega,\ 0)+\int_{L}^{\kappa\omega} yf(y \mid \omega,\ 0)dy-c-\left(h+\int_{0}^{\kappa\omega} yf(y \mid \omega,\ 0)dy\right) \\
&=LF(L \mid \omega,\ 0)+\int_{L}^{\kappa\omega} yf(y \mid \omega,\ 0)dy-c \\
&\quad-\left(h+\int_{0}^{L} yf(y \mid \omega,\ 0)dy+\int_{L}^{\kappa\omega} yf(y \mid \omega,\ 0)dy\right) \\
&=\int_{0}^{L} F(y \mid \omega,\ 0)dy-h-c
\end{aligned} \tag{5-64}$$

如果 $\int_{0}^{L} F(y \mid \omega,\ 0)dy-h-c<0$，则从社会效率的角度，不应该对项目实施控制。由于 $\forall \omega,\ \omega' \in [0,\ \tilde{\omega}]$，$\omega>\omega'$，$F(y \mid \omega,\ 0)<F(y \mid \omega',\ 0)$。所以如果在状态 ω' 下创业投资家不对项目实施控制，则在更好的状态 ω 下也不会实施控制。定义：

$$\omega^{FB}=\begin{cases}\min\left\{\omega\in[0,\bar{\omega}]\left|\int_0^L F(y\mid\omega,0)dy<h+c\right.\right\}, & \text{如果}\int_0^L F(y\mid\bar{\omega},0)dy<h+c\\ \bar{\omega} & \text{否则}\end{cases}$$

于是，最有效的控制实施区间是 $[0,\ \omega^{FB}]$。如果状态落入该区间，则应对项目实施控制；否则不实施控制更有效率。

下面先分析各种融资合同的可行性，即债权、股权以及可转换优先股都能满足创业资家事前的预算约束(break-even)，也就是创业投资家的参与约束以等式成立，然后再分析各种融资合同下创业投资家干预的效率。

三、融资工具可行性分析

本部分内容主要证明债权、股权，以及可转换优先股都能满足创业投资家预算平衡约束(break-even)，也就是证明 3 种融资方式都是可行的。

引理 1 对 $v\in[0,\ L]$，存在连续函数 $\delta^*(v)$：$[0,\ L]\rightarrow[0,\ 1]$ 使得在可转换优先股 $S^{CPE}(y\mid v,\ \delta^*(v))$ 融资下，创业投资家满足预算平衡(break-even)。

证明：见本章附录 1

对股权融资，令 $\beta^*=\delta^*(0)$，利用上述引理可以在股权融资 $S^E(y\mid\beta^*)=\beta^* y$ 下让创业投资家保证预算平衡。

通过债务融资 $S^D(y\mid D)=\min\{y,\ D\}$ 创业投资家最后的收益是不可能超过 D 的。所以为满足创业投资家的预算约束必须保证 $D\geqslant K$，由假设 4，即便创业投资家不能对项目进行干预，也能设置足够高的 D，使得在债务融资 $S^D(y\mid D)=\min\{y,\ D\}$ 下创业投资家的预期收益大于等于 K，比如设置 $D=y^{\bar{\omega}}$。在创业投资家可以干预的情况下，其事前的预期收益为

$$R^{VC}(D)=\int_{\omega\notin I(S^D(y\mid D))}\left(\int_0^D yf(y\mid\omega,\ 0)dy+\int_D^{y^{\omega}} Df(y\mid\omega,\ 0)dy\right)h(\omega)d\omega$$

$$+\int_{\omega\in I(S^D(y|D))}\Big(LF(L\mid\omega,\ 0)+\int_L^D yf(y\mid\omega,\ 0)dy$$
$$+\int_D^{y^{\omega}} Df(y\mid\omega,\ 0)dy-c\Big)h(\omega)d\omega \qquad (5-65)$$

其中，$I(S^D(y\mid D))$ 表示创业投资家在债务融资 $S^D(y\mid D)=\min\{y,\ D\}$ 下的干预区间。当 $D=K$ 时，从上面的式子很容易得到 $R^{VC}(K)<K$。并且注意到创业投资家的干预行动不改变收益超过 K 以上部分的概率，所以当 $D>K$ 后 $I(S^D(y\mid D))$ 保持不变(因为当干预不能带来创业投资家收益的增加但要支付成本时，创业投资家不会干预)。当 $D=y^{\bar{\omega}}$ 时，

$$R^{VC}(D)=\int_{\omega\notin I(S^D(y|D))}\int_0^{y^{\bar{\omega}}} yf(y\mid\omega,\ 0)dyh(\omega)d\omega$$
$$+\int_{\omega\in I(S^D(y|D))}\Big(LF(L\mid\omega,\ 0)+\int_L^{y^{\bar{\omega}}} yf(y\mid\omega,\ 0)dy$$
$$-c\Big)h(\omega)d\omega>\int_{\omega\notin I(S^D(y|D))}\int_0^{y^{\bar{\omega}}} yf(y\mid\omega,\ 0)dyh(\omega)d\omega$$
$$+\int_{\omega\in I(S^D(y|D))}\int_0^{y^{\bar{\omega}}} yf(y\mid\omega,\ 0)dy\geqslant K \qquad (5-66)$$

上面的第一个不等式成立是因为在 $I(S^D(y\mid D))$ 内创业投资家干预的收益肯定要超过不干预的收益，而第二个不等式则刚好是假设 4。而实际上当 $D>K$ 后 $R^{VC}(D)$ 是 D 的连续函数，由中值定理，一定存在一个 $D^*\in(K,\ y^{\bar{\omega}})$，使得 $R^{VC}(D^*)=K$。也就是说，在债务融资 $S^D(y\mid D^*)=\min(y,\mid D^*)$ 下，创业投资家的预算约束以等式成立。这表明以债务融资是可行的融资方式。

四、各种融资工具下创业投资家经营干预效率分析

(一) 债权融资下创业投资家控制权实施效率分析

在创业投资家通过债权的方式对项目进行融资的情况下，满足创业投

资家参与约束的债权必然满足：$D^* > K > L$。给定 ω，如果风险投资家不实施控制，则其收益为：

$$\begin{aligned}&\int_0^{\kappa\omega}\min\{y,\ D^*\}f(y\mid\omega,\ 0)dy\\&=\int_0^L yf(y\mid\omega,\ 0)dy+\int_L^{D^*}yf(y\mid\omega,\ 0)dy+\int_{D^*}^{\kappa\omega}D^*f(y\mid\omega,\ 0)dy\\&=LF(L\mid\omega,\ 0)-\int_0^L F(y\mid\omega,\ 0)dy+\int_L^{D^*}yf(y\mid\omega,\ 0)dy\\&\quad+\int_{D^*}^{\kappa\omega}D^*f(y\mid\omega,\ 0)dy\end{aligned}\tag{5-67}$$

如果创业投资家实施控制，则其收益为：

$$LF(L\mid\omega,\ 0)+\int_L^{D^*}yf(y\mid\omega,\ 0)dy+\int_{D^*}^{\kappa\omega}D^*f(y\mid\omega,\ 0)dy-c\tag{5-68}$$

所以创业投资家干预的净收益为 $\int_0^L F(y\mid\omega,\ 0)dy-c$。

$$\omega^D=\begin{cases}\min\left\{\omega\in[0,\ \bar{\omega}]\left|\int_0^L F(y\mid\omega,\ 0)dy<c\right.\right\},\text{如果}\int_0^L F(y\mid\bar{\omega},\ 0)dy<c\}\\\bar{\omega}\end{cases}$$

因此在债权融资下创业投资家对项目实施控制的状态区间是 $[0,\ \omega^D]$。将 ω^D 与 ω^{FB} 比较，由于 $F(y\mid\omega,\ 0)$ 对 ω 单调递减：$\omega^{FB}\leqslant\omega^D$，所以在债权融资下，创业投资家实施控制的状态区间 $[0,\ \omega^D]$ 包含社会有效的控制实施区间 $[0,\ \omega^{FB}]$。这表明债权融资下，如果实施控制是有效的，则创业投资家会实施控制，但实施控制没有社会效率的区间 $[\omega^{FB},\ \omega^D]$，创业投资家也会进行控制。表明在债权融资下，创业投资家对创业项目实施过度的控制。因为在状态比较差的情况下，如果创业投资家实施控制，由于债权的优先索取性，创业投资家几乎能获得实施控制的所有收益。

(二) 股权融资下创业投资家经营干预效率分析

如果创业投资家通过股权 β^* 对项目进行融资，给定 ω，创业投资家不实施控制权时的收益为：

$$\begin{aligned}&\int_0^{\kappa\omega}\beta^* yf(y\mid\omega,\ 0)dy\\&=\int_0^{L}\beta^* yf(y\mid\omega,\ 0)dy+\int_L^{\kappa\omega}\beta^* yf(y\mid\omega,\ 0)dy\\&=\beta^* LF(L\mid\omega,\ 0)-\beta^*\int_0^{L}F(y\mid\omega,\ 0)dy+\int_L^{\kappa\omega}\beta^* yf(y\mid\omega,\ 0)dy\end{aligned} \tag{5-69}$$

如果对项目实施控制，则创业投资家的收益为 $\beta^* LF(L\mid\omega,\ 0)+\int_L^{\kappa\omega}\beta^* yf(y\mid\omega,\ 0)dy-c$。所以创业投资家实施控制的净收益为 $\beta^*\int_0^{L}F(y\mid\omega,\ 0)dy-c$。定义：

$$\omega^E=\begin{cases}\min\left\{\omega\in[0,\ \tilde{\omega}]\,\middle|\,\beta^*\int_0^{L}F(y\mid\omega,\ 0)dy<c\right\}, & \text{如果 }\beta^*\int_0^{L}F(y\mid\bar{\omega},\ 0)dy<c\\ \tilde{\omega} & \text{否则}\end{cases}$$

创业投资家对项目实施控制的状态区间为 $[0,\ \omega^E]$。

假设 6　创业投资家对项目实施控制的成本 c 是相对高的，并且满足 $c\geqslant\dfrac{\beta^* h}{1-\beta^*}$。

在创业投资中这个假设是合理的。创业企业家不能经营好的项目，创业投资家要以很低的成本使其收益保持在 L 以上是不大可能的。因为创业企业家的人力资本才是创新型企业创造高利润的源泉，创业投资家提供的更多的是管理上的支持。

假设 6 意味着 $\omega^E\leqslant\omega^{FB}$，这表明在状态 $\omega\leqslant\omega^E$ 下对项目实施控制是

有效的。在股权融资 β^* 下，当状态为 $\omega \in [\omega^E, \omega^{FB}]$ 时，创业投资家不会实施控制。但从社会效率的角度来考虑，在这个状态区间实施控制是有效的。所以在股权融资下，创业投资家控制强度显得不足。这主要是由于在股权融资下创业投资完全支付实施控制的成本但却只获得部分的控制收益，所以会出现控制强度相对社会最优不足。

（三）可转换优先股下创业投资家经营干预效率分析

给定 ω，在可转换优先股 $S^{CPE}(y \mid v, \delta)$ 融资下，如果创业投资家不实施控制则其收益为：

$$
\begin{aligned}
&\int_0^{\kappa\omega} S^{CPE}(y \mid v, \delta) f(y \mid \omega, 0) dy \\
=&\int_0^{\min\{v, L\}} y f(y \mid \omega, 0) dy + \int_{\min\{v, L\}}^{L} S^{CPE}(y \mid v, \delta) f(y \mid \omega, 0) dy \\
&+\int_L^{\kappa\omega} S^{CPE}(y \mid v, \delta) f(y \mid \omega, 0) dy \qquad (5-70)
\end{aligned}
$$

如果创业投资家实施控制，则其收益为：

$$
S^{CPE}(L \mid v, \delta) F(L \mid \omega, 0) + \int_L^{\kappa\omega} S^{CPE}(y \mid v, \delta) f(y \mid \omega, 0) dy - c \qquad (5-71)
$$

所以创业投资家实施控制的净收益为：

$$
\begin{aligned}
&S^{CPE}(L \mid v, \delta) F(L \mid \omega, 0) - c \\
&-\Big[\min\{v, L\} F(\min\{v, L\} \mid \omega, 0) - \int_0^{\min\{v, L\}} F(y \mid \omega, 0) dy \\
&+ S^{CPE}(L \mid v, \delta) F(L \mid \omega, 0) \\
&- S^{CPE}(\min\{v, L\} \mid v, \delta) F(\min\{v, L\} \mid \omega, 0) \\
&- \int_{\min\{v, L\}}^{L} F(y \mid \omega, 0) dS^{CPE}(y \mid v, \delta)\Big] \\
=&\int_0^{\min\{v, L\}} F(y \mid w, 0) dy + \int_{\min\{v, L\}}^{L} F(y \mid \omega, 0) dS^{CPE}(y \mid v, \delta)
\end{aligned}
$$

$$+[S^{CPE}(\min\{v, L\} \mid v, \delta)F(\min\{v, L\} \mid \omega, 0)$$
$$-\min\{v, L\}F(\min\{v, L\} \mid \omega, 0)]-c \tag{5-72}$$

由引理1，存在连续函数 $\delta^*(v)$：$[0, L]\to[0, 1]$ 使得在可转换优先股融资 $S^{CPE}(y \mid v, \delta^*(v))$ 下，创业投资家满足预算平衡。当 $v\in[0, L]$，并且创业投资家实施控制的净收益为：

$$\int_0^v F(y \mid \omega, 0)dy+\int_v^L F(y \mid \omega, 0)dS^{CPE}(y \mid v, \delta)-c$$
$$=\int_0^v F(y \mid \omega, 0)dy+\int_v^L F(y \mid \omega, 0)d(\max\{v, \delta y\})-c \tag{5-73}$$

下面先给出本文关于可转换优先股对创业投资家事后实施控制干预的效率的两个主要结论：

命题1　存在 $v^*\in(0, L)$ 在创业资家现金分配为可转换优先股 $S^{CPE}(y \mid v^*, \delta^*(v^*))$ 下，创业资本家当且仅当 $\omega<\omega^{FB}$ 时才对项目实施控制。

证明：见本章附录2。

命题1以及本节第一部分和第二部分的分析表明只有当创业投资家事前获得是可转换优先股，创业投资家事后的控制权实施强度才是有社会效率的。而纯粹的债务融资下会使得创业投资家过度控制项目，纯粹股权融资则会使得创业投资家对项目控制不足。实际上，可转换优先股本质上是介于债权和股权之间的一种融资形式，所以能通过两种融资形式的适当搭配使得创业投资家事后对项目进行适中而有效地控制。

命题2　在创业投资家获得可转换优先股 $S^{CPE}(y \mid v^*, \delta^*(v^*))$ 情况下，创业企业家收益达到最大。可转换优先股是比债权融资以及股权融资更有效率的融资方式。

在创业企业家具有完全谈判力的假设下，创业企业家向风险投资家提供的合同使得创业投资家预算约束以等式成立。而命题 1 则表明可转换优先股 $S^{CPE}(y \mid v^*, \delta^*(v^*))$ 使得社会总收益最大化,此时创业企业家的收益等于社会总收益扣除创业投资家固定投入。所以最大化社会总收益的可转换优先股融资安排,同时也使创业企业家的收益达到最大。

五、模型的拓展

(一) 考虑再谈判下模型结论稳健性

创业投资家在项目实施控制前投资双方可进行再谈判。虽然再谈判可以保证在股权和债权融资下使得事后创业投资家对项目进行有效控制,但在债权融资下为了减少创业投资家的过度控制需要企业家向创业投资家进行转移支付,这会受到创业企业家资金约束的限制;同时,谈判是需要成本的,而可转换优先股融资下,不进行事后的再谈判就能达到事后创业投资家控制权的有效实施。所以即便在考虑再谈判时可转换优先股也是实施创业投资家控制权的最佳融资形式。

(二) 创业企业家事前的努力激励

本书的分析其实还忽略了一个关键的事前变量——创业企业家事前的努力。在可转换优先股融资下,如果考虑在时刻 1 前创业企业家的努力,在可转换优先股融资下,创业企业家事前预期到事后创业投资家会实施有效控制水平的情况下,事前也会选择社会最优的努力水平。而债权和股权融资下,事后创业投资家的控制过度或不足会导致风险企业家事前不会选择有效的努力程度。所以在考虑创业企业家事前努力情况下,可转换优先股能同时实现事前创业企业家有效投入和事后创业投资家的有效控制。可转换优先股能实现创业企业家社会最优的努力投入的拓展结论与 Casamtta (2003),Schmidt(2003)的研究结论是一致的。但不同的是,Casamtta (2003),Schmidt(2003)中可转换优先股实现的是在时刻 1 前创业企业家的有效努力和时刻 1 后创业投资家的有效努力,而本书中可转换优先股实现的是时刻 1 前创业企业家的有效努力和时刻 1 后创业投资家对项目实施有效控制。

六、本节小结

在创业投资实践中，创业投资家对风险项目事后的控制权是通过事前的合同授权获得的。而融资工具分配给投资者的现金索取权则充当着对创业投资家实施控制的激励作用。不同的融资工具给予创业投资家不同的现金索取权，不同的现金索取权在事后对创业投资家的事后控制权实施的激励强度是不同的。我们建立一个不完全合同的分析框架，通过模型分析发现：在债权融资下，创业投资事后会过度实施对项目的控制；股权融资则会使得创业投资家对项目的控制不足；而可转换优先股则能保证创业投资家实施社会有效的控制强度。这表明在创业投资中，事前给予创业投资家的控制权和可转换优先股是两种互补机制：前者保证创业投资家在项目情况不佳时具有控制局面的能力；而可转换优先股则保证创业投资家事后能自动地对项目实施有效的控制。这与以往的融资工具隐含的现金索取权是控制权的分配机制的观点（Aghion & Bolton，1992）是不同的。本书从现金索取权是控制权的有效实施机制的角度很好地解释了大部分的创业投资项目中对于风险投资家的控制权和现金索取分别规定，并普遍给予创业投资家可转换优先股的典型事实。

实际上，创业投资具有明显的分阶段投资的特征。一方面，在多阶段投资并且存在多期收益的情况下，如何设计合理的创业投资家融资形式以及在这种融资机制下创业投资家各阶段对项目控制的效率将是一个值得深入分析的问题。另一方面，创业投资的多阶段投资是以多个创业投资家联合投资的方式进行的，那么什么样的融资形式才能保证事前分配给多个创业投资家的控制权，在事后能有效实施也是一个很现实意义的研究课题。

第四节 本 章 小 结

本章从创业企业合同的不完全性出发，研究了控制权和现金索取权机制对创业企业发展中的关键性问题的治理效率，主要包含两个方面：

第一，研究了控制权与现金索取权搭配机制对创业企业发展中后期创业企业家替换和创业企业家事前选择控制权收益的效率的影响，即无论是债权融资还是股权融资，创业投资家控制、创业企业家控制以及投资双方共同控制的都不能保证在每种状态下实现创业企业家事前控制权收益的有效选择以及事后创业企业家的有效替换；但可转换优先股和条件控制相搭配的治理机制能保证在各种状态下创业企业家事前选择有效的私人得益水平，并在事后有效地替换创业企业家。

第二，研究了在创业企业家事前获得对项目经营干预的控制权的基础上，普通债权，普通股权以及可转换优先股对创业企业家干预效率的影响，即普通债权会使创业投资家事后过度干预创业企业家的经营；普通股权融资则会使得创业投资家对创业项目的干预显得不足；但事前通过合理的转换价格的设计可以使创业投资家在事后对创业项目实现有效的干预。

本章研究具有以下创新：一是研究了控制权和具体的现金索取权相搭配的治理机制在创业企业治理中的效率，这是对以往创业企业治理中的拓展和新的尝试。二是在创业企业治理中既考虑了创业企业家控制权收益选择的道德风险，同时也考虑了创业投资家在事后干预创业项目的道德风险，这是我们对创业企业治理中投资双方双边道德风险治理的有效拓展。三是将创业企业中关键决策的控制权进行了具体化，主要表现为对创业企业家替换的决定权和创业投资家事后对项目经营的干预权。

附录 1　引理 1 的证明：

在可转换优先股 (v, δ) 下，创业投资家不进行干预的条件是当且仅当

$$\int_0^v F(y \mid \omega, 0)dy + \int_v^L F(y \mid \omega, 0)d(\max\{v, \delta v\}) \leqslant c$$

定义：$\omega^{CPE}: [0, L] \times [0, 1] \to \Omega$

$$\omega^{CPE}(v, \delta) = \begin{cases} \min\left\{\omega \in \Omega \middle| \int_0^v F(y \mid \omega, 0)dy + \int_v^L F(y \mid \omega, 0)d(\max\{v, \delta y\}) \leqslant c\right\} \\ \quad \text{如果} \int_0^v F(y \mid \bar{\omega}, 0)dy + \int_v^L F(y \mid \bar{\omega}, 0)d(\max\{v, \delta y\}) \leqslant c \\ \bar{\omega} \end{cases}$$

所以在可转换优先股下，创业投资家的干预区间为 $[0, \omega^{CPE}(v, \delta)]$；当状态比 $\omega^{CPE}(v, \delta)$ 好时，创业投资家不会对项目进行干预。

实际上，对 $v > 0$，$\int_0^v F(y \mid \omega, 0)dy + \int_v^L F(y \mid \omega, 0)d(\max\{v, \delta y\})$ 对 ω 是严格递减的，对 v，δ 是连续的，并且 $F(y \mid \omega, 0)$ 是 ω 的连续函数。所以 $\omega^{CPE}(v, \delta)$ 对 $(v, \delta) \in [0, L] \times [0, 1]$ 是连续的，并且对 v，δ 是非减的。定义创业投资家在可转换优先股下的预期收益为：

$$\begin{aligned} S^{VC}(v, \delta) = & \int_{\omega^{CPE}(v, \delta)}^{\bar{\omega}} \int_0^{y^\omega} S^{CPE}(y \mid v, \delta) f(y \mid \omega, 0) h(\omega) dy d\omega \\ & + \int_0^{\omega^{CPE}(v, \delta)} \Big[S^{CPE}(L \mid v, \delta) F(L \mid \omega, 0) \\ & + \int_L^{y^\omega} S^{CPE}(y \mid v, \delta) f(y \mid \omega, 0) - c \Big] h(\omega) d\omega \end{aligned} \quad (5-74)$$

通过分部积分可以得到：

$$S^{VC}(v, \delta) = \int_0^{\bar{\omega}} \int_C^{y^\omega} S^{CPE}(y \mid v, \delta) f(y \mid \omega, 0) h(\omega) dy d\omega +$$

$$\int_0^{\omega^{CPE}(v, \delta)} \left(\int_0^v F(y \mid \omega, 0) dy \right.$$

$$+\int_{v}^{L}F(y\mid\omega,0)d(\max\{v,\delta y\})-c\Big)h(\omega)d\omega \quad (5-75)$$

从上面 $\omega^{CPE}(v,\delta)$ 的函数性质很容易得到：$S^{VC}(v,\delta)$ 对 v，δ 是连续且非减的。给定 $v\in[0,L]$，$S^{VC}(v,\delta)$ 的第一项对 δ 是严格单调递增的。

$$\int_{0}^{y^{\omega}}S(y\mid v,\delta)f(y\mid\omega,0)dy$$

$$=\int_{0}^{v}yf(y\mid\omega,0)dy+\int_{v}^{\frac{v}{\delta}}vf(y\mid\omega,0)dy+\int_{\frac{v}{\delta}}^{y^{\omega}}\delta yf(y\mid\omega,0)dy \quad (5-76)$$

δ 增加使上式的第二项的区间变小，但使积分函数更大的第三项的积分限和被积函数同时增加。所以 $S^{VC}(v,\delta)$ 的第一项对 δ 是严格单调递增的。同时由于 $\omega^{CPE}(v,\delta)$ 和 $\max\{v,\delta y\}$ 都是 δ 的非减函数，所以 $S^{VC}(v,\delta)$ 中的第二项也是 δ 的非减函数。

于是 $S^{VC}(v,\delta)$ 是 δ 的严格增函数。定义映射：ψ：$[0,L]\rightarrow[0,1]$

$$\psi(v)=\{\delta\in[0,1]\mid S^{VC}(v,\delta)\geqslant K\}$$

由上面 $S^{VC}(v,\delta)$ 的性质，$\psi(v)$ 是连续的。

下面证明：对 $v\in[0,L]$ 存在 $\delta\in[0,1]$ 使得 $S^{VC}(v,\delta)=K$。

先证明：能在 $\delta\in[0,1]$ 之间，找到两个点 δ_1，$\delta_2\in[0,1]$ 使得 $S^{VC}(v,\delta_1)>K$，$S^{VC}(v,\delta_2)<K$。

显然，$S^{CPE}(v,1)=y$，并且

$$S^{VC}(v,1)=\int_{0}^{\bar{\omega}}\int_{0}^{\infty}yf(y\mid\omega,0)h(\omega)dyd\omega+\int_{0}^{\omega^{CPE}(v,\delta)}\Big(\int_{0}^{v}F(y\mid\omega,0)dy$$

$$+\int_{v}^{L}F(y\mid\omega,0)d(\max\{v,\delta y\})-c\Big)h(\omega)d\omega \quad (5-77)$$

根据假设(4)第一项大于 K，而第二项根据 $\omega^{CPE}(v,\delta)$ 的定义必然大于等于 0。所以 $S^{VC}(v,1)>K$；显然，当 $\delta=0$，$v\in[0,L]$，$S^{CPE}(y\mid v,$

0) $\leqslant v$，从(* *)容易得到：$S^{VC}(v, 0) \leqslant v$。

$$
\begin{aligned}
S^{VC}(v, 0) &= \int_{\omega^{CPE}(v,\delta)}^{\bar{\omega}} \int_0^{y^\omega} S^{CPE}(y \mid v, 0) f(y \mid \omega, 0) h(\omega) dy d\omega \\
&\quad + \int_0^{\omega^{CPE}(v,\delta)} \Big[S^{CPE}(L \mid v, 0) F(L \mid \omega, 0) \\
&\quad + \int_L^{y^\omega} S^{CPE}(y \mid v, 0) f(y \mid \omega, 0) - c \Big] h(\omega) d\omega \\
&\leqslant \int_{\omega^{CPE}(v,\delta)}^{\bar{\omega}} \int_0^{y^\omega} v f(y \mid \omega, 0) h(\omega) dy d\omega \\
&\quad + \int_0^{\omega^{CPE}(v,\delta)} \Big[v F(L \mid \omega, 0) + \int_L^{y^\omega} v f(y \mid \omega, 0) - c \Big] h(\omega) d\omega \\
&= \int_0^{y^\omega} \int_{\omega^{CPE}(v,\delta)}^{\bar{\omega}} v f(y \mid \omega, 0) h(\omega) dy \\
&\quad + \int_0^{y^\omega} \int_0^{\omega^{CPE}(v,\delta)} [v f(y \mid \omega, 0) - c] h(\omega) dy \\
&= v - cH(\omega^{CPE}) \leqslant v
\end{aligned}
\tag{5-78}
$$

其中，$H(\omega)$ 为 ω 的累积分布函数。

所以根据中值定理：存在唯一的 $\delta^*(v) \in [0, 1]$ 使得 $S^{VC}(v, \delta^*(v)) = K$。

下面证明：$\delta^*(v)$ 是连续的。由于 $S^{VC}(v, \delta)$ 对 (v, δ) 是连续的，所以 $\psi(v)$ 在 $[0, L] \times [0, 1]$ 上是闭的。由于 $S^{VC}(v, \delta)$ 对 δ 是严格单调的，$\psi(v)$ 的下边界图像是 $\delta^*(v)$。如果 $\delta^*(v)$ 不是连续的，那么 $\psi(v)$ 的图像不会是闭的。　QED

附录 2　定理 1：可转换优先股有效性的证明

定义：$b(v)$：$[0, L] \rightarrow R$，$b(v) = \int_0^v F(y \mid \omega^{FB}, 0) dy + \int_v^L F(y \mid \omega^{FB}, 0) d(\max\{v, \delta^*(v) y\})$

由于 $\delta^*(v)$ 是 v 的连续函数，所以 $b(v)$ 也是 v 的连续函数。下面证明 $\exists v^* \in [0, L]$, $st.b(v^*)=c$。根据 ω^{FB} 的定义，必然有

$$\int_0^L F(y \mid \omega^{FB}, 0)dy < h + c \tag{5-79}$$

根据 $F(y \mid \omega, 0)$ 是 ω 的连续函数，根据 ω^{FB} 的定义必然有

$$\int_0^L F(y \mid \omega^{FB}, 0)dy > c \tag{5-80}$$

$$\begin{aligned} b(L) &= \int_0^L F(y \mid \omega^{FB}, 0)dy + \int_L^L F(y \mid \omega^{FB}, 0)d(\max\{v, \delta^*(v)y\}) \\ &= \int_0^L F(y \mid \omega^{FB}, 0)dy > c \end{aligned} \tag{5-81}$$

在假设(3)和(5)以及状态 ω^{FB} 下，创业投资家通过股权融资 $S^e(y \mid \beta^*)$ 时不会干预项目，也就是 $\beta^*\int_0^L F(y \mid \omega^{FB}, 0)dy \leqslant c$，而 $\beta^* = \delta^*(0)$，也就是说 $\delta^*(0)\int_0^L F(y \mid \omega^{FB}, 0)dy \leqslant c$。

而 $b(0)=\int_0^L F(y \mid \omega^{FB}, 0)d(\max\{0, \delta^*(0)y\}) = \delta^*(0)\int_0^L F(y \mid \omega^{FB}, 0)dy$，所以 $b(0) \leqslant c$。利用中值定理：$\exists v^* \in [0, L]$, $st.b(v^*)=c$。也就是说在可转换优先股 $(v^*, \delta^*(v^*))$ 下有：

$$\int_0^{v^*} F(y \mid \omega^{FB}, 0)dy + \int_{v^*}^L F(y \mid \omega^{FB}, 0)d(\max\{v^*, \delta^*(v^*)y\}) = c \tag{5-82}$$

所以对状态：$\omega > \omega^{FB}$，由 $F(y \mid \omega, 0)$ 对 ω 一阶随机占优性质，必然有：

$$\int_0^{v^*} F(y \mid \omega, 0)dy + \int_{v^*}^L F(y \mid \omega, 0)d(\max\{v^*, \delta^*(v^*)y\}) < c \tag{5-83}$$

所以此时，创业投资家不会干预，而当 $\omega \leqslant \omega^{FB}$，则有：

$$\int_0^{v^*} F(y \mid \omega, 0)dy + \int_{v^*}^{L} F(y \mid \omega, 0)d(\max\{v^*, \delta^*(v^*)y\}) \geqslant c \tag{5-84}$$

此时创业投资家的干预净收益大于 0，所以必然会干预。因此在可转换优先股 $(v^*, \delta^*(v^*))$ 融资下，创业投资家的干预达到社会最优。　QED

第六章
创业资本退出的控制机制研究*

第一节 引　　言

由于创业投资基金的有限存续期使得创业资本退出创业投资企业成为必然。同时创业投资家只有通过退出项目才能实现收益并在创业资本市场建立自己的声誉，并为募集下一期的创业投资基金打好坚实的基础。所以，创业资本的退出是创业投资家在事前的投资协议中必须考虑的重要内容。

创业资本退出创业投资企业一般有两种方式：首次公开发行(IPO)和股份转让。通过 IPO 使创业资本退出可以让创业企业家继续控制企业。所以在退出方式上，创业企业家一般具有 IPO 的偏好，因为创业企业家通过 IPO 退出，创业企业家可以获得私人得益(Hamilton，2000；Moscowitz & Vissing-Jorgensen，2002)。首先，创业资本通过 IPO 退出，在股份被稀释的情况下，创业企业家一般能继续控制企业；其次，通过 IPO 退出能更好地提高企业的融资能力和公司治理水平，提高企业的长期收益，这对继续持股的创业企业家来说是更有利的；最后，IPO 退出能让创业企业家获得相对于将创业投资家控制股份转让给行业竞争对手更好的声誉。而在等待项目成熟机会

* 本章得到上海市浦江人才计划“国外私募股权基金与国有企业的合作机制研究”资助，主要内容已被《中国金融评论》录用，于 2008 年第 4 期刊出。

成本较高的情况下创业投资家可能更倾向于在投资项目成熟前将项目出让给行业竞争对手，快速变现收益。创业企业家私人得益以及创业投资家较高的机会成本决定着前者注重的是长期的控制权收益，而创业投资家作为金融资本则更看重短期收益。正是这两种资本本质上的差异导致了在退出方式的选择上，可能存在潜在的利益冲突。那么在事前的合同中应该如何对退出方式的决策进行合理的安排，以达到有效的退出并最大化创业企业的价值呢？

考虑到项目的本质以及项目的进程等复杂情况，以至于第三方（尤其法院）对选择退出的时机以及退出时的状态是很难核实的。所以在事前的合同中不可能根据事后的状态决定退出方式的选择，只能在事前的合同中进行控制权的分配。在状态确定之后，由有控制权的一方选择退出方式。由于合同的不完全以及事后状态的不确定性，使得控制权的安排显得尤为重要。本书主要研究在合同不完全的情形下，什么样的退出控制机制是更有效率的。

第二节　文献综述

本文涉及共同控制机制，对共同控制的研究是从产权理论开始的。产权理论认为，在大多数情况下共同所有制是次优的[①]。Hart（1995）认为在投资双方投资的为非人力资产时，共同控制是最优的。Hauswald 和 Hege（1995）证明：当代理人面对投资和控制权租金的权衡时，50∶50 的共同所有将是最优的。这些文献的研究重点还放在共同控制对各参与人投入的影响，而本书则将焦点集中在控制权分配是如何解决双方在退出方式选择上

① 产权理论文献将资产所有权定义为对资产的剩余控制权（Hart，1995）。所以产权理论里的所有权和控制权具有相同的经济含义。

的利益冲突。

本书还与创业投资中控制权理论有一定的相关性。Aghion 和 Bolton(1992)分析了一个具有财富约束的企业家和一个具有资本的金融投资家之间的控制权分配问题。企业家关心私人得益和现金收益,但投资者仅仅关心现金收益。他们认为:在企业家业绩不佳时将控制权转移给金融家的相机控制安排是具有财富约束的公司最优的控制权分配方式。Berglof(1994)分析了如何通过控制权的合理分配解决创业投资中创业投资家和企业家之间在将来公司的出售中的利益冲突。Hellmann(1998)则分析了在什么样的条件下,创业企业家愿意将控制权(包括解雇自己的权力)转移给创业投资家。Cestone(2001)则讨论了金融合同中现金索取权和控制权的相互关系。与本书不同的是,上述文献中的控制权都是排他性的分配给创业企业家或者创业投资家。本书则将讨论两方共同控制的新机制的效率作为重点。

在最新的控制权理论文献中,Dessein(2005)引入了连续控制权变量,并将控制权分为名义控制权(formal control)和实际控制权(real control)。并将之应用到一个具有资本的金融投资家和一个有项目却没有财富的企业家的金融合同中。Dessein 表明:企业家可将名义控制权作为一个显示项目质量的信号。在分离均衡下,投资家的名义控制权会随着事前信息的不对称程度以及项目的不确定程度的增加而增加;但投资家的实际控制权(实际的干预)随着信息的不对称程度的增加而减少。Dessein 把控制权连续化,并作为一种信号机制。本文将控制权作为 0-1 变量或者共同控制变量,重点则集中在如何在事前的合同中合理分配控制权以达到事后最大化企业价值的有效退出。

国内关于创业投资退出创业企业控制机制的研究文献还很少。关于创业投资退出创业企业的文献大多都是一些定性的描述,缺乏双方在退出时潜在利益冲突的深入分析,更缺少关于解决这种冲突的机制设计的研究。

本书的研究将填补国内在这方面的空白，并对我国的创业投资退出创业企业具有重要的理论意义和现实的指导意义。

第三节　基本模型

一、博弈过程

我们这里讨论一个两阶段模型：包含时刻 0、时刻 1 和时刻 2。在时刻 0，创业投资家向一个有投资机会但缺乏资金的创业企业家投资资金 I，企业通过将来的现金流对创业投资家支付回报。创业企业的现金流 x 是一个由在时刻 1 选择的退出方式决定的随机变量，并且在时刻 2 实现。将企业的 IPO 选择定义为行动 a_r，将创业投资家的股份转让行动定义为 a_s。并且 IPO 下的现金流取决于时刻 1 的状态变量 θ，在 $\theta=\theta_h$ 时 $x=\pi_{rh}$，在 $\theta=\theta_l$ 时，$x=\pi_{rl}$。当选择股份转让 a_s 时，在两种状态下都有 $x=\pi_s$。这主要是因为 IPO 比股份转让需要更多的时间产生现金流，并且 IPO 的收益比股份转让具有更大的不确定性。这里的 θ 主要指企业技术、商业模式、市场景气状况等影响企业上市收益的因素。并且在这里假定企业的项目是非常复杂的，将来选择退出方式的时机和状况是在时刻 0 不能准确描述的，并且第三方不能核实状态变量 θ 的实现和行动实施的时刻。该假设意味着：(1) 事前的合同不能指定一个依赖于 θ 的行动安排；(2) 合同不能包含一个阻止 PE 在项目成熟前(时刻 1)出让项目的条款。所以在事前的合同中必须对选择退出方式的控制权进行合理分配。控制权可以排他性地只分配给 PE 或者只分配给国有股东；或者可以让两方来共同决定退出方式。

在时刻 0，双方都认为好的状态 θ_h 出现的概率为常数 p，$p\in(0, 1)$。当状态 θ 实现时，两方都能观察到，并且行动 a 和现金流 x 在事后是可核实的。也就是说开始的合同可制定依赖于行动选择的现金支付条款。

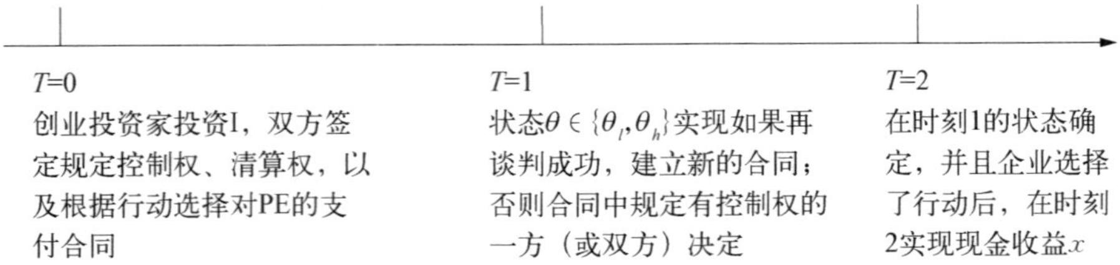

图 6－1　创业资本退出决策进程图

二、主要假设

假设 1　创业投资家和创业企业家都是风险中性的。

这是公司金融文献中最常见的假设，表明两者的效用函数都是线性的 $u(x)=x$，其中 x 为参与人的货币收益，$u(x)$ 为对应的效用。

假设 2　创业企业家在 IPO 时获得私人收益。

创业投资家仅仅关心企业的现金流收益，但创业企业家在控制企业中可获得相当的控制权收益，会考虑一直对企业的持股。所以创业企业家在企业实施 IPO 的时候会获得私人得益。首先，IPO 后由于股权的稀释作用，控制权很可能保持在创业企业家手中，创业企业家可继续控制企业并从中获得控制权收益；其次，通过 IPO 退出相对将股权转让能更好的提高融资能力、公司治理能力，并提高企业的长期收益；最后，选择 IPO 会让创业企业家获得比股份出让更好的声誉。因为股份转让会向业界传递项目经营不善的信号。创业企业家从 IPO 中获得的这些收益是不可写入合同也不能向创业投资家转移的私人得益，我们将之记为 $C>0$。也就是说，当行动 a_r 被选择时，创业企业家获得私人得益 C，但 a_s 被选择时没有私人得益。

假设 3　(a) $\pi_{rh}+C>\pi_s>\pi_{rl}+C$

(b) $\pi_{rh}\geqslant\pi_s$

公司的价值是现金流与创业企业家私人得益(货币价值)的总和。假设 3(a)表明从最大化企业价值的角度，在好的状态 θ_h 下应该选择行动 a_r，而

在状态 θ_l 下应该选择行动 a_s。我们将这样的行动定义为有效行动。但假设 3 也隐含着：在状态 θ_l 下创业企业家可能不愿意选择有效行动，因为这样必须放弃私人得益 C。假设(b)则表明，在状态 θ_h 下，选择有效行动 a_r 同时也最大化了企业的现金流。为了方便以后的分析，作如下定义：

$$\Delta_v = \pi_{rh} + C - \pi_s$$

$$\Delta = \pi_{rh} - \pi_s$$

其中，Δ_v，Δ 分别表示在状态为 θ_h 时选择行动 a_r 相对于选择行动 a_s 企业价值的增加值和企业现金流的增加值。假设 3 表明，Δ_v，Δ 大于 0。而假设(b)则表明，在每种状态下最大化企业价值的有效行动也最大化企业的现金流。仅从这点来看，似乎把退出方式的控制权分配给创业投资家就能进行退出方式的有效选择。但是由于事后状态 θ 的第三方(比如法院)的不可核实，在事前的合同中不能包含阻止创业投资家在时刻 1 之前就将项目的股份转让给竞争对手的条款。所以，如果创业投资家拥有控制权，可能在时刻 1 状态 θ 实现之前就将项目的股份提前转让。这主要是因为创业投资家放弃提前的行动 a_s 会让创业投资家承担一个机会成本 m。m 主要指下面的成本：(1) 继续监督和管理项目的成本；(2) 流动性成本；流动性成本主要是因为创业投资家的收益主要来自有限合伙制与创业投资基金的利润提成，但基金管理人只有达到基金投资者事前设定的基准后，才能参与利润的分配(Axelrad & Wright，1997)，所以基金管理者有在项目成熟之间就通过行动 a_s 变现收益的动机。

假设 4　$p\Delta < m < p\Delta_v$

假设 4 表明：如果企业在状态 θ 实现后再采取有效行动，增加的平均企业价值超过创业投资家的机会成本 m，但是增加的现金流小于创业投资家的机会成本 m。也就是说，创业投资家不提前将项目的股份出让，而是等到状态 θ 证实后再采取有效行动会增加企业价值，但由于其机会成本的存在，所以他可能并不会这样做，主要是因为创业投资家并不关创业企业家的私人得益 C。

假设 5 $p\pi_{rh}+(1-p)\pi_s \geqslant I+m$

这表明采取有效行动下项目的预期现金流是能满足创业投资家的参与约束的。

三、合同与控制权

前面已经讨论过了，事前的合同中不能根据状态 θ 指定行动，而仅仅在开始的合同中对决定退出方式的控制权进行指定。下面对 3 种控制权进行定义：

(一) 单独控制

在单独控制下，有控制权的一方决定退出方式的选择（选择行动 a_r 或 a_s）。在观察到状态 θ 后，双方可能会对事前的合同中的行动选择和现金流支付进行再谈判。如果再谈判成功，则选择双方在再谈判中一致通过的行动，并且新的现金流支付合同被签订，事前的合同被废除。如果再谈判失败，则有控制权的一方选择最大化自身收益的行动。所以，事前的合同实际上对再谈判中不能达成一致的情形进行了规定。

(二) 共同控制

在共同控制下，只有双方都同意的情况下，行动才能被选择并执行。我们假定：创业企业家先提出一种退出方式，如果创业投资家不反对，就假定其认同这种退出方式。创业企业家和创业投资家按事前的合同进行现金流的支付；如果创业投资家不同意，则双方对退出方式和现金流分配进行再谈判。如果再谈判不能达成一致协议，企业将进行清算。假设企业的清算价值为 $L<\pi_s$，并且创业投资家和创业企业家各自得到 Y 和 $L-Y$ 的清算收益，并且假定是有限责任的，即 $0 \leqslant Y \leqslant L$。于是，事前的合同中必须规定现金流权，清算分配，和退出方式控制权分配等 3 个重要的内容。

1. 现金索取权

事前对 PE 的现金支付函数 $S: X \otimes \{a_s, a_r\} \rightarrow X$，其中 X 为现金流 x 可能的取值区间。可用 $S(x, a_i)$ 表示在选择退出方式 a_i，现金流为 x 时支付给创业投资家的现金，此时创业企业家得到现金 $x-S(x, a_i)$，有限责任要求 $0 \leqslant S(x, a_i) \leqslant x$，对任意 x。这里给予创业投资家优先索取权是与创业投资的融资工具设计的实证研究一致的（Kaplan & Stromberg, 2003）。

2. 清算权

如果对企业进行清算，创业投资家将获得清算收益 $Y \in [0, L]$，创业企业家获得剩余清算 $L-Y$。

3. 控制权分配

$\psi \in \{PE, J, SO\}$，PE, J, SO 分别表示创业投资家控制退出方式，共同控制退出方式，以及创业企业家控制退出方式。

以 (S, Y, ψ) 来表示事前的合同。并用 S_{rh}，S_{rl} 分别表示在好的状态和差的状态下采取行动 a_r 时事前的合同对创业投资家的支付。同样，用 S_s 表示在企业采取行动 a_s 时合同对创业投资家的支付。

第四节　再谈判设计

在这一部分，我们将讨论在 3 种控制权分配模式下，创业投资家和创业企业家在时刻 1 进行再谈判的均衡解。我们将双方之间的再谈判模型化为一个交替出价的 Rubinstein 博弈：在无限时刻集 $\{0, 1, 2, \cdots, t, \cdots\}$ 下，创业企业家先对行动选择和支付分配进行出价，如果创业投资家同意创业企业家的出价，则博弈结束；否则创业投资家提出一个行动和支付方案；如果创业企业家同意该方案，则博弈停止，否则继续出价；依次地，如果一方出价后，另一方不同意，则继续交替出价。用 δ 表示时刻 t 和时刻 $t+1$ 之间的时间间隔。在这个博弈中出价 $k=(a_i, (\pi_i+C_i-s, s))$，主要包含一个行动选择 $a_i \in \{a_r, a_s\}$ 以及对创业投资家现金支付 s，创业企业家支付 $\pi_i + C_i - s$。其中 π_i，C_i①分别表示在行动 a_i 下的企业现金流和创业企业家的私人得益。

在这个博弈中，如果每期的出价都被另一方拒绝，则双方将无法达成一致协议，有控制权的一方选择退出方式，并按事前合同规定的进行支付。而在共同控制下，如果双方无法达成一致协议，则对企业进行清算。将再谈判中无法达成一致的情形下的策略组合记为 D。所以在共同控制下，$D=(a_l, (L-Y, Y))$，其中 a_l 表示对企业进行清算。在单边控制下，如果具有控制权的一方选择行动 a_r，则 $D=(a_r, (\pi_{rj}+C-S_{rj}, S_{rj}))$；如果选择行动 a_s，则 $D=(a_s, (\pi_s-S_s, S_s))$。用 $u_{so}(k, t)$，$u_{PE}(k, t)$ 分别表示出价 k 在时刻 t 被接受时创业企业家和创业投资家各自的效用，而且定义 $u_{so}(D,.)=0$，$u_{PE}(D,.)=0$。也就是说，我们这里考察达成协议时的相对效用。所以，如果 $D=(a_l, (L-Y, Y))$，那么双方都能接受的出价 $k=(a_i, (\pi_i+C_i-s, s))$ 给双方带来的效用：

$$u_{so}(k, t)=\rho_{so}^{\delta t}(\pi_i+C_i-s-(L-Y))$$

$$u_{PE}(k, t)=\rho_{PE}^{\delta t}(s-Y)$$

其中，ρ_{so}，ρ_{PE} 满足 $0<\rho_{so}, \rho_{PE}<1$，是创业企业家和创业投资家收益的折现因子，反映两方的耐心程度。Rubinstein 博弈是非对称的。先出价的一方总是占有优势。但当时间间隔 $\delta \to 0$ 时，博弈变得越来越对称。我们这里假定 $\delta \to 0$，本书的结果并不要求这个假定。

下面我们将讨论在不同的 D 下再谈判中 Rubinstein 博弈的子博弈精

① $\pi_i \in \{\pi_{rh}, \pi_{rl}, \pi_s\}$，当 $a_i=a_r$，$C_i=C$；$a_i=a_s$，$C_i=0$。

练均衡(subgame perfect equilibrium，SPE)。定义：

$$\rho=\frac{\ln\rho_{PE}}{\ln\rho_{PE}+\ln\rho_{so}}$$

$$\hat{Y}=(1-\rho)\pi_{rh}+\rho(C-L)$$

$$\hat{S}=(1-\rho)\pi_{rh}-\rho(C-\pi_s)$$

命题 1　再谈判不能达成一致协议下 $D=(a_l,(L-Y,Y))$ 时再谈判的子博弈精练均衡：再谈判有唯一的子博弈精练均衡。在状态 θ_l 下，创业投资家和创业企业家都同意行动 a_s，各自收益为 $Y+\rho(\pi_s-L)$，$\pi_s-Y-\rho(\pi_s-L)$。在状态 θ_h 下，双方同意选择行动 a_r，创业投资家和创业企业家各自的收益为 $\pi_{rh}-\max\{\hat{Y}-Y,0\}$，$\max\{\hat{Y}-Y,0\}+C$。

证明：见附录 1。

命题 1 表明：(1) 在两种状态下，由创业投资家和创业企业家共同控制退出方式将会导致双方一致选择有效的退出方式，最大化企业的价值；(2) 事前合同中规定的对创业投资家的清算支付越高，则创业投资家在两种状态下的收益会越高；因为 Y 越高，创业投资家在再谈判中的谈判力越强，也就能获得更高的谈判收益；在 $Y=\hat{Y}$ 时，创业企业家仅能获得私人得益收益；(3) 此外，决定再谈判收益的外生因素是相对耐心程度，ρ_{PE}，ρ_{so}。

命题 2　(a) 在再谈判不能达成一致协议时执行 $D=(a_s,(\pi_s-S_s,S_s))$：这个再谈判博弈有唯一的子博弈精练均衡。在状态 θ_l 下，创业投资家和创业企业家都同意行动 a_s；各自收益为 S_s，π_s-S_s。在状态 θ_h 下，双方同意选择行动 a_r，创业投资家和创业企业家各自的收益为 $\pi_{rh}-\max\{\hat{S}-S_s,0\}$，$\max\{\hat{S}-S_s,0\}+C$。

(b) 在再谈判不能达成一致协议时执行 $D=(a_r,(\pi_{rj}-S_{rj}+C,S_{rj}))$：这个再谈判博弈有唯一的子博弈精练均衡。在状态 θ_l 下，创业投资家和创业企业家都同意行动 a_s；各自收益为 $S_{rl}+\rho(\pi_s-\pi_{rl}-C)$，$\pi_s-$

$S_{rl}-\rho(\pi_s-\pi_{rl}-C)$。在状态 θ_h 下，双方同意选择行动 a_r，创业投资家和创业企业家各自的收益为 S_{rh}，$\pi_{rh}-S_{rh}+C$。

证明：见附录 2。

命题 2(a)对应的是创业投资家具有控制权的情形。在状态 θ_l 下，通过再谈判本身不可能形成 Pareto 改进。这是因为在该状态下，创业投资家总会选择 a_s；在状态 θ_h 下，再谈判是福利改进的。再谈判实际上就是对剩余 $\pi_{rh}+C-\pi_s$ 进行讨价还价。在子博弈精练均衡下，PE 得到收益 $S_s+\rho(\pi_{rh}+C-\pi_s)$，但由于创业企业家的私人得益是不能被分享的，且实行有限责任。所以

$$S_s+\rho(\pi_{rh}+C-\pi_s)\leqslant\pi_{rh} \tag{6-1}$$

所以创业投资家的收益就为 $\min\{\pi_{rh},S_s+\rho(\pi_{rh}+C-\pi_s)\}$，这可以改写为 $\pi_{rh}-\max\{\hat{S}-S_s,0\}$。

命题 2(b)对应的是创业企业家单独控制退出方式的情形。因为在再谈判不能达成一致协议时，由于选择 IPO 行动 a_r 会获得私人得益。在状态 θ_h 下，再谈判是不能在原来合同的基础进行福利改进的。因为在这种状态下，创业企业家总是选择行动 a_r；在状态 θ_l 下，再谈判可在原来合同的基础上进行福利改进。如果采取行动 a_s 将有剩余 $(\pi_s-\pi_{rl}-C)$，通过再谈判 PE 获得 $\rho(\pi_s-\pi_{rl}-C)$ 的剩余，再加上本来就能获得的支付 S_{rl}，创业投资家获得收益 $S_{rl}+\rho(\pi_s-\pi_{rl}-C)$。

第五节　创业资本退出控制权的最优分配

最优的控制权分配是可行的并最大化企业价值的创业投资家退出模式控制权分配。在这一部分，我们将讨论，在什么样的条件下，每一种控制权

分配模式是可行的并使得企业选择最大化企业价值的退出方式。

一、创业企业家控制

当创业企业家独自掌握退出方式的控制权时，在状态 θ_l 下，如果创业企业家没有获得私人得益 C 的补偿，是不愿意选择有效行动 a_s 的。如果没有再谈判，在开始的合同中必须给创业企业家以补偿以使其在状态 θ_l 下选择有效行动 a_s。或者，创业企业家通过事后的再谈判获得对私人得益的补偿。命题 2(b)表明在再谈判后创业投资家的收益：

$$S_{rl}+\rho(\pi_s-\pi_{rl}-C)\leqslant\pi_{rl}+\rho(\pi_s-\pi_{rl}-C) \qquad (6-2)$$

亦即创业投资家再谈判后的收益最多为 $(1-\rho)\pi_{rl}+\rho(\pi_s-C)$。并且 $\pi_{rl}<\pi_s-C$，所以在状态 θ_l 下，创业投资家的收益最多为 π_s-C。

定义：$K_{so}=p\pi_{rh}+(1-p)(\pi_s-C)$。于是在创业企业家独自掌握创业投资家退出方式的控制权的合同中，创业投资家的预期收益最多为 K_{so}。如果 $K_{so}<I+m$，创业投资家是不会对企业进行投资的。

命题 3　创业企业家控制退出方式的可行条件是当且仅当 $K_{so}\geqslant I+m$。只要创业企业家控制退出方式是可行的，则企业一定会选择有效的退出方式。

证明：见附录 3。

二、创业投资家控制

在创业投资家控制企业的时候，他可能为了节约机会成本 m 在状态 θ 实现之前就提前将项目的股份出让给企业的竞争对手。是否采取这种行为，主要取决于创业投资家对 1 时刻自己获得的现金流的预期 $pS_{rh}+(1-p)S_s$。如果提前选择行动 a_s 的收益 $S_s>pS_{rh}+(1-p)S_s-m$，也就是当 $S_s>S_{rh}-\dfrac{m}{p}$ 时，创业投资家会将企业所占股份提前转让出去。创业企业家可通过事后的再谈判提高创业投资家的收益 S_{rh}，以使其放弃提前出让股份。但是由于有限责任，$S_{rh} \leqslant \pi_{rh}$，所以如果事前的合同规定 $S_s > \pi_{rh} - \frac{m}{p}$，则事后的再谈判不可能阻止创业投资家提前采取行动将项目所占股份转让出去。

但只要创业投资家不提前将对项目的投资转让出去，并等到 θ 实现，则在创业投资家控制下一定能选择有效的退出方式。所以创业投资家控制下选择有效的选择退出方式的必要条件是：

$$S_s \leqslant \pi_{rh} - \frac{m}{p} \tag{6-3}$$

定义：

$$K_{PE} = p\pi_{rh} + (1-p)\left(\pi_{rh} - \frac{m}{p}\right) \tag{6-4}$$

对任意的创业投资家控制退出方式的合同，如果要实现有效的退出方式，则创业投资家的预期收益是不可能超过 K_{PE} 的。如果 $K_{PE} < I + m$，那么是不可能设计一个创业投资家控制退出方式，并实施有效退出方式的合同的。

命题 4 创业投资家控制能实现有效退出的条件是当且仅当 $K_{PE} \geqslant I + m$。

证明：见附录 4。

在上面的条件两边同时加上 $(1-p)\pi_s$ 并整理可得到等价的条件：

$$p\pi_{rh} + (1-p)\pi_s \geqslant I + m + (1-p)\left(\frac{m}{p} - \Delta\right) \tag{6-5}$$

由假设 2 显然有 $\left(\frac{m}{p} - \Delta\right) > 0$。所以当 p，Δ 越小，m 越大时，条件

$p\pi_{rh}+(1-p)\pi_{s}\geqslant I+m+(1-p)\left(\frac{m}{p}-\Delta\right)$ 是越不可能成立。低的 Δ 意味着在状态 θ 较好的情况下，采取 IPO 退出相对于将创业投资家股份转让的现金流增量是比较小的，高的 m 则表示创业投资家监管项目的成本以及其投资资金的机会成本是比较高的。这意味着 p，Δ 越小，m 越大，PE 提前将项目的股份提前转让出去的可能性越大。唯一阻止创业投资家提前转让股份的方法是降低对创业投资家在行动 a_s 下的支付 S_s，但这又会降低 PE 投资的预期收益。如果 PE 预期到投资收益太低，就不会进行投资。所以 p，Δ 越小，m 越大，创业投资家控制越不可行。

当条件 $K_{PE}\geqslant I+m$ 满足后，在创业投资家控制下，下面的事前合同能使企业选择有效的退出方式：$S(x,\ a_r)=x$，$S(x,\ a_s)=\dfrac{\pi_{rh}-\dfrac{m}{p}-\varepsilon}{\pi_s}x$，$0<\varepsilon$，且 ε 任意小，$Y=\min\left\{L,\ \pi_{rh}-\dfrac{m}{p}\right\}$。在这样的合同下，$S_{rh}=\pi_{rh}$，$S_s=\pi_{rh}-\dfrac{m}{p}-\varepsilon$，$S_{rl}=\pi_{rl}$。因为 $S_s<S_{rh}-\dfrac{m}{p}$，创业投资家不会提前将项目股份进行转让。因为 $S_{rh}>S_s$，在状态 θ_h 下，创业投资家将选择行动 a_r；并且对任意小的正数 ε，$\pi_{rh}-\dfrac{m}{p}-\varepsilon\geqslant\pi_s-C\geqslant\pi_{rl}$，意味着 $S_s>S_{rl}$，所以在状态 θ_l 下，创业投资家将选择行动 a_s。也就是说，如果在满足命题 4 的情况下，创业投资家不会将项目股份提前转让，而是会等到状态 θ 实现，并且在每一种状态下，都会选择有效的退出方式，实现有效的退出。

最后，$m<p\Delta_v$ 意味着 $K_{PE}>K_{so}$。所以只要创业企业家控制是可行的，则在创业投资家控制下也是可行的，并且能选择相应的合同保证创业投资家在时刻 1 选择有效的退出方式。如果

$$K_{PE}\geqslant I+m>K_{so} \tag{6-6}$$

则创业投资家控制是可行的，但创业企业家控制不可行。所以有以下命题成立。

命题 5 $K_{PE} > K_{so}$。创业企业家控制退出方式并不严格占优于创业投资家控制退出方式。

三、共同控制

当创业投资家和创业企业家共同控制创业资本的退出方式时，创业投资家不可能选择提前将股份出让给竞争对手，因为创业企业家不会允许创业投资家这样做。企业会等到状态 θ 实现后选择退出方式。可以证明①：在状态 θ_l 下，创业投资家的收益最多为 $\max\{L+\rho(\pi_s-L),\ \pi_s-C\}$，在状态 θ_h 下，创业投资家的收益最多为 π_{rh}。定义

$$K_j = p\pi_{rh} + (1-p)\max\{L+\rho(\pi_s-L),\ \pi_s-C\} \tag{6-7}$$

在共同控制下，任意合同给创业投资家的支付最多为 K_j。如果 $K_j < I+m$，则创业投资家是不愿意对项目进行投资的。

命题 6 共同控制可行的条件是当且仅当 $K_j \geqslant I+m$。如果共同控制是可行的，那么企业一定会选择有效的退出方式。

命题 6 表明：企业抵押价值 L 越大，那么共同控制下，满足投资可行的条件越容易。当 $K_j \geqslant I+m$ 满足时，在合同 $S(x,\ a_r)=x$，$S(x,\ a_s)=\dfrac{\pi_s-C}{\pi_s}x$，$Y=L$ 下，有效的退出方式将被选择。在状态 θ_h 下，双方会选择行动 a_r，创业投资家获得收益 π_{rh}；在状态 θ_l 下，创业投资家的收益为 $\max\{L+\rho(\pi_s-L),\ \pi_s-C\}$。

四、三种控制机制效率的对比分析

下面将 3 种退出控制机制在不同的参数空间的效率进行讨论，定义：

---

① 证明见附录 5。

$$L^{*}=\pi_{s}-\frac{1}{1-\rho}\left(\frac{m}{p}-\Delta\right)$$

命题 7　共同控制严格占优于单独控制的条件是：

(1) $L>L^{*}$；

(2) $K_{PE}<I+m\leqslant K_{j}$。

命题 7 表明：(1) p，Δ 越小，m 越大，临界值 L^{*} 就越小，企业的抵押价值 L 也就越容易超过临界值 L^{*}。但 p，Δ 越小，m 越大；也就越可能出现 $I+m>K_{PE}$；

(2) $L-L^{*}$ 越大，区间 $(K_{PE}, K_{j}]$ 也就越大；因而 $I+m$ 也越可能落入这个区间，共同控制也就越容易占优于单独控制。

所以，共同控制在下面的情况下比单独控制要更好：(1) 企业财务上比较紧张，IPO 相对将股份转让给竞争对手现金流增量不大时(Δ 小)；(2) PE 资金的机会成本和监管企业的成本比较高 (m 大)；(3) 企业有一定的抵押价值 ($L>L^{*}$)。

第六节　本 章 小 结

本章在不完全合同的框架下分析了创业资本退出创业企业时，创业投资家控制、创业企业家控制和两方共同控制 3 种控制机制的效率。通过模型分析我们发现：3 种控制都是可行的；但共同控制比单边控制更有效；尤其在 IPO 相对股份出让现金流增量不大；创业投资家监管企业成本和资金流动性成本大；并且企业具有相当的抵押价值的情况下，让双方共同控制创业资本退出方式，将比让其中一方单独控制更有效。

本书结论对创业资本退出方式选择的控制实施具有重要的现实意义。目前，创业资本投资的我国创业企业不少都是属于中后期的企业。这类企业都在行业中具有比较稳定的现金流,并有厂房和土地使用权。所以,目前创业资本投资的我国企业都具有相当的抵押价值。在这种情况下,根据本书的分析,应该在事前的合同中设计双方共同控制创业资本退出的机制。同时,在事前设计创业资本退出控制机制时,创业企业应该充分考虑创业投资家的监管能力和成本、创业投资家资金的流动性成本、IPO 市场的风险,以及通过 IPO 获得的现金增量。当创业投资家的监管成本和资金的机会成本比较高;IPO 市场低迷,IPO 相对股份出让现金增量小时,合作双方在事前的合同中更应该设计共同控制退出方式的机制。

上面的分析可进一步的归纳为:创业资本投资的项目越处于后期,项目抵押价值越大,创业投资家和创业企业家共同控制创业资本退出比单边控制更有效;投资的项目风险越大,比如生物制药、软件设计等高技术高风险行业,创业投资家后期监管项目成本越高;投资双方共同控制创业资本退出相对于单边控制更有效;当创业板市场越低迷,项目通过 IPO 融集资金能力越差,投资双方就更应该对创业资本退出采取共同控制。

理论上,共同控制可以通过两种方式实现:(1) 发行具有表决权的股票;但通过有表决权的股票来实现创业资本退出的共同控制,需要创业投资公司采取 50∶50 的股权结构。但这与创业企业对创业企业家的激励的基本要求相悖;所以,在常见的创业投资股权和控制安排中一般出现了股权(现金索取权)和控制权的分离(Kaplan & Stromberg, 2003),并且创业企业家一般获得较多的股权,而创业投资家则获得相对于其股权更多的控制权(Kirilenko, 2001)。所以创业投资中往往不用使用股权为基础的控制权分配;(2) 事前合同中的授权;通过事前合同授权的方式来给予创业投资家超越股权的控制权是创业投资中常见的做法。所以,实现对事后创业资本退出的决策的共同控制可以在创业企业家具有较多股权所用于的投票权的基础上,给予创业投资家对退出方式的一票否决权。并且规定在双方不能达成一致的情况下,允许创业投资家清算项目,并具有收益优先分配权。

本节在分析的过程中没有考虑信息不对称的情况，进一步的研究可以深入分析如果一方相对另一方有信息优势的情况下，3 种退出方式控制机制的效率是如何受不对称信息影响的。

附录 1　命题 1 的证明：在子博弈精炼均衡中的策略对必须是每个子博弈的 Nash 均衡。

（1）在状态 θ_l 下，创业投资家和创业企业家都不会选择行动 a_r。这是因为对任意的 $\varepsilon > 0$，策略对 $(a_s,\ (\pi_s - s,\ s))$ 总是占优于策略对 $(a_r,\ (\pi_{rl} + C - s,\ s))$ 的。于是，在均衡下两方都同意选择行动 a_s。于是通过讨价还价博弈决定剩余 $a_s - \pi_{rl} - C$ 如何分配。下面我们从均衡条件出发去讨论，讨价还价博弈如何分配剩余。

如果在均衡下，创业企业家的策略是轮到他出价时，提出 $k^* = (a_s,\ (\pi_s - s^*,\ s^*))$，PE 在任何时候轮到自己出价时，提出 $\hat{k} = (a_s,\ (\pi_s - \hat{s},\ \hat{s}))$。那么对于创业投资家在下一次出价时获得的收益贴现值和接受前面创业企业家的出价时收益无差异时会达到均衡。也即：

$$s^* - Y = \rho_{PE}^{\delta}(\hat{s} - Y) \tag{6-8}$$

同理，在均衡时，创业企业家接受上一轮创业投资家的出价和自己接着出价的收益无差异，也即：

$$\pi_s - \hat{s} - (L - Y) = \rho_{so}^{\delta}(\pi_s - s^* - (L - Y)) \tag{6-9}$$

联立上面两式，得到：

$$s^* = Y + \frac{\rho_{PE}^{\delta}(1 - \rho_{so}^{\delta})}{1 - \rho_{PE}^{\delta}\rho_{so}^{\delta}}(\pi_s - L) \tag{6-10}$$

$$\hat{s} = Y + \frac{(1 - \rho_{so}^{\delta})}{1 - \rho_{PE}^{\delta}\rho_{so}^{\delta}}(\pi_s - L) \tag{6-11}$$

利用罗必塔法则可得到：

$$\lim_{\delta\to 0} s^* = \lim_{\delta\to 0} \hat{s} = Y + \rho(\pi_s - L) \tag{6-12}$$

在状态 θ_l 下，如果不能达成一致协议的情形下，$D=(a_l, (L-Y, Y))$，那么通过再谈判的讨价还价，在 SPE 下，创业投资家的收益是 $Y+\rho(\pi_s-L)$，创业企业家的收益为 $\pi_s - Y - \rho(\pi_s - L)$。

(2) 在状态 θ_h 下，在 SPE 下，创业投资家和创业企业家都不会提出选择 a_s，因为总能找到 $\varepsilon>0$，使得 $(a_r, (\pi_{rh}+C-s-\varepsilon, s+\varepsilon))$ 占优于 $(a_s, (\pi_s-s, s))$。那么，双方可通过类似于(1)中的讨价还价博弈将剩余 $(\pi_{rh}+C-L)$ 进行分配。在 SPE 下，创业投资家分到剩余 $\rho(\pi_{rh}+C-L)$，创业企业家获得剩余 $(1-\rho)(\pi_{rh}+C-L)$，所以在状态 θ_h 下，创业投资家和创业企业家各自的收益为 $Y+\rho(\pi_{rh}+C-L)$，$(L-Y)+(1-\rho)(\pi_{rh}+C-L)$。但由于创业企业家的私人得益是不可分的，所以要求 $Y+\rho(\pi_{rh}+C-L)\leqslant \pi_{rh}$。当左边等式成立时，$Y=\hat{Y}=(1-\rho)\pi_{rh}-\rho(C-L)$。

如果 $Y>\hat{Y}$，则创业投资家的收益为 π_{rh}；如果 $Y\leqslant\hat{Y}$，则创业投资家的收益为 $Y+\rho(\pi_{rh}+C-L)$。这可以写成 $\pi_{rh}-\max\{Y-\hat{Y}, 0\}$。 QED

附录 2　命题 2 的证明

命题 2(a)的证明：给定 $D=(a_s, (\pi_s-S_s, S_s))$。在状态 θ_l 下，利用类似于命题 1 的证明，两个参与人都会同意选择行动 a_s。所以，在这种情况下，通过再谈判是没有剩余可获得的。对任意的 $k=(a_s, (\pi_s-s, s))\neq D$，不可能同时让 $u_{PE}(k,.)>0$，$u_{so}(k,.)>0$ 同时成立。所以在状态 θ_l 下，再谈判的 SPE 中，创业企业家和创业投资家各自的收益分别是 π_s-S_s，S_s。

同样，在状态 θ_h 下，两个参与人都会选择行动 a_r（关键是 $\pi_{rh}>\pi_s$）。同样利用命题 1 中求解均衡的方法：用 π_s 替换 L，S_s 替换 Y，并定义 $\hat{S}=(1-\rho)\pi_{rh}-\rho(C-\pi_s)$，我们可以得到在状态 θ_h 下，创业投资家和创业企业

家各自的收益为 $\pi_{rh}-\max\{\hat{S}-S, 0\}$, $\max\{\hat{S}-S, 0\}$。

命题 2(b)的证明：在状态 θ_j 下，给定 $D=(a_r, (\pi_{rj}+C-S_{rj}, S_{rj}))$。在状态 θ_l 下，利用类似于命题 1 的证明，两个参与人必然一致同意选择行动 a_s。讨价还价博弈有唯一的 SPE。利用类似命题 1 的证明方法(用 $\pi_{rl}+C$ 替换 L, S_{rl} 替换 Y)，我们可以得到创业投资家和创业企业家此时的收益各自为 $S_{rl}+\rho(\pi_s-\pi_{rl}-C)$, $\pi_s-S_{rl}-\rho(\pi_s-\pi_{rl}-C)$。

相似地，在状态 θ_h 下，两方会一致同意选择行动 a_r。再谈判的结果是谈判开始，创业企业家提出 $D=(a_r, (\pi_{rh}+C-S_{rh}, S_{rh}))$，因为任意 $k=(a_r, (\pi_{rh}+C-s, s))\neq D$，都不可能使 $u_{PE}(k,.)>0$, $u_{so}(k,.)>0$ 同时成立。因为谈判与否，都会选择行动 a_r，所以再谈判是没有福利改善的，谈判的结果增加一方的收益势必减少另一方。所以在再谈判的均衡下，创业投资家和创业企业家各自的收益是 S_{rh}, $\pi_{rh}+C-S_{rh}$。　QED

附录 3　命题 3 的证明：在创业企业家控制下，要实现退出方式的有效选择可通过两种情形实现：(1) 情形 1：开始合同规定的支付就能保证创业企业家在状态 θ_l 下选择行动 a_s，在状态 θ_h 下选择行动 a_r。这要求

$$\pi_{rh}+C-S_{rh}\geqslant\pi_s-S_s\geqslant\pi_{rl}+C-S_{rl} \tag{6-13}$$

在这种情形下，创业投资家的预期收益记为 $ES=pS_{rh}+(1-p)S_s$，从上面的不等式可知

$$S_s\leqslant\pi_s-(\pi_{rl}-S_{rl})-C\leqslant\pi_s-C \tag{6-14}$$

所以创业投资家的预期收益 $ES=pS_{rh}+(1-p)S_s\leqslant p\pi_{rh}+(1-p)(\pi_s-C)$，但要合同是可行的，需要满足创业投资家的投资参与约束，即

$$p\pi_{rh}+(1-p)(\pi_s-C)\geqslant I+m \tag{6-15}$$

(2) 情形 2：事前的合同支付下使得创业企业家总愿意选择行动 a_r，也

即 $\pi_{rh}+C-S_{rh}\geqslant \pi_s-S_s$

$$\pi_{rl}+C-S_{rl}\geqslant \pi_s-S_s \tag{6-16}$$

同时满足。但在状态 θ_l 下，创业企业家和创业投资家对初试的合同进行再谈判，并且谈判不成功，则选择 $D=(a_r,(\pi_{rl}+C-S_{rl},S_{rl}))$。根据命题2(b)证明，我们知道双方能达成一致协议，并在状态 θ_l 选择 a_s，创业投资家和创业企业家各自的收益为 $S_{rl}+\rho(\pi_s-\pi_{rl}-C)$，$\pi_s-S_{rl}-\rho(\pi_s-\pi_{rl}-C)$。所以在这种情形下，创业投资家的预期收益

$$\begin{aligned} ES &= pS_{rh}+(1-p)[S_{rl}+\rho(\pi_s-\pi_{rl}-C)] \\ &\leqslant p\pi_{rh}+(1-p)[\pi_{rl}+\rho(\pi_s-\pi_{rl}-C)] \\ &\leqslant p\pi_{rh}+(1-p)(\pi_s-C) \end{aligned} \tag{6-17}$$

最后一个不等式成立，是因为 $\pi_{rl}\leqslant \pi_s-C$。所以这种情形下合同可行，需要满足创业投资家的投资参与约束

$$p\pi_{rh}+(1-p)(\pi_s-C)\geqslant I+m \tag{6-18}$$

综合(6-15)和(6-18)有：在创业企业家控制下，合同可行的条件是

$$K_m=p\pi_{rh}+(1-p)(\pi_s-C)\geqslant I+m \tag{6-19}$$

附录4　命题4的证明：

在创业投资家控制退出方式的选择时，由于机会成本的存在，创业投资家可能会在时刻1之前考虑提前将股份转让。尤其是在 $S_s>pS_{rh}+(1-p)S_s-m$，即在 $S_s>S_{rh}-\dfrac{m}{p}$。这时创业企业家可与创业投资家进行再谈判，通过提高 S_{rh} 来使创业投资家放弃提前出让股份。但如果

$$S_s>\pi_{rh}-\frac{m}{p} \tag{6-20}$$

则在有限责任 $S_{rh} \leqslant \pi_{rh}$ 下，再谈判是不可能通过增加 S_{rh} 使创业投资家放弃提前的股份出让的。创业投资家的预期收益

$$ES = pS_{rh} + (1-p)S_s \leqslant p\pi_{rh} + (1-p)\left(\pi_{rh} - \frac{m}{p}\right) = K_{PE} \tag{6-21}$$

所以合同可行要求

$$I + m \leqslant ES \leqslant K_{PE} \tag{6-22}$$

充分性的证明：

在条件 $K_{PE} \geqslant I + m$ 下，考虑下面的合同：$S(x, a_r) = x$，$S(x, a_s) = \dfrac{\pi_{rh} - \dfrac{m}{p}}{\pi_s} x$，在该合同下，$S_{rh} = \pi_{rh}$，$S_{rl} = \pi_{rl}$，$S_s = \pi_{rh} - \dfrac{m}{p}$，显然有 $S_s \leqslant pS_{rh} + (1-p)S_s - m$，所以创业投资家会等到状态 θ 实现。下面证明在创业投资家等到状态被证实之后将选择有效行动。

在上述合同下，显然有 $S_{rh} \geqslant S_s$，所以在状态 θ_h 下，创业投资家必然会选择行动 a_r；而 $\pi_{rh} - \dfrac{m}{p} \geqslant \pi_{rl}$（根据假设 4），所以有 $S_s \geqslant S_{rl}$，所以在状态 θ_l 下，创业投资家会选择行动 a_s。当然，上面证明的是创业投资家在没有再谈判的情况下，会选择有效的退出方式。如果发生再谈判，根据前面命题 2(b)的证明表明：双方也会一致同意选择有效的退出方式。QED

附录 5　命题 6 的证明：先证命题的必要性。命题 1 表明，在共同控制退出方式的情形下：在状态 θ_h 下，如果双方对事前的合同不进行再谈判，创业投资家的收益为 S_{rh}；如果 $\pi_{rh} - \max\{\hat{Y} - Y, 0\} \geqslant S_{rh}$，则创业投资家势必会与国有股东进行再谈判，并获得收益 $\pi_{rh} - \max\{\hat{Y} - Y, 0\}$。所以在状态 θ_h 下，创业投资家的收益最多为 π_{rh}。在状态 θ_l 下，如果 $\pi_{rl} + C - S_{rl} \geqslant$

$\pi_s - S_s$，则创业投资家会与创业企业家进行福利改进的再谈判，并获得收益 $Y+\rho(\pi_s - L)$；如果 $\pi_{rl}+C-S_{rl}\leqslant\pi_s - S_s$，且 $Y+\rho(\pi_s - L)<S_s$，则不会发生再谈判，创业投资家获得收益 $S_s\leqslant\pi_s-(\pi_{rl}-S_{rl})-C\leqslant\pi_s-C$；如果 $\pi_{rl}+C-S_{rl}\leqslant\pi_s-S_s$，且 $Y+\rho(\pi_s-L)\geqslant S_s$，则双方发生再谈判，获得创业投资家获得收益 $Y+\rho(\pi_s-L)$。所在共同控制下，创业投资家获得收益最多为 $\max\{\pi_s-C, L+\rho(\pi_s-L)\}$。所以在共同控制下创业投资家的预期收益

$$ES\leqslant p\pi_{rh}+(1-p)\max\{\pi_s-C, L+\rho(\pi_s-L)\}=K_j \tag{6-23}$$

所以合同可行的必要条件是 $K_j\geqslant I+m$。

再证条件 $K_j\geqslant I+m$ 的充分性。考虑合同：$S(x, a_r)=x$，$S(x, a_s)=\dfrac{\pi_s-C}{\pi_s}x$，$Y=L$。在状态 θ_h 下，双方一致同意采取行动 a_r，创业投资家获得收益 π_{rh}；在状态 θ_l 下，如果不发生再谈判，创业投资家和创业企业家一致同样选择行动 a_s，并获得收益 π_s-C，如果发生再谈判，则双方同意选择行动 a_s，并且获得收益 $L+\rho(\pi_s-L)$，所以在状态 θ_l 下，创业投资家的收益为 $\max\{\pi_s-C, L+\rho(\pi_s-L)\}$。所以

$$ES=p\pi_{rh}+(1-p)\max\{\pi_s-C, L+\rho(\pi_s-L)\}=K_j\geqslant I+m \tag{6-24}$$

所以合同是可行且有效率的。QED

附录 6　命题 7 的证明：

由于 $m<p\Delta_v=p(\Delta+C)$（假设 4），所以有 $\dfrac{m}{p}-\Delta<C$。所以在 $L>L^*=\pi_s-\dfrac{1}{1-\rho}\left(\dfrac{m}{p}-\Delta\right)$ 下，有 $L>\pi_s-\dfrac{C}{1-\rho}$，也就是 $L+\rho(\pi_s-$

$L) > \pi_s - C$ 由命题 5 有，当 $L = \pi_s - \frac{1}{1-\rho}\left(\frac{m}{p} - \Delta\right) = L^*$ 时有

$$K_j = p\pi_{rh} + (1-p)[L + \rho(\pi_s - L)] = K_{PE} \tag{6-25}$$

在 $L \geqslant L^* = \pi_s - \frac{1}{1-\rho}\left(\frac{m}{p} - \Delta\right)$ 时，$K_j = p\pi_{rh} + (1-p)\max\{L + \rho(\pi_s - L), \pi_s - C\}$ 显然是 L 的增函数。所以，在 $L > L^*$ 时，必然有 $K_j > K_{PE}$。如果命题 7 的条件(2) $K_{PE} < I + m \leqslant K_j$ 成立，前面的命题则表明共同控制是可行的，但创业投资家单独控制不可行，所以在条件命题 7 的条件(1)和(2)下，共同控制占优于创业投资家单独控制。QED

第七章
全书总结和研究展望

第一节 全书总结

我们利用激励相容的合同经济学方法对创业资本进入、创业资本投资以及创业资本退出过程中的关键机制进行了深入的研究。按照创业资本在创业投资领域的 3 个步骤将研究内容分为三部分：创业投资基金运作机制研究；创业企业治理机制研究；创业资本退出控制机制研究。通过研究得到如下主要结论：

一、关于创业投资基金运作机制的研究结论

（一）创业投资基金的薪酬机制研究结论

1. 创业投资基金薪酬机制的静态分析

在归纳美国、欧洲等国家创业投资基金薪酬合同的基础上，将投资者与创业投资家的薪酬合同结构化为包含看涨期权的薪酬合同。通过合同经济学分析，我们发现：只要在事前设计适当的期权执行价格，包含看涨期权的线性薪酬合同相对纯粹的线性薪酬合同，能更好地激励创业投资家努力管理创业投资基金，并让风险厌恶的创业投资家，适当地承担并控制创业投资基金的风险水平。

这表明在创业投资基金运作实践中，投资者和创业投资家在签订基金管理合同时，应该给创业投资家设计一定水平的基金组合收益基准，只有创业投资家达到这个基准后才能参与基金利润的提成。我们的研究表明这种事前设计的类似看涨期权的制度能很好地激励创业投资家努力工作，并适当地控制基金组合的风险。而创业投资家的努力和风险控制是创业投资基金取得成功的关键因素。所以，我们的研究从规范分析的角度，发现了创业投资基金薪酬合同中除了传统观点的固定管理费用和利润提成之外的第三个关键元素——利润分配的方式。这个元素会影响到创业投资家管理创业投资基金过程中的努力激励与风险偏好。所以，创业投资基金薪酬设计中，除了要重视固定管理费用的设计、利润提成比例的确定，同时利润分配方式——什么条件下，创业投资家能按事前设计的比例参与基金利润的分配也是非常重要的。

2. 创业投资基金薪酬合同的动态分析

由于创业投资基金几乎都采取有限期运作的模式，所以创业投资是典型的循环运作资本管理模式。而创业投资家在下一轮的资本运作中，主要依靠前期的创业投资基金业绩作为融资宣传的主要对象。所以，早期的创业投资家有建立声誉的强烈冲动。我们在创业投资基金薪酬机制的动态研究中通过引入经典的声誉理论，将创业投资双方的谈判力一般化，并在激励相容的框架下研究了考虑声誉下的创业投资基金薪酬的动态特征。通过建立两期动态模型，我们发现：创业投资家早期建立声誉的激励确实可以作为显性激励的替代，但随着创业投资家声誉的建立，声誉激励效应降低。这表明创业投资家在职业发展的早期阶段，可用声誉激励部分的替代薪酬激励；但随着其职业声誉的积累，后期的激励则只能依靠薪酬进行激励。声誉动态模型在一定程度上能很好地解释创业投资家薪酬合同与创业投资家声誉（创业投资公司建立时间、募集资金的规模等反映指标）成正比，声誉越高的创业投资家利润提成比例越高的典型事实。

同时，我们考虑了创业投资家与前期的投资者签订的薪酬合同市场不可观察，但后期投资者能观察到创业投资家收入的情况下，声誉机制对创业投资家显性薪酬的替代作用。通过研究，我们发现：即便在创业投资市场信息不对称的情况下，声誉仍然能作为显性薪酬的替代，并且早期声誉机制对创业投资家的激励效应与创业投资家替换投资者的概率成正比。

（二）创业投资基金治理结构的研究结论

1. 创业投资基金模式选择——有限合伙制创业投资基金运作模式

在这一部分，我们从创业投资的激励需求与企业制度的激励特征像匹配的角度，分析了创业投资基金运作模式的选择的内在逻辑。通过对比公司制与有限合伙制企业对基金管理人的激励效应，我们发现有限合伙制的运作模式能更好地突破公司制完全按资金投入来分配现金利润的同股同权的治理模式，并通过投资者和创业投资家事前签订的灵活的有限合伙协议灵活的规定创业投资家超过其事前投资资金的基金利润分配比例。有限合伙制这种将投资资金和现金索取相分离的机制能更好地激励创业投资家，并将其专业的筛选，管理，运作创业投资基金的关键性人力资本充分发挥，使得创业投资基金更有效率的运作。所以，我们认为有限合伙制能更好地调动创业投资家的投资基金性，能更有效地运作创业投资基金。

2. 系统的创业投资基金治理模式

在有限合伙制创业投资基金运作能更好激励创业投资家的研究结论基础上，我们还试图构建一个有限合伙制创业投资基金的内部治理机制与外部支持环境相结合的创业投资基金系统治理框架。我们认为通过一个包含创业投资基金激励机制、监督机制、约束机制以及风险控制机制相结合的内部治理结构，使创业投资家在一个激励与约束并存的内部治理环境中努力投入有效的管理创业投资基金，并有效地控制创业投资基金的风险的内部治理环境。同时，政府应该从放松进入创业行业资金的资本管制，并建立一个集技术预测以及资金引导为主的国家创业投资引导体系，有效地引导更多的民间资本进入创业投资领域，有效地打通创业投资资金的进入通道。另一方面，政府应该加强有限合伙制创业投资基金税收方面的优惠政策，引导更多的创业投资基金以有限合伙制的形式进行运作；并且尽快建立个人破产程序，使得有限合伙制创业投资基金的无限责任制真正得到落实。这些制度建设将加速民间创业投资资金的流入，同时使有限合伙制这种有效的创业投资基金运作模式更好地发挥作用。最后，政府应该尽快启动我国的创业板市场并建立高效的地区性股权交易市场，使得创业投资基金有一个通畅的退出渠道。

二、关于创业投资企业治理研究结论

以往的实证研究发现，在创业投资中对创业企业中关键决策的控制权与对项目最终现金收益的现金索取权是创业企业治理中关键的两种机制；并且不同于公众性的上市公司，创业企业的控制权和现金索取权是分别规定的。我们将创业企业中控制权具体为创业企业家替换权，创业投资家对项目经营的干预权、创业资本退出方式的控制权 3 种控制权，研究了现金索取权和与这 3 种具体的控制权相搭配在创业投资关键性决策中的治理效率。

(一) 创业企业家道德风险与控制权分配、融资工具选择

将创业企业中后期，由于创业投资家事前存在选择过度的控制权收益(私人得益)而降低创业企业最终现金收益的道德风险，而创业投资家在事后创业企业家替换选择时往往忽略创业企业家事前选择的私人得益，这导致投资双方在创业企业家事后的替换决定上存在利益冲突。我们在假定时候的状态是不可核实，在事前签订的合同不完全的情况下，事后创业企业家替换的控制权就非常重要。

在合同不完全的框架下，我们研究了普通的债权融资、股权融资下，对事后创业企业家替换的 3 种控制权结构，即创业企业家控制、创业投资家控

制、投资双方共同控制。研究发现：无论是债权融资还是股权融资，3 种控制权分配都不能在所有状态下实现实现事前创业企业家选择有效的私人得益水平和事后的创业企业家有效替换。

最后，我们在可转换优先股和相机控制权相搭配的治理结构下，我们发现：事前合理的设计可转换有限股的转换比率，并在规定如果创业投资家事后选择优先股，则由创业投资家决定是否替换创业企业家；如果创业投资家决定选择普通股的收益分配模式，则有创业企业家事后决定是否替换自己。研究表明，这样的可转换优先股和相机控制相搭配的治理结构能保证创业企业家事前选择有效的私人得益，并且能保证创业企业家在事后被有效替换。

（二）创业投资家项目干预控制与融资工具选择

创业投资中事前会分配创业投资家一定的事后干预项目经营的控制权，主要是保证创业投资家利益，提高创业投资家参与投资的积极性。但创业投资家只重视项目的现金收益而忽视创业企业家的控制权收益。而在创业投资项目状态不可证实的情况下，事前签订的创业投资家干预项目的合同是不完全的，所以创业投资家在对项目的经营敢于存在道德风险。我们对比了债权融资、股权融资以及可转换优先股融资下，创业投资家事后干预项目的效率。通过研究发现：债权融资下，创业投资家事后可能过度干预项目；股权融资下，创业投资家对项目的干预不足；而可转换优先股则可通过事前设计适当的转换比率使得创业投资家事后对项目进行有效的干预。这表明可转换优先股是创业投资家项目经营干预控制权的有效实施机制。

三、创业资本退出的控制机制研究结论

在不完全合同的框架下分析了创业资本退出创业企业时，创业投资家控制、创业企业家控制和两方共同控制 3 种控制机制的效率。通过模型分析我们发现：3 种控制都是可行的；但共同控制比单边控制更有效；尤其在

IPO 相对股份出让现金流增量不大；创业投资家监管企业成本和资金流动性成本大；并且企业具有相当的抵押价值的情况下，让双方共同控制创业资本退出方式将比让其中一方单独控制更有效。

第二节　研究不足之处

本书研究实际上只考虑了创业投资主要治理机制——分阶段投资、现金索取权、控制权中的后两种，在分析前两种机制对创业企业治理的效率中没有结合创业投资分阶段投资的实际背景，使得研究和创业投资实践还是具有一定的差距。当然也是以后的研究中可以进行拓展的一个方向。

我们研究最大的不足是无法收集大样本的中国创业投资案例，对本书主要的研究结论进行统计显著性检验。由于创业投资属于私募股权投资，事前投资双方签订的投资合同一般都作为商业机密，很少向外部投入具体的信息，比如投资后获取的股权的比例，投资双方控制结构的分配等，即便从创业投资的门户网站也只能收集到局部的关键变量。这也是国外实证研究遇到的实际问题。我们希望中国政府建立像美国、欧洲一样的创业投资管理数据库，收集变量比较全面的交易数据库，以便于政府对创业投资行业发展情况跟踪和研究。

第三节　未来研究展望

创业投资领域为现代公司治理研究提供广阔的研究空间，我们认为以后的研究应该更紧密的集合中国创业投资市场，并且从实证研究和理论研究两个方面提出我们关于未来创业投资治理机制研究的一些想法。

一、创业投资治理机制的实证研究展望

中国不但已经成为影响全球经济进程的重要力量，同时也成为世界创业资本投资的乐土。研究中国背景下的创业投资治理的统计特征，将是中国创业投资界人士认识、归纳中国创业投资的必要方式；同样也是经济学界、金融学界了解中国创业投资，归纳中国创业投资研究课题的基础和开始。但目前关于中国背景的创业投资的大样本的实证研究还很少见。我们认为，最主要的原因是数据收集的困难。如果能通过政府建立全面、系统、连续的创业投资登记系统，并结合市场化的创业投资案例跟踪和评估平台，将为创业投资实务界总结投资经验提供基础，同时也能为我国创业投资实证提供一个良好的数据基础。在获取大样本的数据基础上，我们认为主要可以从如下方面对中国的创业投资治理机制进行实证研究。

（一）中国创业投资基金的实证研究

可以在大样本的基础上，对中国创业投资基金的薪酬结构进行统计归纳，总结中国创业投资基金薪酬的固定管理费用特征、利润提成比例以及利润分配方式特征。并从而研究创业投资基金薪酬的动态特征，有哪些因素会显著影响创业投资家的薪酬特征。

同时，通过大样本的创业投资基金合同总结创业投资基金的治理特征以及各种治理特征对创业投资基金绩效的影响。这将为我国创业投资基金治理提供有效的经验指导，同时为我们创业投资基金的理论研究提供素材。

（二）中国创业投资家联合投资的实证研究

联合投资在美国、欧洲甚至中国的创业投资企业的各个阶段都是非常普遍的机制。研究联合投资对创业企业的业绩的影响，联合投资中各创业投资家之间的协调和管理机制特征以及联合投资对创业投资家投资网络和创业投资家声誉建立过程的影响都是非常现实的问题。

（三）中国创业投资企业治理的实证研究

对中国创业投资企业中现金索取权特征、控制权分配特征等关键治理机制进行大样本的统计归纳。并结合创业企业的阶段特征、行业特征以及创业企业家特征，对治理结构的效率比如创业投资企业的发展状况、创业投资企业成功 IPO 进行实证研究。提炼出结合行业、投资阶段以及创业企业家特征的有效的治理结构，对创业投资实践是具有非常重大的意义的。

二、创业投资治理机制的理论研究展望

目前关于创业投资治理的研究中一般将创业投资中投资者-创业投资家-创业企业家双重委托代理关系，分裂为投资者-创业投资家和创业投资家-创业企业家两层委托、代理关系进行研究。实际上，投资者和创业投资家事前签订的合同会对创业投资家投资和管理创业企业的行为形成一个约束和限制，比如创业投资基金对创业投资家单个项目的最大投资金额的限制。那么将两个投资合同结合起来分析就是比较有意义并且更接近现实的研究方向。

同时，创业投资企业一般都会经过若干个创业投资家多轮的投资才能成功，所以在多阶段投资的背景下，研究对多个创业投资家现金索取权和控制权的分配对多阶段投资下各个创业投资家投入激励的影响，也是一个有理论和现实意义的研究问题。

参考文献

[1] 高艺凡.中国创业投资退出与创业板制度创新研究[J].集团经济,2007,(21):3-7.

[2] 劳剑东,李湛,等.结合风险选择和努力水平的创业投资家报酬模型[J].上海交通大学学报,2007,(7):1138-1141.

[3] 李金龙,费方域,谈毅等.创业资本的分阶段融资激励与控制权分配——基于信息不对称的视角[J].山西财经大学学报,2006,(2):90-96.

[4] 路迹,苏贵光,等.创业投资基金:美、日发展模式的比较与借鉴[J].国际经济合作,2005,(5):54-58.

[5] 欧阳凌,欧阳令南,周红霞等.创业投资企业的控制权配置与非效率投资行为[J].系统工程理论方法应用,2005,(2):104-107.

[6] 徐细雄等.金融契约,决策权配置与管理者激励[J].财经研究 2007,(6):133-143.

[7] 燕志雄,费方域,等.企业融资中的控制权安排与企业家的激励[J].经济研究,2007,(2):111-123.

[8] Aghion, P., P. Bolton. An Incomplete Contracts Approach to Financial Contracting [J]. Review of Economic Studies, 1992, 59: 473-494.

[9] Alchian, A., Demestz, H., Production, information costs and economic organization[J]. American Economic Review, 1972, LXII: 777-795.

[10] Amit R, Glosten L, Muller E. Entrepreneurial ability, venture investments and risk sharing[J]. Management Science, 1990, 36(10): 1232-1245.

[11] Bengt Holmstrom, Managerial Incentive Problems — A Dynamic Perspective [R]. NBER working paper 6875, 1999.

[12] Bergemann, D. and U. Hege, Venture Capital Financing, Moral Hazard and Learning[J]. Journal of Banking and Finance, 1998, 22: 703-735.

[13] Berglöf, E., A Control Theory of Venture Capital Finance[J]. Journal of Law,

Economics and Organization, 1994, 10(2): 247 - 267.

[14] Berglof, E, A control theory of venture capital finance[J]. Journal of Law, Economics and Organizations, 1994, 10(2): 247 - 267.

[15] Björn Berggren, Christer Olofsson, Do too many cooks spoil the broth? The effect of syndication on the performance of venture capitalists' portfolio firms in Sweden [R]. working paper, 2003.

[16] Björn Berggren, Lars Silver, Syndicaion in the venture industry during different stages of the business cycle[R]. working paper, 2005.

[17] Black, B. S., Gilson, R. J., Venture capital and the structure of capital markets: banks versus stock markets[J]. Journal of Financial Economics, 1997, 47: 243 - 277.

[18] Brander, J. A., Amit, R. and Antweiler, W., Venture capital syndication: Improved venture selection versus the value-added hypothesis[J]. Journal of Economics and Management Strategy, 2002, 11(3), 423 - 452.

[19] Bygrave, W. D. Syndicated Investments by Venture Capital Firms: A Networking Perspective[J]. Journal of Business Venturing, 1987, 2: 139 - 154.

[20] Bygrave, William, and Jeffry Timmons, Venture capital at the crossroads[M]. Harvard Business School Press, Boston, MA, 1992.

[21] BYGRAVEW, N. FAST, R. KHOYLIANL, VINCENTA, ND W. YUE, Rates of Return on Venture Capital Investing: A Study of 131 Funds[M]//B. A. Kirchhoff, W. A. Long, K. H. Vesper and W. E. Wetzel, Jr. (Eds.), Frontiers of Entrepreneurship Research, Babson College, Babson Park, MA, 1988, 5: 275 - 289.

[22] Bygrave, W. The Structure of Investment Networks in the Venture Capital Industry[J]. Journal of Business Venturing, 1988, 3: 137 - 157.

[23] Carpenter, J. N., Does option compensation increase managerial risk appetite? [J]. Journal of Finance, 2000, 55: 2311 - 2331.

[24] Casamatta, C Financing and Advising: Optimal Financial Contracts with Venture Capitalists[J]. The Journal of Finance, 2003, 2059 - 2085.

[25] Catherine Casamatta and Carole Haritchabalet, Experience, screening and syndication in venture capital investments[R]. working paper, 2007.

[26] Catherine Casamatta, Financing and Advising: Optimal Financial Contracts with

Venture Capitalists[J]. The Journal of Finance, 2003, 58(5): 2059 - 2085.

[27] Cestone, G., and L.White, Anti-Competitive Financial Contracting: the Design of Financial Claims[J]. Journal of Finance, 2003, 58(5): 2109 - 2141.

[28] Cestone, G, Venture capital meets contract theory: Risk Claims or formal control? [R]. Working paper, 2001.

[29] Cestone, G., Venture Capital Meets Contract Theory: Risky Claims or Formal Control? [R]. CEPR Discussion Paper #3462, 2001.

[30] Cestone, G. Venture Capital Meets Contract Theory: Risky Claims or Formal Control? [R]. UFAE and IAE Working Papers, 2001.

[31] Christian Hopp, Finn Rieder, Empirical Evidence on Venture Capital Syndication and Shared Real Option ownership[R]. working paper, 2005.

[32] Christian Hopp, Finn Rieder, what drives venture capital syndication? [R]. working paper, 2006.

[33] Cornelli, F. and Yosha, O. Stage Financing and the Role of Convertible Debt [J]. The Review of Economic Studies, 2003, 70(1): 1 - 32.

[34] C. Prendergast, The Provision of Incentives in Firms[J]. Journal of Finance, 1999, 15: 7 - 63.

[35] Cumming, D. J and Walz, Private equity returns and disclosure around the world [R]. working paper, Center for Financial Stuidies, Frankfurt, 2004.

[36] D. and R. Wilson, Reputation and Imperfect Information[J]. Journal of Economic Theory, 1982, 27: 205 - 240.

[37] De Clerq, D & Dimov, D, Explaining Venture Capital Firms' Syndication Behaviour: A Longitudinal Study[J]. Venture Capital, 2004, 6: 243 - 275.

[38] De Fusco, R. A., Johnson, R. R., Zorn, T. S., The effect of executive stock option plans on stockholders and bondholders[J]. Journal of Finance, 1990, 45, 617 - 627.

[39] Dewatripont, M. and J. Tirole. A Theory of Debt and Equity: Diversity of Securities and Manager Shareholder Congruence [J]. Quarterly Journal of Economics, 1994, 109: 1027 - 1054.

[40] Diamond, D, Reputation Acquisition in Debt Market [J]. Journal of Political Economy, 1989, 97(4): 828 - 862.

[41] Douglas Cumming, Adverse selectiond Financial structure: evidence from venture

capital[R]. 2006，working paper.

[42] D'Souza，Patrick. Convertible securities as a revelation mechanism and incentive scheme in venture capital[R]. University of Munich working paper，2001.

[43] E Houben，Venture capital，double-sided adverse selection and double-sided moral hazard[R]. working paper，University of Kiel，2002.

[44] Eric E. Lehmann，Does venture captal syndication spur employment growth and shareholder value? [R]. Evidence from Germany IPO data，working paer，2004.

[45] Fama，Eugene F. Agency Problems and the Theory of the Firm. Journal of Political [J]. Economy，1980，88：288 - 307.

[46] Florin A. Dorobantu，Syndication and Partial Exit in Venture Capital：A Signaling Approach[R]. working paper，2006.

[47] Gibbon R. Optimal incentive contracts in the presence of career conerns：theory and evidence[J]. Journal of Political Economy，1992，100：468 - 505.

[48] Gompers & Lerner，An analysis of compensation in the U. S. venture capital partnership[J]. Journal of Financial Economics 1999，51：3 - 44.

[49] Gompers，Lerner，Ownership and control in entrepreneurial firms：an examination of convertible securities in venture capital investments[R]. working paper，Harvard University，Cambridge，MA，1997OECD，201.

[50] Gompers. P. A.，Optimal Investment. Monitoring，and the Staging of Venture Capital[J]. Journal of Finance.，1995，50：1461 - 1489.

[51] Gompers，P. A.，The Structure of Venture Capital Investment[R]. Harvard Business School，working paper，1992.

[52] Gompers，P. The Theory，Structure，and Performance of Venture Capital [M]. Ph.D. thesis，Harvard University，1993.

[53] Grossman，S.，and O. Hart. The Costs and Benefits of Ownership：A Theory of Vertical and Lateral Integration[J]. Journal of Political Economy，1986，94：691 - 719.

[54] Hart，O.and J. Moore. Property Rights and Nature of the Firm[J]. Journal of Political Economy，1990，98(6)：1119 - 1158.

[55] Hart，O. Financial Contracting[J]. Journal of Economic Literature，2001，39：1079 - 1100.

[56] Hart，Oliver，Firms contracts and financial structure[M]. Oxford University

Press, 1995.

[57] Hauswald, R and Hege, Ownership and control in joint ventures: Theory and evidence[R]. working paper, 2002.

[58] Heinkel R., Stoughton N. M. The dynamics of portfolio management contracts [J]. Review of Financial Studies, 1994, 7: 351 - 388.

[59] Hellmann, T., and M. Puri, The Interaction between Product Market and Financing Strategy: The Role of Venture Capital[J]. Review of Financial Studies, 2000, 13(4): 959 - 984.

[60] Hellmann, T., and M. Puri, Venture Capital and the Professionalization of Start-up Firms: Empirical Evidence[J]. Journal of Finance, 2002, 57(1): 169 - 197.

[61] Hellmann, T., A Theory of Strategic Venture Investing[J]. Journal of Financial Economics, 2002, 64(2), 285 - 314.

[62] Hellmann, T. Financial Structure and Control in Venture Capital., Ph. D. Dissertation, Stanford University, Department of Economics, 1994.

[63] Hellmann, Thomas. IPOs, acquisitions, and the use of convertible securities in venture capita[J]. Journal of Financial Economics, 2006, 81(3): 649 - 679.

[64] Hellmann, T., IPOs, acquisitions and the use of convertible securities in venture capital[R]. Working paper 1702, Stanford Graduate School of Business. 2002.

[65] Hellmann, T, The allocation of control rights in venture capital contracts[J]. Rand Journal of Economics, 1998, 29(1), 57 - 76.

[66] Hellmann, T., The Allocation of Control Rights in Venture Capital Contracts [J]. Rand Journal of Economics, 1998, 29(1): 57 - 76.

[67] Hellman, T. IPOs, Acquisitions and the Use of Convertible Securities in Venture Capital[R]. Stanford University working Paper, 2001.

[68] Holmstrom, Bengt, and Milgrom, Paul R. Aggregation and Linearity in the Provision of Intertemporal Incentives[J]. Econometrica, 1987, 35: 303 - 328.

[69] Holmstrom, Bengt. Managerial Incentive Schemes-a Dynamic Perspective[R]. In Essays in Economics and Management in Honour of Lars Wahlbeck. Helsinki: Swenska Handelshogkolan, 1982.

[70] Hsu, D., What Do Entrepreneurs Pay for Venture Capital Affiliation? [J]. forthcoming, Journal of Finance, 2004.

[71] J, Hoje, Venture Capital Syndication and Firm Value: Entrepreneurial Financing

of Grand Junction Networks [R]. Department of Finance, Leavey School of Business and Administration, Santa Clara University, Working Paper, 2000.

[72] Jochen Bigus, Staging of venture financing, investor opportunism and patent law [J]. Journal of Business Finance & Accounting, 2006, 33(7) & (8), 939 - 960.

[73] John Kennes and Aaron Schiff, The Value of a Reputation System[R]. Economics Working Paper Archive at WUSTL, 2002.

[74] Jonathan Axelrad, Eric Wright, Distribution provision in venture capital funds agreements[J]. The Venture Capital Review, 1997, 11: 1 - 12.

[75] Josh Lerner, A note on private equity securities [R]. Harvard business school notes, 9 - 200 - 027, 2001.

[76] Josh Lerner. A Note on Private Equity Securities [R]. University of Harvard working paper, 2001.

[77] J, Tirol & Furdenberg, The Game Theory[M]. MIT press, 2003.

[78] Ju Kimberly Zheng, A Social Network Analysis of Corporate Venture Capital syndication[R]. working paper in the University of Waterloo, 2006.

[79] Kaplan, S., and P. Strömberg, Financial Contracting Meets the Real World: An Empirical Study of Venture Capital Contracts[J]. Review of Economic, 2003, 2: 1101 - 1143.

[80] Kaplan, S., and P. Strömberg, Venture Capitalists As Principals: Contracting, Screening, and Monitoring [J]. American Economic Review, Papers and Proceedings, 2001, 91(2): 426 - 430.

[81] Kaplan, Steven, and Per Stromberg, Characteristics, contracts, and actions: Evidence from venture capitalist analyses[J]. Journal of Finance, 2004, 59: 2177 - 2210.

[82] Kaplan, Steven, and Per Stromberg, Financial contracting theory meets the real world: An empirical analysis of venture capital contracts[J]. Review of Economic Studies, 2003, 70: 281 - 316.

[83] Kate Litvak, Venture capital limited Partnership Agreements: Understanding Compensation Arrangements[R]. University of Texas working paper, 2004.

[84] Kate Litvak, Venture capital limited Partnership Agreements: Understanding Compensation Arrangements[R]. University of Texas working paperKreps, 2004.

[85] Kirilenko, A., Valuation and Control in Venture Finance[J]. Journal of Finance, 2001, 56: 565 - 587.

[86] Lerner, Josh, and Paul Merges, The control of technology alliances: An empirical analysis of the biotechnology industry[J]. The Journal of Industrial Economics, 1998, 46: 125 - 156.

[87] Lerner, J, The Syndication of Venture Capital Investments[J]. Journal of Financial Economics, 1994, 35: 293 - 316.

[88] Lerner, J., Venture Capitalists and the Oversight of Pdvately-Held Firms[R]. Harvard Business School Working Paper No.93 - 012, 1992.

[89] Lockett, A., and M. Wright, The Structure and Management of Syndicated Venture Capital Investments[J]. The Journal of Private Equity, 2002, 5(4): 72 - 83.

[90] Lockett, A & Wright, M, The Syndication of Private Equity: Evidence from the U.K.[R]. Venture Capital, 1999, 1: 303 - 324.

[91] Lockett, A & Wright, M, The Syndication of Venture Capital Investments [R]. Omega, 2001, 29: 375 - 390.

[92] Manigart, S., K. De Waele, M. Wright, K. Robbie, P. Desbrieres, H. Sapienza, & A. Beckman, Determinants of Required Returns in Venture Capital investments: A Five Country Study[J]. Journal of Business Venturing, 2002, 17(4): 291 - 312.

[93] Manigart, S, Lockett, A, Meuleman, M, Landstrom, H, Brining, H, Desbrieres, P & Hommel, U, Why do Venture Capital Companies Syndicate? [R]. Ghent University working paper, 2004.

[94] Manigart, S., Lockett, A., Meuleman, M., Wright, M., Landstrom, H., Bruining, H., et al., venture capitalists' decision to syndicate[J]. Entrepreneurship Theory and Practice, 2006, 30: 131 - 153.

[95] Meyer. and J. Vickers, Performance Comparison and Dynamic Incentive[R]. mimeo, Nuffield College, Oxford Universiaty, 1994.

[96] Mike Wright, Andy Lochett, The structure and Management of alliances: syndication in the venture capital industry[J]. Journal of management studies, 2003, 40: 8.

[97] Moskowitz, Tobias J. and Annette Vissing-Jørgensen, The Returns to Entrepreneurial Investment: A Private Equity Premium Puzzle? [J]. American Economic Review, 2002, 92(4): 745 - 778.

[98] N. Bent, K. Williams and E. Gilbert, The syndication of private equity investments in South Africa[J]. S.Afr.J.Bus.Manage.2004, 35(4): 245 - 289.

[99] Neher, D. V. Staged financing: An Agency Perspective[J]. Review of Economic Studies, 1999, 66: 255 - 224.

[100] Osborne, M. J. and A. Rubinstein, Bargaining and Markets [M]. Academic Press, 1990.

[101] Patrick Bolton, Von Thadden. Blocks, Liquidity and Corporate control[J]. The Journal of Finance, 1998, 1: 1 - 25.

[102] Paul Gompers, Josh Lerner, An analysis of compensation in the U.S. venture capital partnership[J]. Journal of Financial Eonomics, 1999, 51: 3 - 44.

[103] Rafael Repullo, Javier Suarez, Venture Capital Finance: A Security Design Approach[R]. CEPR working paper, 2004.

[104] Ralph Bachmann and Ibolya Schindele, Theft and Syndication in Venture Capital Finance[R]. working paper, 2000.

[105] Ralph Bachmann, Ibolya Schindele, Theft and Syndication in Venture Capital Finance[R]. working paper, 2005.

[106] Robert Gibbons, Kevin J Murphy, Optimal Incentive Contracts in the Presence of Career Concerns: Theory and Evidence[J]. Journal of Political Economy, 1992, 100: 468 - 505.

[107] Ronald Coase, The nature of the firm[J]. Economica, new series, 1937, 4(16): 386 - 405.

[108] Ross, S. A., Compensation, incentives, and the duality of risk aversion and riskiness[J]. Journal of Finance, 2004, 59: 207 - 225.

[109] Sahlman W A. The Structure and Governance of Venture Capital Organizations [J]. Journal of Financial Economics, 1990, 27: 473 - 521.

[110] Sahlman, William A, The Structure and governance of venture-capital organizations [J]. Journal of Financial Eoconomics, 1990, 27: 473 - 521.

[111] Salih Zeki Ozdemir, To Go Solo or To Syndicate: Determinants of Tie Formation in The U.S. Venture Capital Industry[R]. working paper, 2006.

[112] Schmidt, K.Convertible Securities and Venture Capital Finance[J]. The Journal of Finance, 2003, 3, 1139 - 1165.

[113] Smith, C. W., Stulz, R., The determinants of firms' hedging policies[J]. Journal

of Financial and Quantitative Analysis, 1985, 20: 391 - 405.
[114] Sophie Manigart, Andy Lockett, Miguel Meuleman, Hans Landström, Philippe Desbrières, The syndication of venture capital investment in Europe: evidence from five Europe countries[R]. working paper, 2003.
[115] Sophie Manigart, Andy Lockett, Miguel Meuleman, Mike Wright, Hans Landstrom, Hans Bruining, Philippe Desbrieres, Ulrich Hommel, Venture Capitalists's Decision to Syndicate[R]. working paper, 2006.
[116] Sorenson, O., and T. E. Stuart, Syndication Networks And The Spatial[R]. working paper, 2004.
[117] Steve Kaplan, Stromberg. Financial contracting meets the real world: An empirical analysis of venture capital contracts[J]. The Review of Economic Studies, 2003, 70: 281 - 316.
[118] Susheng Wang & Hailan Zhou, Staged Financing in Venture Capital: Moral Hazard and Risks[R]. Department of Economics, Hong Kong University of Science and Technology, working paper 2002.
[119] Tereza Tykvova, Who choose whom? syndication, skills and reputation[R]. working paper, 2005.
[120] Tuukka J. Seppä, ESSAYS on the valuation and syndication of venturere capital Investments, dissertation for PHD, 2003.
[121] Tyebjee, T. T., Bruno, A. V., A model of venture capitalist investment activity [J]. Management Science 1984, 30: 1051 - 1066.
[122] Wouter Dessein, Information and Control in Ventures and Alliances[J]. THE Journal of Finance, 2005, 5: 2513 - 2546.
[123] Wouter Dessein, Information and control in ventures and alliances[J]. The Journal of Finance Vol 5, 2005.
[124] Yael Hochberg, Alexander Ljungqvist, Yang Lu, Whom you know matters: venture capital networks and investment performance[R]. working paper, 2005.
[125] Yang, XiaoKai, and Ng, Yew Wang, Theory of the firm and Structure of Residual Right[J]. Journal of Economic Behavior Organization, 1995, 26: 107 - 128.
[126] Zinder, B. How venture capitalist work? [J]. Harvard Business review, 1998, 11: 131 - 139.

[127] Zsuzsanna Fluck, Kedran Garrison, Stewart C. Myers, Venture Capital Contracting and Syndication: an Experiment in Computational Corporate Finance [R]. NBER working paper, 2005.

后　记

从 2005 年 9 月 11 日来交大读博已匆匆四载。其间彷徨、犹豫过，但一直努力坚持了下来。交大的 4 年是我人生最关键的一个时期。在恩师费方域教授的悉心指导下，做人、做事、研究都获益颇丰，因为有费老师这样身体力行的好楷模。在这里对恩师致以最真挚的敬意和感谢。同时，要特别感谢博士期间为我们授课的各位教授，是你们用扎实的专业知识激发了我的学术热情。

来交大经管学院后一个非常重要的收获是认识了那么多为人率真、专业扎实、满怀理想的同学。这里真的不能一一列出，因为这 4 年里真的认识了不计其数这样的同学。但这里不得不提的是我的 3 个小圈子。首先，感谢费家帮的师兄许永国、郑育家、蒋仕成、李金龙、燕志雄、方厚正、陈金伟、李靖师兄以及李双金、徐佩师姐，同届的赖丹馨、梁宏、范育涛，以及师弟师妹刘明、孙娟、刘小成、骆华、黄文婷，感谢曾经激烈的讨论对我思维的启发。其次，感谢 2005 秋季班的全体同学柴宏辉、陈亮、包兴、苏力勇、唐卫峻、陈娟、陈莞、郭昱、唐郡、姚亚伟、张华伟、张波、李恩、李佳、王家宝、丁晨、周鑫、张普、贾新民等，感谢你们让我有了更多学习和快乐生活的机会。最后，感谢 2005 春季班的郑忠良、米建华、赵卓、杨勇、杨珊珊、张伟华、夏海洋等 2005 博士班同学。因为只有和你们才能一起打球，一起共同分享、分担博士生活的酸甜苦辣。另外，还要特别感谢同实验室的杨剑侠师兄，感谢你在学术道路上的出色榜样，以及相互讨论中对我思维的拓展。

这里还有一位不得不提的人，我最好的同学和朋友，远在昆明的云南电网公司财务总部的杨钦。同窗 7 载，相交 13 年，我们成为最要好的同学、朋友。说什么都多余，我只想说：认识你这样的朋友是我此生中最大的幸运。

最后，谨将我的论文献给我的父母、妹妹，感谢你们多年来的无私养育和默默支持。

李建军

于上海交通大学经管学院安泰楼图书馆

2009 年 5 月 27 日

补　记

博士毕业已经10年了。10年前利用不完全契约理论研究风险投资的时候，奥利弗·哈特(Oliver Hart)教授还只是哈佛大学经济系比较知名的经济学教授，其不完全契约理论虽然已经被广泛运用于产业组织，公司金融甚至供应链理论的研究中，但是远远没有达到2016年奥利弗·哈特教授获得诺贝尔经济学奖时这样的全球学界关注度。本人的博士论文正是运用不完全契约理论对风险投资运作中的基金运作环节和风险投资基金投资环节中的关键问题，如投资人和风险投资家之间的薪酬设计、风险投资家与创业企业家之间关键控制权分配、风险投资家投资创业企业的融资证券设计等进行了大量理论研究。到目前为止，国内利用不完全契约研究风险投资的论文相对少见，这与不完全契约理论并未被国内学者所广泛熟悉有关。但是不完全契约理论对于不确定不可验证情境下的投资机制设计具有非常好的理论指导价值。目前，我国风险投资研究的大量文献主要集中在风险投资对于上市公司上市时或者上市后财务业绩、会计信息质量、创新能力以及市场估值的影响。还有少量文献研究风险投资对于创业企业上市前的影响。但是上述研究都是以实证研究为主。风险投资中投资双方存在高度的信息不对称、高度的不确定以及投资双方投入重要且无法验证的情形。在这种背景下利用不完全契约理论进行风险投资中关键机制的研究非常适合且必要。所以,本博士论文的出版可以比较好地补充目前国内风险投资理论研究相对比较缺乏的情况,可为我国风险投资高效制度的建立贡献一点绵薄之力。

李建军

2020年5月于华东理工大学商学院

图书在版编目(CIP)数据

创业投资治理的机制研究 / 李建军著 .— 上海 ：
上海社会科学院出版社，2020
ISBN 978-7-5520-3186-7

Ⅰ. ①创… Ⅱ. ①李… Ⅲ. ①创业投资—研究 Ⅳ.
①F830.59

中国版本图书馆 CIP 数据核字(2020)第 090192 号

创业投资治理的机制研究

著　　者：李建军
责任编辑：张　晶
封面设计：周清华
出版发行：上海社会科学院出版社
上海顺昌路 622 号　邮编 200025
电话总机 021-63315947　销售热线 021-53063735
http://www.sassp.cn　E-mail：sassp@sassp.cn
排　　版：南京展望文化发展有限公司
印　　刷：镇江文苑制版印刷有限责任公司
开　　本：710 毫米×1010 毫米　1/16
印　　张：16.25
字　　数：211 千字
版　　次：2020 年 7 月第 1 版　　2020 年 7 月第 1 次印刷

ISBN 978-7-5520-3186-7/F·616　　定价：78.00 元